시장을 이긴
투자의
전설들

시장을 이긴
SUPERINVESTORS
투자의
전설들

제시 리버모어에서 워런 버핏까지
주식 시장을 이긴 거장들의 투자 전략

매슈 파트리지 지음 | 이지열 옮김

차례

추천의 글 _009

서문 · 평범한 투자자들을 위한 기회 _017

1장 · 제시 리버모어 추세 추종 투기꾼 _025
자수성가한 사람 | 농장에서 버킷샵을 거쳐 월스트리트까지 | 지휘자처럼 테이프를 읽다 | 무일푼에서 부자로, 또다시 무일푼으로 | 시장을 무너뜨린 남자 | 주식 외 다른 투자에서 돈을 날려먹다 | 리버모어의 이야기에서 무엇을 배울 것인가?

2장 · 데이비드 리카도 나폴레옹 시대의 투기꾼 _041
경제학자 또는 트레이더 | 그는 어떻게 투자를 시작했나? | 시장의 히스테리를 이용하라 | 작은 수익이 사치스러운 생활로 | 리카도의 워털루 전투 | 투자와 투기의 차이

3장 · 조지 소로스 영란은행을 박살낸 연금술사 _053
사랑받기보다는 두려움의 대상이 되는 게 낫다 | 이민자에서 억만장자로 | 재귀성 이용하기 | 영란은행을 박살내다 | 러시아 곰에게 당하다 | 소로스의 이야기에서 무엇을 배울 것인가?

4장 · 마이클 스타인하트 역발상 헤지펀드 투자자 _067
용기와 확신의 역발상 투자 | 시장의 사회학 | 블록딜에서 '남다른 견해'로 | 그다지 끝내주지 않는 50개 종목 | 잘 풀리지 않은 매매들 | 막대한 수익 | 도전할 가치는 있지만 어렵다

SUPERINVESTORS

5장 · 벤저민 그레이엄 가치 투자의 아버지 _081

버핏의 스승 | 가치 투자와 담배꽁초 피우기 | 그레이엄 - 뉴먼 투자 회사 | 가이코 투자 | 가치가 중요하다

6장 · 워런 버핏 금융계의 원로 정치가 _095

오마하의 현인 | 오마하에서 월스트리트로 | 가치에서 성장으로 | 60년에 걸친 성 공 | 그레이엄이 멈춘 곳에서 성과 내기 | 버핏으로부터 무엇을 배울 것인가?

7장 · 앤서니 볼턴 영국의 워런 버핏 _111

영국 투자업계의 전설 | 리서치 전문가에서 '침묵의 암살자'로 | 국내외를 막론한 30년간의 성공 | 볼턴의 예측이 적중하다 | 격동의 중국 시장 | 가치 투자의 중요성

8장 · 앤서니 크로스 경제적 우위로 투자하기 _123

소형주 투자의 영웅 | 정치에서 투자로 | 전략을 갖고 투자에 임하다 | 경제적 우위 를 가진 기업 발굴하기 | 강력한 실적 | 복리의 성공 | 남들이 가지 않은 길로 가다

9장 · 필립 피셔 성장주 투자의 창시자 _137

끝나지 않는 논쟁, 가치 투자냐 성장주 투자냐 | 전화위복이 된 경력 단절 | 빠르게 성장하는 기업 찾기 | 텍사스 인스트루먼트와 모토롤라 | 모든 계절에 맞는 기업들

10장 · T. 로우 프라이스 실용주의적인 성장주 투자자 _149

가치와 성장을 함께 보다 | 화학자에서 펀드 매니저로 | 성장을 추구하지만 아무 가 격에서나 매수하지 않는다 | 견고한 실적 기록 | 고공비행하는 주식들 | 투자자들을 위한 다른 교훈들

11장 · **피터 린치** 월스트리트를 이긴 남자 _163

투자의 전설 | 골프 캐디에서 펀드 매니저로 | 상향식 투자 | 강세장을 앞지르다 | 마음에 드는 기업의 주식을 사서 큰돈을 벌다 | 단순화한 성장주 투자

12장 · **닉 트레인** 낙관적인 장기 투자자 _175

저빈도 매매와 액티브 투자의 결합 | 도제가 장인이 되다 | 성장에서 가치 찾기 | 뛰어난 제품의 회사를 사라 | 주식 그리고 주식 시장에 장기 투자하라 | 극도로 뛰어난 실적 | 어떤 것이 통하고… 맨체스터 유나이티드와 버버리 | 어떤 것은 통하지 않았나… 피어슨과 EMI | 단순함을 유지하라

13장 · **조르주 도리오** 벤처 캐피털의 개척자 _189

이민자, 교수, 장군, CEO | 스타트업에 투자하고 큰 지분을 받다 | 단기적으로는 문제, 장기적으로는 성공 | 도리오 최고의 투자, DEC | 미국 연구 개발 회사의 교훈

14장 · **유진 클라이너와 톰 퍼킨스** 실리콘 밸리의 벤처 투자자 _201

실리콘 밸리에 자본을 대다 | 난민과 경영자 | 개들이 개 사료를 먹고 싶어 하는지 확인하라 | 두 개의 큰 성공 | 클라이너와 퍼킨스로부터 무엇을 배울 것인가?

15장 · **존 템플턴** 글로벌 투자자 _215

해외 투자의 용감한 선구자 | 포커 플레이어에서 스타 펀드 매니저로 | 해외 투자 그리고 역발상 투자 | 일본 투자의 성공과 너무 이른 철수 | 해외 투자의 중요성

16장 · **로버트 W. 윌슨** 공매도의 대가 _227

리스크 헤지가 아니라 수익을 위해 공매도하다 | 본업 이전부터 뛰어든 투자의 경험 | 헤지 수단에 레버리지를 더하다 | 종잣돈으로 거대한 부를 일구다 | 롱과 숏, 모두 성공하다 | 애틀랜틱 씨티에서의 숏 스퀴즈 | 세계 8대 불가사의

17장 · 에드워드 O. 소프 퀀트의 복수 _241

수학, 데이터, 컴퓨터의 투자 세계 | 블랙잭에서 주식 시장으로 | 체계적이고 과학적인 투자 | 로우 리스크, 하이 리턴 | 다른 좋은 투자 사례들 | 소프의 발자취를 어떻게 따를 것인가?

18장 · 존 메이너드 케인스 주식하는 경제학자 _255

거시경제학의 거목 | 학문과 투자를 결합하다 | 자산 배분에서 주식 선별까지 | 보통 수준의 투기꾼, 그러나 뛰어난 주식 선별가 | 광산주와 자동차 회사 | 유연성의 중요성

19장 · 존 '잭' 보글 인덱스 투자의 아버지 _269

패시브 투자의 시대가 오다 | 사냥터 관리인으로 변한 밀렵꾼 | 다트판을 통째로 사다 | 그들은 처음엔 비웃었지만 나중엔 따라했다 | 패시브 투자는 정말 작동되는가? | 침체인가, 해방인가?

20장 · 폴 새뮤얼슨 노벨상을 탄 비밀 투자자 _281

노벨상 수상 경제학자 | 랜덤 워크 | 커머디티스 코퍼레이션 | 개인적인 투자들 | 꽤 효율적인 시장

결론 · 슈퍼투자자들로부터 무엇을 배울 것인가? _293

참고 문헌 _309

찾아보기 _315

일러두기

- 본문의 ( )괄호와 **고딕체**로 강조한 것은 저자가 쓴 것이다.
- 본문의 [ ]괄호와 각주는 옮긴이가 쓴 것이다.
- 투자의 유형에 있어, '액티브^{active} 투자'와 '패시브^{passive} 투자'라는 말은 금융업계에서 통상 번역하지 않고 그 자체로 많이 쓰므로 따로 '능동적 투자', '수동적 투자' 등으로 번역 하지 않았다.

사람들은 주식 시장이 모든 알려진 정보를 할인하는 곳이라고 자주
말하곤 했다. 그렇다면 매슈 파트리지의 이 새로운 책의 요점은 무엇
인가? 자, 우선은 이 책이 재미있다는 것이다. 그는 지난 200년의 시
간 동안에 활약했던 20명의 '슈퍼투자자들superinvestors'의 성과와 영
향력을 조사하고 평가한다. 만약 당신이 개인 투자자라면, 이 책은 무
엇이 성공을 만드는지를 보여줄 것이다. 당신이 전문적인 펀드 매니
저라면, 이 책은 경쟁자들과 선배들에 대한 유익한 통찰을 제공할 것
이며, 아마도 스스로에 대해서도 평가할 수 있도록 할 것이다.

데이비드 리카도(우리는 그를 2장에서 만날 것이다)가 워털루 전투
의 결과를 이용하여 성공적으로 투기한 이래로, 투자 시장은 그 범위
와 복잡성 측면에서 크게 변화해왔다. 하지만 파트리지에 따르면 여전
히 성공에는 지식, 리스크를 떠안는 태도, 좋은 타이밍과 운이 요구된
다. 삶의 다른 영역들처럼, 투자는 과학이며, 또한 예술이기도 하다.

2008년 글로벌 금융위기 이후, 사람들은 전문적인 펀드 매니저
들에 대해 회의적인 시각을 갖게 되었다. 파트리지는 이 분위기를 몇
마디 적절한 말로 잘 표현한다. "전반적인 메시지는 장기적으로 시장
을 이기기는 어렵고 대부분의 투자 전문가들은 고액의 보수를 받는
동전던지기 선수에 불과하다는 것이다."

반면에, 2008년 이후 초저금리로 인해 단순히 현금을 저축 계좌에 넣어두는 것만으로는 그 누구도 부자가 될 수 없다는 것 — 또한 연기금도 자신들의 목표를 달성할 수 없다는 것 — 이 분명해졌다. 값싼 자금 덕분에 주식 시장은 상당히 회복되었다. 이제 투자자들이 마주한 과제는 빠르게 변화하는 글로벌 시장에서 어떻게 평균 이상의 수익을 확보할 것인가이다.

파트리지는 이러한 목적을 위해 과거와 현재의 다양한 전문 투자자들, 예를 들어 데이비드 리카도, 벤저민 그레이엄, 워런 버핏, 앤서니 크로스에 주목한다. 그는 벤처 투자자들과 존 메이너드 케인스, 폴 새뮤얼슨 같은 학자들도 다룬다. 그리고 물론, 패시브 투자의 창시자인 잭 보글도 포함된다. 이는 다양하지만 포괄적인 목록이며, 파트리지는 단순히 그들이 누구인지 무엇을 했는지 설명하는데 그치기보다는, 그들의 상대적 성과와 영향력을 면밀히 살펴보고, 무엇보다 그들 각각으로부터 오늘날 투자자들이 적용할 수 있는 실행 가능한 투자법에는 어떤 것들이 있는지 철저히 파고든다.

또한 파트리지는 그들을 평가한다. 이렇게 긴 기간에 걸쳐 있는 인물들을 동일한 조건에서 비교하는 것이 공정하지 않다는 비판에 대답하기 위해, 그는 과도하게 복잡한 평가 기준을 피하고 단순한 (그리고 너무 심각하지 않은) 호텔 스타일의 별점 평가 체제를 택했다. 즉 4개 항목에서 최대 5개까지 별점을 매긴다. 책을 읽는 재미를 망치지 않기 위해 누가 이기는지는 밝히지 않겠다. 단, 아무도 최대 점수인 별점 20개를 받지 못했으며, 우승자는 누가 봐도 너무 뻔한 후보는 아니라는 것 정도는 말할 수 있을 것 같다.

그렇다면 개별 엘리트들의 투자 성과에 대한 이러한 비교 분석이, 당신이 전문적인 펀드 매니저이든 개인 투자자이든 간에, 성공 투자로 가는 길에 대해 무엇을 알려줄 수 있을까?

아마도 대부분의 투자자들과 애널리스트들은 파트리지의 다음과 같은 주요 결론에 동의할 것이다.

- 높은 수준의 유동성, 전산화, 인터넷 속도에도 불구하고 금융 시장은 여전히 완벽하지 않으며, 발견할 수 있는 수익성 있는 이례 현상[1]이 존재한다.
- 투자의 성공으로 가는 데는 많은 다른 길들이 존재하며, 확실한 한 가지 방법이란 없다.
- 열린 태도와 유연한 접근 방식이 중요하다. 하지만 인내는 보통 그 자체로 보상을 주며, 너무 자주 중단하고 바꾸는 것은 나쁜 결과로 이어질 수 있다.
- 주식 시장은 제로섬 게임이다. 모든 매수자에게는 매도자가 있어야 하며, 양쪽 모두 자신이 영악하다고 믿는다. 그러므로 만약 당신이 우위를 점하고 있다고 느낀다면, 이를 최대한 밀어붙여야 한다.
- 많은 트레이더들이 '패자는 팔고 승자는 달리게 하라'[2]는 좌우명을 따르지만, 때로는 가격이 하락할 때 매수(또는 보유)하고 나중에 더

....

1 이례 현상anomalies은 주식 시장에서 종종 일어나지만 합리적으로 설명하기 어려운 현상을 말한다.

2 가격이 내리는 주식은 빨리 매도하여 손실을 짧게 가져가고, 가격이 오르는 주식은 계속해서 수익을 내도록 보유하라는 뜻이다.

많이 살 준비를 하는 것이 이득이 될 때가 있다. 그러나 어떤 전략을 사용하든 **항상** 빠져나올 계획을 세우는 것이 중요하다.

40년에 걸친 나의 장기적인 관점을 토대로 나 역시 다음과 같은 관찰 결과를 제시하고자 하며, 이는 시대를 초월한 최고의 투자자 20인에 관해 파트리지가 찾은 내용과 많은 부분 일치한다.

1. 타이밍이 모든 것을 좌우할 수 있다. 이는 단순히 하락 전에 매도하거나 가격이 바닥을 쳤을 때를 알아내려고 하는 것뿐만 아니라 모든 형태의 투자에 해당된다. 벤처 캐피털 분야에서는 몇몇 최고의 사업 계획이 자금 조달에 실패한 이유가 일부 언론이 촉발한 공포로 단 며칠 만에 분위기가 바뀌었기 때문인 경우도 있다. 워런 버핏이 말했듯이, "주식 시장은 인내심이 없는 사람들로부터 인내심 있는 사람들에게 돈을 이전하는 장치다."

2. 많이 알아서 나쁠 건 없다. 일부 기관 투자자와 그들의 자문가들은 거래를 성사시키는 데 지나치게 열중한 나머지, 포괄적인 마케팅 및 경영 실사[3]에 대한 필요성을 무시하거나 그러한 분석에서 드러난 부정적인 결과를 간과하기도 한다. 벤저민 그레이엄의 말처럼, "투자는 사업처럼 할 때 가장 성공적이다."

....
3 실사due diligence는 기업의 인수 또는 투자에 앞서 기업을 평가하기 위해 전반적인 사실이나 세부 사항을 확인하는 포괄적인 조사 절차이다.

3. 브랜드 가치를 알아보는 법을 배워라. 많은 회사가 브랜드를 소유하고 있다고 주장하지만, 실제로는 그들이 갖고 있는 건 그저 어느 정도의 시장 인지도일 뿐이다. 진정한 브랜드는 **다른 제품이나 서비스를 더 저렴하게 또는 더 쉽게 구할 수 있을 때에도** 고객이 그들의 제품이나 서비스를 구매하는 경우를 말한다. 브랜드는 높은 시장 순위와 함께 (예컨대 애플Apple처럼) 시장 점유율의 의미심장한 확대로 이어지는데, 일반적으로 주가가 평균보다 빠르게 상승한다. 또한 브랜드는 구축하는 데 수년이 걸리지만 금방 망가질 수 있다. 피터 린치의 말처럼 "주식은 복권이 아니다."

4. 직선으로 그려진 [성장] 전망을 경계하라. 닷컴 버블 시기에 한 고위 기관 투자자는 매출과 이익의 예측이 곡선으로 구부러진 데도 없이 단순 직선으로 연장된 전망서들을 읽는 데 완전히 질려버렸다고 내게 말했다. 아무리 잘 관리되는 사업이라도 기복이 있기 마련이다. 다시 피터 린치의 말을 빌리자면, "경기 침체와 주식 시장 하락은 일어나기 마련이다. 그것이 일어날 것을 이해하지 못한다면, 당신은 준비되지 않은 것이며, 시장에서 성공할 수 없다."

5. 인물 숭배를 의심하라. 우리는 연예계뿐만 아니라 비즈니스의 영역에서도 유명 인사들의 세상에 살고 있다. 사람들은 종종 기업 회장이나 CEO의 과거 명성에 눈이 멀어, 분석 결과 그것이 가능할 것 같지 않거나 사실상 불가능하다고 나와도 그들이 과거의 성공을 되풀이할 것이라고 믿어버린다. 비전과 좋은 경영진은 성공을 위한 필요조건

이지 충분조건은 아니다. 그러나 벤저민 그레이엄이 지적하듯이, "심지어 현명한 투자자조차도 군중을 따르지 않기 위해서 상당한 의지력이 필요할 것이다."

6. 시장 심리를 경계하라. 1970년대 내가 『BBC 라디오4』에서 '금융 리포트Financial Report'를 방송하던 시절, 우리는 지수나 특정 주식이 왜 오르거나 내렸는지 확실히 알지 못할 때 시장 심리의 움직임을 막연히 언급하곤 했다. 때로는 군중을 따르는 것이 성공적일 수 있지만, 유행을 타지 않는 것이야말로 시간이 지나면 종종 최고의 수익을 낸다. 벤저민 그레이엄의 말처럼, "투자자들은 주식을 향수를 사듯이 사지 말고 식료품을 사듯이 사야 한다."

7. 지루한 기업이 당신에게 돈을 벌어다 줄 수 있다. 내가 『인베스터스 크로니클Investors Chronicle』에서 일할 때, 기업 편집자는 아무도 들어본 적 없는 회사들—잘 운영되고 현금을 보유하고 있지만, (그럼에도 불구하고) 순자산 가치보다 훨씬 낮은 가격에서 거래되고 있던—에 정기적으로 '매수' 추천을 하곤 했다. 시장에서 이례 현상을 찾아내는 것은 이득이 된다. 크리스토퍼 브라운Christopher Browne이 말했듯, "가치주는 잔디가 자라는 것을 지켜보는 것만큼 지루할 수 있지만, 당신은 일주일 동안 잔디가 얼마나 많이 자라는지 알아챈 적이 있는가?"

사람들은 종종 자원이 풍부한 대형 펀드들이 오늘날 투자의 세계를 지배하고 있다고 말한다. 통합된 시장을 가로지르는 글로벌 금융 거래의 규모와 속도를 고려할 때, 개인 투자자가 단순히 인덱스 펀드에 의지한 패시브 투자자가 되기보다 시장에서 직접 액티브하게 투자할 수 있는 범위는 제한적이다. 그러나 패시브 투자가 분명 (파트 리지가 지적한 대로) 완벽하게 합당한 선택이며 정말이지 어떤 사람들 에게는 최고의 선택이지만, 개인이 투자자로서 성공할 수 있는 능력 에 관해서라면 그는 낙관주의자다.

이 책 『시장을 이긴 투자의 전설들』을 읽고 나면 당신도 그렇게 생각할 것이다.

- 2017년 6월 클라이브 모팻

* 클라이브 모팻^{Clive Moffatt}은 40년 이상 경력의 국제 비즈니스 및 경영 컨설턴트다. 1971년에 런던정경대학교^{LSE}를 졸업한 그는 재무부 경제학자, 투자은행 임원(기네스 피트 그룹 Guinness Peat Group), 『BBC』 금융 편집자, 『인베스터스 크로니클』 비즈니스 편집자로 일했다. 그의 컨설팅 회사인 모팻 어소시에이츠^{Moffatt Associates}는 1988년에 설립되었다.

.

평범한 투자자들을 위한 기회

—— 고액 연봉의 동전던지기 선수들?

글로벌 금융위기 이후, 전문적인 자금 관리자들은 전례 없는 주목을 받았다. 그들에 대한 주된 불만은 그들이 너무 많은 비용을 청구하는 데 반해 그 성과는 놀랄 만큼 작다는 것이다. 가장 비관적인 연구는 소수의 액티브 펀드 매니저들만이 장기간에 걸쳐 각각의 지수를 간신히 능가한다는 것을 보여준다. 다른 연구들은 더 동정적인 그림을 그리기는 하지만, 전반적인 메시지는 장기적으로 시장을 이기기는 어렵고 대부분의 투자 전문가들은 고액의 보수를 받는 동전던지기 선수에 불과하다는 것이다.

실제로 상황이 너무 암울해 보여서, 점점 더 많은 전문가들이 단지 주식 시장을 추종하는 저비용 펀드에 돈을 넣는 패시브 투자를 선택하는 것이 당연하다고 생각한다. 이러한 메시지는 대중에게도 퍼져나갔고, 그들은 액티브 펀드에서 돈을 인출하여 패시브 펀드에 집어넣고 있다. 상당수 대형 기관과 연기금들이 이에 동참하고 있으며, 규제 당국이 남아 있는 운용 펀드들을 압박하는 가운데 일부 틈새 분야를 제외하고는 액티브 투자가 소멸의 길을 걷고 있는 것 아니냐는 추측이 늘고 있다.

물론 패시브 투자에는 아무런 문제가 없다. 사실, 만약 당신이 주식을 고를 시간이 없고 주식 시장에 대해 배우는 것에 관심이 없다면, 패시브 투자는 아마도 가장 좋은 선택일 것이다. 세계 최초의 인덱스 펀드[지수 펀드]를 시작한 잭 보글은 역사상 가장 위대한 투자자로 평가받고 있으며, 이 책의 한 챕터를 차지하고 있다. 그러나 비록 대다수의 전문가들이 시장을 이기는 데 실패했어도 상당수의 전문가들은 수수료를 감안하더라도 그들의 투자자들에게 가치를 더해줬다. 게다가, 소수의 사람들은 오랜 기간 동안 상당한 차이로 시장을 이겨왔다. 이것은 시장 평균 이상의 수익을 얻는 것이 실제로 가능하다는 것을 증명한다.

동시에 일반 투자자들을 가로막던 진입 장벽도 무너졌다. 과거에는 돈을 투자할 수 있는 기회가 제한되었고, 거래 비용이 높았으며, 경기장이 전문가들 쪽으로 크게 기울어 있었다. 온라인 중개업체들, 규칙상의 변화, 스프레드 베팅spread betting⁴의 등장이 복합적으로 작용한 덕분에 개인 투자자들도 전문가들과 정면 대결을 할 수 있게 되었다. 인터넷의 발달로 투자와 관련된 세상은 더 작아졌고, 주식형 크라우드 펀딩과 P2P 상품의 등장으로 벤처 캐피털과 같은 분야조차도 그 어느 때보다도 접근하기 쉬워졌다.

이것은 투자자들이 뒤로 물러나 그리 뛰어나지 않은 펀드 매니저들과 인덱스 펀드 사이의 선택을 받아들일 필요가 없으며, 그들 스스로 문제를 해결하고 그들 스스로 돈을 투자할 수 있다는 것을 의미

....
4 결과가 어떤 범위 내에 들 것이라고 예측하여 베팅하는 것을 말한다.

한다. 물론, 이것을 성공적으로 해내기란 쉽지 않기 때문에, 투자자들은 실행 가능한 전략을 생각해 낼 필요가 있다. 그러한 전략은 두 가지 기준을 충족시켜야 한다. 즉 성공 가능성이 높아야 하며, 투자자에게 필요한 시간, 에너지 및 기질 측면에서 현실적이어야 한다. 그렇다면 투자 계획을 세우는 가장 좋은 방법, 특히 전문적인 투자자들이 일반 투자자보다 경험이 더 많다는 사실을 보완할 방법은 극도로 성공한 소수의 선별된 사람들을 살펴보는 것이다.

──── 가장 위대한 투자자들

2016년에 나는 (내가 일하고 있는)『머니위크^{MoneyWeek}』에 주간 칼럼을 쓰기 시작했는데, 그 칼럼의 내용은 이러한 위대한 투자자들 중 일부를 선별하여 개괄하고, 그들의 전략과 성과, 최고의 투자 사례 그리고 일반 투자자들이 그들에게서 배울 수 있는 교훈을 살펴보는 것이었다. 처음 몇 개의 칼럼을 쓴 후에 나는 각 인물들 경력의 상당수가 매우 흥미롭고 유익해서 더 자세히 조사할 만하다는 것을 깨달았다. 나는 또한 이 분야를 다루는 책들이 유용하긴 하지만 한 가지 투자 스타일에 치우치는 경향이 있고, 대개는 과거에 돈을 벌었던 사람들보다는 동시대의 투자자들에게 초점을 맞춘다는 것을 발견했다.

그래서 나는 더 많은 관심을 받을 만한 가치가 있는 20명의 특별히 성공적인 투자자를 선정하고 그들의 투자 경력을 더 깊이 탐구하기로 했다. 이들 투자자는 투자 성과, 투자 기간, 영향력과 일반 투자자가 이를 모방할 수 있는 정도를 기준으로 선정되었다. 이 책에서 다루는 사람들은 미국과 영국의 투자자들을 포함하며, 18세기 말 데이비드 리카도와 20세기 초 제시 리버모어를 시작으로 오늘날에도 여전히 자금을 운용하고 있는 사람들에 이르기까지 광범위한 역사적 시기에 걸쳐 있다.

이 책에서 나는 단기 트레이더(리카도, 리버모어, 소로스, 스타인하트), 가치 투자자(그레이엄, 버핏, 볼턴) 및 성장주 투자자(크로스, 피셔, 프라이스, 린치, 트레인)의 예를 포함시켰다. 나는 또한 몇몇 벤처 투자자들(도리오, 클라이너와 퍼킨스)도 다루었다. 대부분의 경우 개인 투자자는 비상장 기업에 직접 자금을 투입할 수 없지만 — 크라우드 펀딩으로 인해 이마저도 변화하고 있긴 하다 — 이러한 벤처 투자자의 경력을 통해 기술 투자technology investing에 대한 유용한 통찰력을 얻을 수 있을 것이다.

마지막 6개 챕터는 앞의 4가지 범주 중 어느 것에도 딱 들어맞진 않지만 여전히 투자의 전당殿堂에서 자리를 차지할 자격이 있는 투자자들에 초점을 맞춘다. 존 템플턴은 미국 대중에게 미국 주식 시장을 넘어서 시야를 더 넓혀야 한다고 설득하는 데 핵심적인 역할을 했다. 로버트 윌슨은 복리의 힘과 기민한 투자를 통해 거의 10억 달러에 달하는 부를 쌓았고, 공매도가 어떻게 지속적으로 수익률을 높이고 리스크를 줄이는 데 사용될 수 있는지를 보여주었다. 에드워드 소프는 컴퓨터와 통계를 이용하여 투자 기회를 포착한 (그리고 수익을 창출한) 최초의 '퀀트Quant'[5]였다.

존 메이너드 케인스는 다양한 전략을 오갔다. 통화 시장에서 돈

....
5 계량적인 지표로 분석하고 투자하는 투자자.

을 벌기 위해 거시경제학에 대한 자신의 지식을 이용하려 했지만 (실패했다), 그는 결국 가치 투자자로서 성공을 거두었다. 앞서 언급했듯이 잭 보글은 인덱스 투자를 개척했는데, 많은 사람들이 이를 비웃었지만 결국 그는 인덱스 투자를 주요한 투자 전략으로 바꾸어 놓았다. 폴 새뮤얼슨은 시장을 이길 수 없다는 '효율적 시장 이론'을 전개한 경제학자로 기억된다. 하지만 그는 영향력 있는 헤지펀드에서 핵심적인 역할을 했고, 또한 성공적인 개인 투자자이기도 했다.

── 슈퍼투자자들 순위 매기기

이 책의 주된 목적은 몇몇 놀라운 투자자들에 대해 이야기함으로써 독자들을 교육하는 (또한 즐거움을 주는) 것이지만, 또한 이 책은 무엇이 가장 중요했는지 알아보기 위해 그들을 평가하려고 시도할 것이다. 이 책에서 투자자들을 고른 기준에 따라 4가지 지표, 즉 전반적인 투자 성과, 투자 기간, 다른 투자자와 투자 일반에 끼친 영향력, 평범한 투자자가 얼마나 쉽게 모방할 수 있는지를 기준으로 순위를 매길 것이다. 또 서로 다른 스타일을 가지고 다른 시기에 활동한 투자자들을 직접 비교할 수 있도록, 각각의 투자자들에게 호텔 평가 방식의 별점을 매길 것이다. 별점의 등급은 한 영역에서 투자자가 거의 영향을 미치지 않은 별 1개부터 그들이 이례적인 공헌을 한 별 5개까지로 나뉜다.

투자 성과를 평가하는 경우, 운용 수수료를 뺀 수익률을 시장

평균 수익률(통상 S&P 500이나 FTSE 100[6]을 사용한다)과 상대 비교하는 것에 가장 초점을 맞췄다. 예를 들어 리카도와 같이 수익률에 대한 데이터를 이용할 수 없는 경우, 그들의 성공은 그들이 얼마나 많은 돈을 벌었는지에 의해 판단된다. 성과의 일관성이 중요하기 때문에 실패로 끝난 펀드를 운용하거나 여러 번 파산한 사람은 결국 돈을 벌어도 순위가 낮아진다. 투자자의 가장 기본적인 목표가 돈을 버는 것임을 감안할 때, 거의 모든 투자자들이 이 분야에서 별점 4~5개 등급을 가지고 있다. (별 3개만 받은 보글은 예외다).

투자 기간은 투자 성과와 강하게 연관되어 있는데, 이는 오랜 경력에 걸쳐 지속적인 성과를 달성하는 것이 2~3년 동안 그렇게 하는 것보다 훨씬 어렵기 때문이다. 경력이 수십 년 동안 지속된 사람들은 별 5개를 다 받는 반면, 경력이 불과 10년 남짓인 사람들은 별 5개를 다 받지 못한다. 이 경우 주된 초점은 그들이 좀 더 일반적인 금융 업무에 쏟은 시간보다 얼마나 오랫동안 자금을 직접 운영하거나 투자했는지에 있다. 투자 성과와 마찬가지로, 상대적으로 낮은 점수를 받은 사람들도 있지만, 대부분의 투자자들은 이 부문에서 높은 점수를 받았다.

투자자들을 평가할 때 종종 간과되는 또 다른 기준은 비전문가들이 그들의 전략을 쉽게 모방해서 실행할 수 있는가 하는 점이다. 이것의 단적인 예는 워런 버핏이다. 그는 60년에 이르는 경력에 걸쳐 엄청난 성공을 거두었다. 그러나 버크셔 해서웨이는 대부분 대중이 직

....
6 영국 런던증권거래소에 상장된 100개 우량주식으로 구성된 지수.

접 투자할 수 없는 비공개 상장 기업에 투자하고 있다. 마찬가지로 단기 매매는 많은 시간적 여유와 감정적인 투자를 필요로 한다. 1990년대 후반의 인터넷 버블 기간 동안 주식 거래를 위해 본업을 포기한 많은 사람들이 어려운 길을 맞닥뜨려야 했다.[7]

투자자들은 돈을 버는 것뿐만 아니라 사람들이 투자하는 방식에 영향을 줌으로써 투자에 기여할 수 있다. 경우에 따라 이것은 투자에 대한 새로운 접근법을 개발하는 것이기도 하다. 예를 들어 장기간에 걸쳐 이익이 빠르게 증가하는 기업을 찾는 데 초점을 맞춘 필립 피셔의 투자법처럼 말이다. 그게 아니라면 잭 보글과 그가 개발한 인덱스 펀드처럼 새로운 금융 상품을 출시함으로써 족적을 남길 수도 있다. 하지만 중요한 것은 명성 그 자체가 반드시 이 분야에서 높은 평가를 보장하는 것은 아니라는 점이다. 예를 들어 조지 소로스는 잘 알려진 자선가로 영국이 유럽 환율 체제(ERM)를 탈퇴하는 데 큰 역할을 했고, 이는 다시 영국 정치에 큰 영향을 미쳤다.[8] 그러나 '재귀성 reflexivity 이론'과 같은 그의 금융 이론은 거의 족적을 남기지 못했다.

....

7 나스닥 버블 붕괴와 실직으로 인한 경제적 어려움을 뜻한다.
8 당시 영국은 유럽 각국의 통화와 연계하여 일정한 변동폭만이 허용된 제한된 형태의 고정환율제에 가입되어 있었는데 1992년 조지 소로스가 대규모 파운드화 매도를 통해 영란은행을 굴복시켰고 영국을 변동환율제의 길로 가게 했다.

1장

제시 리버모어

JESSE

LIVERMORE

추세 추종 투기꾼

─── 자수성가한 사람

경험 많은 트레이더에게 책 한 권을 추천해 달라고 요청한다면 아마
도 그들은 적어도 에드윈 르페브르Edwin Lefevre가 쓴 투기꾼 제시 리
버모어의 허구화된 회고록인 『어느 주식 투자자의 회상Reminiscences
of a Stock Operator』에 대해 언급할 것이다. 1923년에 처음 출판된 책이
거의 한 세기 후에 필독서로 통한다는 사실은 리버모어에 대한 주식
트레이더들의 존경심이 얼마나 대단한 것인지를 말해준다. '꼬마 승
부사boy plunger'9의 여러 번에 걸친 성공과 몰락, 복귀는 교훈적일 뿐
만 아니라 그 자체로 매혹적인 이야기이기도 하다.

　리버모어의 경력에 관한 또 다른 놀라운 점은 그가 투자금을 모
은 방식이다. 모든 성공한 트레이더들과 투자자들은 스스로를 자수
성가한 사람이라고 생각하고 싶어하지만, 대부분의 경우 이것은 부
분적으로만 옳다. 그들은 투자 아이디어를 스스로 생각해냈을 수도
있지만, 전형적으로는 투자 신탁, 헤지펀드 또는 은행을 위해 매매하
고 투자를 한 후에, 그 이익의 일부를 수취하거나 운용 보수를 떼 갈
것이다. 하지만 리버모어는 투자에 다른 사람들의 돈을 사용하는 대
신 자신의 현금을 집어넣었다. 따라서 그가 투자에서 실패를 경험할
때면 그의 삶이 통째로 직접적인 충격을 받았다.

....
9 리버모어가 어린 나이에 버킷샵과 주식 시장에서 성공하여 붙은 별명이다.

—— 농장에서 버킷샵을 거쳐 월스트리트까지

리버모어는 1877년 매사추세츠 슈루즈버리^{Shrewsbury} 근처의 농장에서 태어났다. 리버모어는 학업, 특히 수학에서 두각을 나타냈지만, 그의 아버지는 그에게 가족 농장 일을 도우라면서 14살부터 학교에 가지 못하게 했다. 리버모어는 아버지의 뜻을 거스르고 어머니의 허락을 받아 주머니에 단돈 5달러(현재 가치로 134달러)만 가지고 근처 보스턴으로 도망쳤다. 그는 곧바로 페인 웨버^{Paine Webber} 증권사에 취직해 중개인과 고객들이 개별 주식의 가격이 얼마인지 알 수 있도록 주가 게시판을 갱신하는 일을 했다.

이 보잘것없는 직업으로 그는 주당 6달러밖에 벌지 못했다. 그러나 주가가 어떻게 오르내리고 횡보하는지 지켜보는 일은 그에게 주가가 언제 오르고 내릴지 예측하는 요령을 알려주었다. 1년도 지나지 않아 그는 버킷샵^{bucket shop}(무허가 증권거래소)에서 주식을 매매하고 있었다. 버킷샵은 신용으로 주식을 싸게 살 수 있는 도박장이었다. 정상적인 중개 매매와 달리 이곳에서 실제 주식의 지분을 사고 파는 일은 없었다. 대신 주식을 산 가격과 주식 시세표의 가격 차이에 따라 돈을 받았다.

이 원시적인 형태의 스프레드 베팅은 도박꾼들의 매매 대부분이 서로 상쇄될 것이라는 사실에 의존했고, 이를 통해 거래소는 수수료를 벌 수 있었다. 거래가 적은 주식의 경우, 베팅한 사람에게 불리한 10%의 가격 변동만으로도 판돈을 날려버릴 수 있는 큰 레버리지 때문에 결국 도박꾼들이 손해를 볼 것으로 거래소는 기대했다.[10] 하지만 리버모어는 계속해서 시장을 이길 수 있었고, 레버리지를 이용해 막대한 수익을 올렸다. 결국 버킷샵들은 그가 돈을 버는 것에 싫증이 났고, 리버모어는 보스턴의 모든 버킷샵에서 매매가 금지되었지만, 이미 그가 1만 달러를 모은 후였다.

그는 이제 제대로 된 주식 중개인을 통해 매매를 시작할 수 있었다. 하지만 처음에는 어려움을 겪었다. 중개인들이 증권거래소 플로어에 있는 트레이더들을 통해 매매해야 했으므로 그의 거래를 실행하는 데 시간이 걸렸고, 항상 최상의 가격을 얻을 수는 없었기 때문이다. 결국 그는 초기에 돈을 다 잃은 후 판돈을 다시 만들기 위해 (당시 그의 중개인이었던 E.F. 휴턴E.F. Hutton으로부터 빌린 돈을 가지고) 곧바로 버킷샵으로 돌아왔다.[11] 그러나 1897년부터 1934년의 두 번째 파산(최종 파산)까지 리버모어는 상품[12] 시장과 주식 시장 양쪽 모두에서 활약했다.

....

10 버킷샵에서 작은 증거금으로 A주식을 '매수'하면 실제로 본인이 그 주식을 산 것이 아니다. 버킷샵이 훨씬 많은 액수를 신용으로 빌려줘 A주식을 사서 주가가 오르면 오른 만큼의 차액에 대한 보상을 받는 것이다. 만약 주가가 내리면 투자자는 증거금을 청산당해 돈을 모두 잃게 된다. 그러나 버킷샵은 손해를 보지 않는다.

11 본문에는 다소 간략하게 서술되었지만 리버모어는 버킷샵에서 판돈을 모은 후 다시 주식 시장으로 돌아갔다.

12 커머디티commodity, 즉 상품商品은 이 책의 많은 곳에서 편의상 '원자재'로 번역되기도 했지만, 에너지, 금속, 귀금속, 농산물을 포괄하는 좀 더 넓은 개념이다.

티커 테이프는 전신을 통해 전달된
정보를 폭이 좁고 기다랗고 두꺼운
종이에 인쇄한 것이다. 주로 주식
시세를 실시간으로 알기 위해 활용
되었다.

── 지휘자처럼 테이프를 읽다

리버모어의 주요 전략은 '테이프 읽기', 또는 대중적으로 더 많이 알려
진 바로는 추세 추종 전략이었다. 이것은 주식 가격의 움직임을 주시
하면서(말 그대로 주가가 인쇄된 주식 티커 테이프를 읽었다), 주가의 방향에
갑작스러운 변화가 있는지 확인하는 것이었다. 만약 이 변화가 충분한
힘으로 계속된다면 그는 이 추세를 따를 것이었다. 처음에 그는 상대
적으로 적은 금액을 걸곤 했다. 그러나 이러한 추세가 계속되면 그는
자신의 포지션이 훨씬 더 커질 때까지 점차적으로 포지션을 늘렸다.
그는 추세가 끝났다고 확신할 때에만 자신의 포지션을 정리했다.

이 전략은 그가 절대적인 바닥에서 주식을 사거나 절대적인 최고점에서 주식을 팔려는 시도를 하지 않았다는 것을 의미했다. 대신, 그는 트레이더란 모름지기 투자를 하기 전에 주식이 이미 오르기 시작하는 것을 행복하게 기다릴 줄 알아야 한다고 생각했고, 특히 최고가를 경신하고 있는 주식에 관심이 있었다. 그는 "큰 이익을 얻기 위해 무작정 도박을 하고 싶은가, 아니면 지적으로 투기를 해서 작지만 훨씬 더 가능성 있는 이익을 얻고 싶은가?"라고 말했다

공급과 수요의 균형과 같은 모든 기본적 요소[13]들을 무시해야 한다고 생각했던 다른 트레이더들과 달리, 리버모어는 이러한 요소들을 시장에 대한 그의 전반적인 관점을 제시하는 데 자주 사용했으며 특히 상품 시장에서 매매할 때 그러했다. 그러나 그는 주식이나 상품의 가격이 적절한지를 결정하기 위해 펀더멘털 요인에만 의존한다면 너무 일찍 진입할 위험이 있다고 생각했고, 따라서 시장이 따라잡기를 기다리는 동안 손실을 보게 될 것이라고 생각했다. 그는 또한 시장이 미래 수익과 배당을 예상하는 데 상당히 능숙하기 때문에 이러한 요소들은 이미 가격에 반영되어 있다고 믿었다.

리버모어는 기본적 분석의 가치에 대해 일부 받아들였던 반면, 외부인들이 흘리는 정보의 가치에 대해서는 신랄하게 비판했다. 비록 1909년부터 미국에서 내부자 거래는 불법이었지만, 회사가 어떻게 운영되고 있는지에 대해 내부자들이 힌트를 주는 일이 비일비재

....
13 가격이나 거래량의 변화와 같은 기술적techincal 분석의 대상과 반대되는 의미로, 수요와 공급, 기업의 실적과 가치 등 기본적 분석의 대상을 펀더멘털fundamental이라고 한다.

했다. 또한 투기꾼들이 상품 시장을 독점하기 위해 함께 뭉치는 것
역시 상대적으로 흔한 일이었다. 그의 견해는 조언을 해주는 사람들
대부분이 무슨 일이 일어나고 있는지에 대한 진정한 지식(또는 이해)
을 가지고 있지 않다는 것이었다. 심지어 그들이 진정한 지식을 가지
고 있는 몇 안 되는 경우에도, 그들은 그들 자신의 목적을 달성하기
위해 거짓 조언을 하고 있었을 가능성이 더 컸다.

예를 들어, 리버모어는 자신의 회사가 얼마나 잘되고 있는지 자
랑하는 기업 이사의 예를 들었다. 주가가 처음에는 급등했지만, 빠르
게 하락했다. 리버모어는 나중에 그 이사가 회사가 정말로 형편없다
는 것을 알고 그의 지분을 조용히 팔고 있다는 것을 알게 되었다. 리
버모어는 자신도 특히 초창기에는 때때로 유혹에 굴복하여, 비밀 정
보와 외부 조언의 무시라는 그의 규칙을 항상 따르지만은 않았다는
것을 인정한다. 그러나 그는 『어느 주식 투자자의 회상』에서 그의 투
자 경력 초반에 주식이 급등하기 직전에 친구가 어떤 기업의 주식을
다 팔라고 설득했을 때, 마침내 외부자의 조언은 무시하라는 확신을
가지게 된 추세 반전이 일어났다고 주장한다. 그는 투자자들에게 노
트에 이렇게 쓰라고 조언할 것이다. **"내부 정보를 경계하라 ... 모든 내
부 정보를."**

─── **무일푼에서 부자로, 또다시 무일푼으로**

리버모어의 재산은 그의 투자 경력 동안에 극적으로 변동했다. 1901
년까지 그는 허튼이 빌려준 돈을 모두 갚고 자신의 트레이딩 자본을

5만 달러(현재 가치로 140만 달러)까지 모았다. 그러고 나서 재앙이 닥쳤다. 그해에 있었던 시장의 반전이 그를 파산시켰고, 그의 첫 번째 결혼이 파경을 맞았으며(그의 아내가 그녀의 보석을 전당포에 맡기는 것을 거부했다), 그는 어쩔 수 없이 다시 버킷샵으로 돌아와야 했다.

몇 년 후, 1907년 주식 시장의 패닉으로부터 큰 이익[14]을 얻은 후, 그는 3백만 달러(현재 가치로 7,800만 달러) 가치의 현금을 모았다. 그러나 가장 유명하게는 면화를 중심으로 한 일련의 매매들에서 실패하여 처음에 그의 자본이 90%까지 줄었고 결국 1912년에 강제 파산당했다.

물론 리버모어는 굴복하지 않았다. 1917년에 그는 그의 모든 채권자들에게 전액 상환했을 뿐만 아니라 50만 달러(현재 가치로 923만 달러)의 신탁 기금을 설립할 정도로 많은 돈을 모았다. 1920년대에 그는 여러 개의 부동산과 300피트[15] 길이의 요트를 소유할 만큼 부유해졌다. 월스트리트 대폭락 이후 그의 재산은 1억 달러(현재 가치로 14억 달러)로 추정되었다. 그러나 1934년에 그는 다시 파산했다. 그는 이번에는 다시 시장으로 돌아오지 못했다. 이 실패와 그의 아들 제시 주니어의 죽음과 같은 다양한 개인적인 문제들 때문에, 그는 1940년에 자살했다. 그러나 그는 여전히 채권자들에게 상환할 수 있었고 현금, 보석 및 기타 자산으로 5백만 달러의 재산을 남겼다.

....

14 1907년 미국에서 은행 공황이 발생했을 때 리버모어는 공매도로 큰돈을 벌었다.

15 약 91미터.

── 시장을 무너뜨린 남자

리버모어의 명성을 공고히 하고, 또한 그에게 어느 정도의 악명을 안겨준 매매는 바로 1929년 10월 월스트리트 대폭락 직전에 주식 시장을 공매도한 결정이었다. 소수의 다른 투자자들도 같은 일을 할 만큼 충분히 영리했지만(또는 운이 좋았지만), 그들은 본능의 결과로 그렇게 했다. 예를 들어 조지프 케네디Joseph Kennedy[16]는 구두닦이 소년이 그에게 주식에 대해 조언하는 것을 듣고 난 직후 주식을 몽땅 매도한 일화로 유명하다. 대조적으로, 리버모어의 결정은 몇 가지 요인에 의해 촉발됐고 완벽하게 타이밍이 맞춰졌다.

첫째, 1920년대 후반에 주식 시장 붐이 최고조에 달했을 때, 그는 비교적 평범한 주식들도 높은 가격에, 즉 지난 12개월 동안 기업들이 벌어들인 이익보다 훨씬 높은 배수[17]로 거래되고 있다는 것을 관찰했다. 이는 투자자들이 미래에 대해 극도로 낙관하고 있다는 신호였다. 리버모어는 또한 수많은 평범한 사람들이 빌린 돈으로 주식을 하고 있다는 것을 알게 되었다. 그들은 대출을 이용해 매매 대금의 일부 금액만으로도 주식을 샀는데, 때때로 10%도 안 되는 돈만 있으면 주식을 살 수 있었다. 그와 다른 전문가들이 정기적으로 레버리지를 사용하는 동안, 그는 이 빚들로 인해 평균적인 투자자들이 증

....
16 미국의 35대 대통령 존 F. 케네디의 아버지.
17 PER, 즉 주가수익비율Price-to-Earnings Ratio. 대공황 직전에 주식들이 고평가 상태, 즉 높은 PER로 거래되고 있었다는 뜻이다. 멀티플이라고 하기도 한다.

시 붕괴에 매우 취약한 채로 노출되어 있다는 것을 깨달았다. 그것은 또한 주식 시장의 호황이 투자자들이 점점 더 많은 돈을 빌리는 것에 달려 있다는 것을 의미했다. 이것은 지속 불가능했기 때문에, 리버모어는 이것이 '곧' 끝나야 한다는 것을 깨달았다.

동시에 리버모어는 주식 붐 초기에 가장 강하게 올랐던 주식들이 이제 정점을 찍거나 심지어 하락하고 있다는 것을 알아차렸다. 그는 이것이 강세장이 활력을 잃고 있는 신호라고 믿었다. 기술적 신호와 펀더멘털 지표 모두가 반전을 가리키자 그는 이를 어떻게 활용할 것인가에 관심을 돌렸다. 시장이 전반적으로 상승하는 동안에는 단순히 주식들을 공매도하면 리스크가 커져 결과가 좋지 않다는 걸 그는 알고 있었다. 그래서 그는 처음에는 1929년 여름까지 그가 소유한 모든 주식을 파는 것에 집중했다.

리버모어는 이제 시장을 공매도하는 데 그의 모든 관심을 쏟을 수 있었다. 그는 단지 시장이 어떻게 반응할지 보기 위해 주요 주식들을 소량으로 공매도하기 시작했다. 초기에 행한 이 보초병 보내기 식의 공매도는 시장이 계속 상승하면서 실패했고, 그에게 25만 달러의 손실을 입혔다. 막대한 금액이었지만 그의 재산에서 작은 일부에 불과했다. 그러자 그는 두 번째 매도 포지션을 꾸렸다. 이 포지션들이 성공하기 시작했을 때, 리버모어는 게임이 끝났다는 것을 깨달았다. 1929년 10월 24일 "검은 목요일"에 그는 적시에 주식을 공격적으로 공매도하기 시작했는데, 이날 시장은 하루 만에 11% 폭락했다.[18]

....
18 이날 주식 시장 붕괴와 함께 역사상 최악의 경제적 재난인 1929년 미국의 대공황이 시작되었다.

그해 12월까지, 시장은 9월 최고점에서 절반 이상 폭락했다. 리버모어는 매도 포지션으로 수백만 달러를 벌었고, 그의 순자산은 1억 달러 이상으로 추정되었다. 실제로, 그의 성공은 너무 커서 그는 시장을 무너뜨리기 위해 계획된 큰 음모의 핵심적인 부분이라는 비난을 받았다. 리버모어는 자신은 다른 사람과 함께 일해본 적이 없으며 시장이 과대평가돼 무너진 것이라는 성명을 발표할 수밖에 없었다. 이런 부인에도 불구하고 그는 몇 달 뒤 사설탐정을 경호원으로 고용해야만 했다.

—— 주식 외 다른 투자에서 돈을 날려먹다

리버모어는 숙련된 트레이더였지만, 다른 유형의 투자에는 능숙하지 못했다. 사실, 그는 주식 시장 바깥의 투자에 대한 그의 진출 시도—보통은 그의 친구들이 요청한 것이었다—가 재앙과 다를 바 없었다는 것을 인정했다. 그는 1925년 플로리다에 리조트를 건설하는 것을 목표로 한 신디케이트인 미즈너 개발 회사Mizner Development Corporation에 연루되었는데, 이 때문에 불만을 품은 투자자들이 그를 개인적으로 고소하기도 했다. 이는 리버모어와 다른 저명한 이사들이, 사실은 그렇지 않음에도 불구하고, 마치 그 프로젝트를 인수하고 있는 듯한 암시를 기획사가 주고 있다고 항의했음에도 불구하고 그랬다.

리버모어는 『주식 매매하는 법How to Trade in Stocks』에서 이렇게 말했다. "나는 월스트리트 밖에서는 1달러도 벌 수 없었다. 그러나 나는 월스트리트에서 가져갔던 수백만 달러를 다른 모험적 사업에 '투자'하면서 잃었다." 그는 계속해서 "플로리다 호황기의 부동산, 유정油井, 항공기 제조업, 그리고 새로운 발명에 기반한 제품의 완벽화와 마케팅"을 언급했다. 리버모어는 한번은 자신이 외부 프로젝트에 너무 소질이 없었던 나머지 그가 추가 투자 요청을 위해 접근했던 한 친구가 그에게 직설적으로 이렇게 말했다고 인정했다. "리버모어, 당신은 당신 분야를 제외한 다른 사업에서는 결코 성공하지 못할 것이오."

—— 리버모어의 이야기에서 무엇을 배울 것인가?

엄밀히 말해 리버모어는 장기 투자자가 아니라 단기적인 가격 움직임으로 돈을 버는 트레이더였다. 이 접근법은 수익률 측면에서 극단적으로 수익성이 좋을 수 있지만, 변동성 또한 극도로 클 수 있다. 리버모어와 같은 전설조차도 운명의 급격한 변화를 경험했다는 사실은 이 방식이 소심한 사람들에게는 맞지 않다는 점을 보여준다. 그것은 또한 그가 시장 가격을 살피고 가능성이 있는 매매 기회를 찾는 데 많은 시간을 쏟아야 했기 때문에 노동 집약적이었다. 그러므로 일과 가정에 전념하는 사람들이 그의 성공을 재현하기 위해서는 엄청나게 고군분투해야 할 것이다.

아마도 리버모어 방식과 오늘날 가장 유사한 투자법은 주가와 원자재 가격의 움직임에 베팅하는 스프레드 베팅일 것이다. 평범한 투자자들 중 일부는 스프레드 베팅으로 막대한 돈을 벌었지만, 만약 당신이 무엇을 하고 있는지 모른다면 매우 값비싼 대가를 치를 것이다. 만약 그 길을 가겠다면, 당신은 잃어도 되는 돈으로만 제한적으로 매매해야 한다.

리버모어의 성공 비결 중 하나는 그의 엄격한 자금 관리였다. 투자자와 달리, 트레이더는 장기적인 전망을 가질 여유가 없다. 리버모어는 돈을 잃고 있는 매매는 빨리 접어야 한다고 믿었으며, 자신은 장기 투자자들이 감수하는 지속적인 손실을 견딜 수 없었을 것이라고 거침없이 인정했다. 대부분의 스프레드 베팅 회사는 특정 금액만큼 손실을 보면 자동으로 포지션을 청산하도록 설정하는 것을 허용한다.[19] 반대로, 그는 가격 데이터가 추세가 곧 끝날 것임을 시사할 때까지는 이기고 있는 포지션을 유지해야 한다고 믿었다. 또한 그는 성공적인 매매에서 얻은 이익의 일부는 꼭 별도의 계좌에 따로 집어넣어야 한다고 믿었다. (이는 그가 파산한 후에도 상당한 재산을 보유할 수 있게 해주었다).

마지막으로, 리버모어의 슬픈 결말[20]은 어느 정도의 긴 시야를 갖고 있을 필요성을 상기시켜주는 것이어야 한다. 비록 트레이딩이 당신의 부를 늘리는 방법이 될 수 있겠지만, 그것이 강박이 되어서는 안 된다. 당신은 실제로 매매나 투자를 시작하기 전에 투자금을 전부 잃을 수도 있으며 그래도 되는지 자문해 볼 필요가 있다. 그렇지 않다면 스트레스가 적은 투자 철학을 선택해야 한다.

속담에도 있듯이, 만약 투자 때문에 밤에 잠도 못잘 정도라면, 당신은 두 발 뻗고 잠을 잘 수 있을 만큼 투자금을 줄일 필요가 있다.

....
19 스탑 로스stop loss. 즉 매수 포지션에서는 손절 매도, 매도 포지션에서는 손절 매수를 의미한다.
20 리버모어는 심각한 우울증에 걸렸고 1940년 권총으로 자살했다.

제시 리버모어 별점 매기기

투자 성과: 밑바닥에서부터 모든 재산을 모은 것은 분명 대단한 업적이다. 그렇지만, 비록 리버모어가 여전히 그의 아내와 아이들에게 상당한 자금을 물려줄 수 있었다고 해도, 부분적으로는 그의 마지막 우울증으로 이어진 파산을 포함하여 여러 번 파산한 것은 분명히 그의 투자 성과를 훼손한다. (★★★★)

투자 기간: 트레이더로서 리버모어의 경력은 1891년부터 1934년의 마지막 파산까지 40년에 걸쳐 지속되었다. (★★★★★)

영향력: 그의 삶을 허구적으로 각색한 『어느 주식 투자자의 회상』은 주식 매매 분야에서 가장 영향력 있는 책 중 하나로 손꼽힌다. (★★★★★)

따라하기 난이도: 데이 트레이딩(초단기 매매)은 믿을 수 없을 정도로 압박감이 심하고 돈을 버는 데 많은 시간이 쏟아야 하는 방법일 뿐만 아니라 실패할 확률도 높다. 하지만 장기 투자를 하는 사람들도 리버모어로부터 많은 것을 배울 수 있다. (★★)

전체 별점: 별 20개 만점에 별 16개

2장

데이비드 리카도

DAVID

RICARDO

나폴레옹 시대의 투기꾼

경제학자 또는 트레이더

경제학을 공부해 본 적이 있다면 데이비드 리카도를 접해봤을 것이다. 초기 경제 이론가들 중 한 명인 그가 생각해낸 많은 아이디어들은 오늘날에도 여전히 연구되고 있다. 실제로 그의 '비교우위' 이론 (각 나라들은 가장 잘 생산하는 것을 전문화함으로써 생산을 극대화할 수 있다는 아이디어)은 근대 무역 정책의 초석으로 남아 있다. 그는 또한 19세기 초 영국에서 영향력 있는 정치인으로 곡물법Corn Law의 폐지를 주장했으며, 정부가 돈을 빌리고 국채를 관리하는 방식의 변화를 역설했다.

하지만 대부분의 사람들은 그가 매우 존경받는 금융업자이자 트레이더였다는 것은 모른다. 실제로 리카도의 명성은 (그의 사후에 게재된) 『타임스The Times』의 부고에서 미래에 그가 한 명의 사상가로 기억되기보다는 주식 시장에서 돈을 번 능력자로 기억될 것이라고 예측했을 정도로 투자자에 가까웠다. 물론 현실은 명백하게 정반대가 되었지만, 리카도는 금융 시장이 아직 걸음마 단계에 있던 시대에 돈을 벌었다. (최초의 회원 전용 증권거래소는 1801년에 만들어졌고 첫 번째 규정집rulebook은 1812년에 도입되었다). 하지만 그의 인생 이야기는 여전히 오늘날의 투자자들에게 중요한 교훈을 주고 있다.

그는 어떻게 투자를 시작했나?

1772년 런던에서 태어난 리카도는 14살에 교육을 마치고, 주식 중개인으로서 성공한 그의 아버지 밑에서 일했다. 그러나 7년 후에 그는 퀘이커 교도의 딸과 함께 달아나 유니테리언[21] 교도가 되었다. 이 사건으로 리카도는 평생 그의 부모와 소원한 관계가 되었고, 주식 중개인stock jobber으로 생계를 유지할 수밖에 없었다. 당시 이 직업은 시장 조성자와 플로어 트레이더 역할을 모두 했다. (플로어 트레이더와 중개인 사이의 분리는 1986년 빅뱅[22]까지 영국에서 계속되었다). 중개인들은 다양한 종류의 주식과 채권을 사고팔 수 있었지만, 리카도는 주로 ('콘솔consol'로 알려진) 정부 채권을 매매했다.

리카도는 주로 중개 활동으로 알려졌지만, 정부 채권에 입찰하는 다양한 신디케이트를 이끌며 차관 공여자가 될 만큼 인정받았다. 1803년에 발발한 나폴레옹 전쟁이 국가 부채를 극적으로 증가시켜 재정 압박이 심하던 시기에, 부유한 개인 투자자들로 구성될 이 신디케이트들은 정부에 돈을 빌려주기 위해 기존 은행들과 경쟁할 것이고, 따라서 정부가 더 낮은 비용으로 돈을 빌릴 수 있을 것이라는 아이디어였다.

리카도의 신디케이트는 정부에 대한 대부 사업에 끼어들려는 첫 번째 시도에서 고배를 마셨다. 그러나 다음 해에는 민간 은행들의 독점을 처음으로 깨고 1,420만 파운드(현재 가치로 약 10억1,000만 파운드)만큼의 몫을 할당받아 꽤나 성공을 거두었다. 1811년에서 1815년 사이에 리카도의 신디케이트들은 은행과 다른 신디케이트들과 몫을 나

....
21 삼위일체론을 부정하고 신격의 단일성을 주장하는 기독교 분파.
22 빅뱅Big Bang은 영국 총리 마거릿 대처가 실시한 영국의 금융 산업 규제 완화 정책을 말한다.

누긴 했지만 1억5,800만 파운드(현재 가치로 약 105억 파운드)의 대출에 참여했다. 리카도는 1815년 워털루 전투 직후 금융계에서 은퇴했지만, 그는 계속해서 자신의 투자금을 관리했고 가까운 기업가들에게 대출을 해주었다. 죽을 때까지 그는 프랑스-스페인 전쟁[23] 동안 프랑스 채권이 가치를 유지할 것인지에 대해 투기하고 있었다.

── 시장의 히스테리를 이용하라

그의 경력의 대부분 동안, 리카도는 두 가지 주요 전략을 사용했다. 첫째, 그는 오늘날 사람들이 '페어 트레이딩pair trading'이라고 부르는 것에 관여했다. 그는 동일하지는 않지만 일반적으로 서로 비슷하게 움직이는 채권들을 찾았다. 그리고 그것들의 가격이 벌어질 때마다 그는 상대적으로 더 싸진 것을 사고 더 비싸진 것은 팔았다.[24] 만약 두 채권 사이의 적절한 관계에 대한 그의 판단이 (통상 그랬던 것처럼) 옳다면, 결국 두 채권의 가격이 수렴될 것이라는 게 그의 생각이었다. 이것은 한 포지션에서 발생하는 손실보다 다른 포지션에서 발생하는 이익이 더 크다는 것을 의미했다.

리카도는 이 접근법을 때때로 투기적 포지션으로 보완하기도 했다. 리카도는 시장이 단기적인 사건에 과민 반응하는 경향이 있다

....
23 1823년 프랑스는 스페인의 자유주의 정부를 전복하고 왕정복고를 지원하기 위해 군대를 보냈다.
24 이른바 롱숏long-short 전략이다. 두 개의 주식이나 금융 상품을 짝지은 후 고평가된 것을 팔거나 공매도(short)하고 저평가된 것을 산다(long)는 것이다.

고 믿은 타고난 역발상 투자자였다. 그러나 그는 이것을 활용하는 가장 좋은 방법이 시장을 앞서가는 모멘텀 기반 접근법을 채택하는 것이라고 생각했다. 그 결과 그는 주가를 더 높이 밀어 올릴 만한 뉴스를 찾아다니며, 가격이 더 오를 것을 예상하고 매수할 수 있었다. 비슷하게, 만약 부정적인 소식이 투자자들을 낙담시킬 것이라고 느낀다면 그는 팔 것이었다. 리카도는 오르고 있는 것은 그대로 두고 손실 중인 포지션을 청산함으로써 리스크를 낮게 유지할 수 있다고 믿은 최초의 사람들 중 한 명이었다.

── 작은 수익이 사치스러운 생활로

비록 리카도가 자신이 번 돈의 정확한 액수를 밝힌 적은 한 번도 없었지만, 그의 매매 활동으로 지속적인 수익이 발생했음을 암시하는 증거가 있다. 그 금액은 상대적으로 적었지만(보통은 기껏해야 수백 파운드였다), 수익 창출의 일관성과 빈도는 그로 하여금 많은 양의 트레이딩 자본을 축적할 수 있게 했다. 그가 1793년에 아버지를 떠났을 때 그는 800파운드밖에 가지고 있지 않았고, 나머지 자본은 그에게 호감을 가졌던 은행가들의 대출로 충당되었다. 그럼에도 그는 1801년 한 해에만 100만 파운드(2015년 가격으로 6,900만 파운드)의 콘솔을 매매할 정도로 성공을 거뒀다.

이러한 성공으로 그는 점점 더 사치스러운 생활 방식에 자금을 댈 수 있었다. 1793년에 결혼한 그는 런던 교외에 위치한 다소 전원적인 케닝턴Kennington의 작은 집에서 18파운드(현재 가치로 1,904파운드)의 연간 임대료로 살았다. 1812년에 그는 세련된 런던 그로스베너^{Grosvenor} 광장²⁵에 있는 큰 저택에 살면서 연간 450파운드(현재 가치로 27,000파운드)를 지불했다. 1814년 그는 글로스터셔^{Gloucestershire}에 있는 시골 사유지인 개트콤 파크^{Gatcombe Park}를 6만 파운드(현재 가치로 379만 파운드)에 사들였다. 리카도와 그의 가족들은 종종 개트콤 파크에서 정성 들인 연회를 열곤 했다.

그는 금융업에서 은퇴한 후 25,000파운드(현재 가치로 170만 파운드) 상당의 대부에 대한 대가로 의회 의석 하나를 살 수 있었고, 1819년 초에 그 자리를 차지할 수 있었다. 1823년 그가 사망했을 때, 그의 재산은 70만 파운드(현재 가치로 5,720만 파운드) 이상의 가치가 있는 것으로 추정되었다. 그러나 이것은 그의 자산 가치를 제대로 평가한 것이 아니었기 때문에 아마도 실제 가치는 더 높았을 것이다.

── 리카도의 워털루 전투

1815년 6월에 벌어진 워털루 전투의 직전과 직후에 리카도가 한 행동만큼 그에게 전설적인 투기꾼의 지위를 부여한 것은 없었다. 그 상황에 대한 몇 가지 다른 버전이 있지만, 가장 유명한 것은 리카도의 경제 이론에 대해 광범위하게 쓴 경제학자 폴 새뮤얼슨^{Paul Samuelson}(이 책의 후반부에서 그를 다룰 것이다)이 전하는 내용이다. 새뮤얼슨은 죽기 직전에 쓴 논문에서, 리카도가 전투를 관찰하고 그 소식을 자신

....
25 1960년에서 2018년까지 주영 미국 대사관 부지였다.

에게 신속하게 전달할 조수를 고용했다고 주장했다. 결과적으로, 그는 누구보다도 먼저 전투의 결과를 알고 있었다.

대부분의 사람들이 채권을 더 사기 위해 그 상황을 이용했을 것이지만, 새뮤얼슨은 리카도가 훨씬 더 기만적인 전략을 택했을 것이라고 주장했다. "거래소에 있는 전용 의자에 앉아 그는 영국 재무부 국채를 줄기차게 매도했다. 다른 투자자들은 이것을 보고, 리카도가 진실을 알고 있을 것이라고 의심하며 매도에 동참했다. 그러던 중 리카도가 갑자기 방향을 바꿔 국채를 사들이기 시작했다." 이러한 매매의 결과는 "그가 여태껏 벌인 가장 큰 쿠데타"였으며, 덕분에 그는 "액티브한 트레이딩에서 은퇴하고, 남은 평생을 패시브한 임대 투자자로 남을 수 있었다."

금융적 교활함에 대한 이야기를 즐기는 사람들은 이 거대한 허세의 냉혹함을 좋아할 것이다(비록 오늘날에는 그런 행동이 불법적인 시장 조작으로 간주되겠지만 말이다). 그러나 역사학자들은 리카도가 누구보다 먼저 전투 결과에 대해 미리 알고 있었다거나 영국이 패배했다는 소문을 퍼뜨렸다는 직접적인 증거를 찾지 못했다. 리카도는 또한 그가 번 돈의 액수를 대단치 않게 생각했다. 실제로 존 스튜어트 밀(또 다른 유명한 경제 및 정치 사상가)에게 보낸 편지에서 그는 이제 부자가 되었음에도 "'내가 얼마나 부자인지 축복해줘!'라고 말할 만큼은 아니"라고 말했다.

그럼에도 불구하고, 그가 그 기간 동안 많은 돈을 벌었다는 것은 의심의 여지가 없다. 나폴레옹의 엘바섬 탈출과 1815년 3월 프랑스로의 의기양양한 귀환(워털루 전투 3개월 전)은 또 다른 장기전에 대한 두려움, 심지어 영국 본토 침공에 대한 공포를 확산시켰다. 이것은 콘솔의 가격을 낮은 수준으로 떨어뜨렸다. (아마도 경매 직전에 행한 리카도의 신중한 매도 때문에 더욱 그랬을 것이다). 리카도는 그의 신디케이트가 3,600만 파운드의 정부 채권을 성공적으로 인수하도록 했을 뿐만 아니라 개인적으로도 그의 재산의 상당 부분을 이 거래에 투자했다. 그의 친구인 맬서스도 이 입찰에 참여했지만 맬서스가 작은 수익에 만족하고 즉시 현금화할 것을 주장한 반면, 리카도는 그의 지분 대부분을 계속 보유했다.

실제로 리카도는 초기 보도 이후 며칠 동안 영국이 패배한다는 역逆소문이 돌기 시작한 후 일시적으로 국채 가격이 하락한 것을 이용하여 더 매집한 것으로 보인다. 그 결과, 전투가 끝난 지 2주 후, 리카도는 자신의 전 재산을 영국 국채에 쏟아부었고, 이미 "대출로 상당한 이득을 얻었다"고 말했다. 몇 달 후 리카도는 "내 모든 욕망과 내 주변 모든 사람들의 적당한 욕망을 충족시킬 만큼 충분히 부유하다"고 확정적으로 말했다. 『선데이 타임스The Sunday Times』에 실린 리카도의 부고에 따르면, 그가 대략 이 기간 동안 국채 투기로 번 돈은 100만 파운드(현재 가치로 6,620만 파운드)에 달한다.

—— 투자와 투기의 차이

표면적으로는 리카도의 행동이 모순되는 것 같다. 그의 페어 트레이딩을 제외하고, 그는 인생의 대부분을 군중과 내기를 하며 보냈다. 그러나 그의 가장 유명한 (그리고 수익성 있는) 투자는 다른 모든 사람들이 하던 것과 정반대의 일을 하는 것(즉 다른 사람들이 프랑스의 영국 침공 가능성 때문에 패닉에 빠져 있을 때 정부에 돈을 빌려주고 채권을 사는 것)이었다. 하지만 이것은 보기보다 비논리적이지는 않다. 실제로 그것은 투자의 시간 프레임에 따라 당신의 전략이 결정된다는 것을 보여준다. 다른 말로, 단기 매매와 장기 투자는 다르다는 것이다.

리카도는 주식이 단기적으로 긍정적인 모멘텀 효과가 있음을 밝힌 후대의 많은 학술 문헌들을 마치 예견이라도 한 것 같다. 다시 말해, 가격이 오르는 주식들은 계속해서 상승할 가능성이 높은 반면, 주가가 내리는 주식은 계속해서 좋지 않을 것이라는 얘기다. 예를 들어, 내러시먼 제가디시Narasimhan Jegadeesh와 셰리던 티트먼Sheridan Titman의 1993년 연구는 단기 보유 기간 동안 가장 실적이 좋은 주식을 사들인 다음 동일한 기간 동안 보유하면 시장 대비 초과 수익을 올릴 수 있다는 것을 보여주었다. 이러한 효과는 주식 시장에만 국한되지 않았는데, 카스비즈니스스쿨Cass Business School의 루커스 멘호프Lukas Menkhoff는 가장 많이 오른 통화로 엄청난 수익을 창출할 수 있음을 알아냈다.

그러나 장기로 가면 이 모멘텀 효과는 약해지기 시작하고 결국 반전된다. 실제로 베르너 드 본트Werner De Bondt와 리처드 탈러Richard Thaler의 1985년 연구에 따르면, 몇 년과 같은 장기간에 걸쳐 최악의 실적을 보인 주식의 포트폴리오가 최고 실적을 거두었던 주식보다 더 우수한 경향이 있었다. 사실, 역사상 가장 잔인한 몇몇 약세장 뒤에는 똑같이 강력한 상승 랠리가 뒤따랐다. 예를 들어, 2007년 9월부터 18개월 동안 주식 시장이 반토막 난 후, 2년 만에 거의 두 배로 뛰었다. 그러므로 단기 매매에서는 리카도가 했던 것, 즉 군중을 추종하는 전략이 훨씬 타당하고, 반대로 장기 포지션에서는 군중과 반대로 움직이는 것이 낫다.

데이비드 리카도와 동시대를 살았던 로스차일드 남작이 말했듯이, "매수할 때는 거리에 선혈이 낭자할 때이다."

데이비드 리카도 별점 매기기

투자 성과: 아버지에게 의절당한 후, 데이비드 리카도는 그의 트레이딩 능력을 십분 활용하여 결국 당시 기준으로 상당한 부를 창출했다. 그러나 그의 최종 순자산은 인플레이션 조정치를 반영하더라도 현대 헤지펀드 거물들의 기준으로 볼 때 비교적 적은 편이다. (★★★★)

투자 기간: 리카도는 1793년에 그의 경력을 시작했고 1815년 워털루 전투 이후 은퇴했다. 하지만 그는 약 14년 동안 주요한 플레이어였다. (★★★★★)

영향력: 그의 경제학 저술은 오늘날에도 여전히 연구되고 있지만, 투자에 대한 그의 영향력은 훨씬 더 미미했다. (★★)

따라하기 난이도: 리카도가 자신의 부를 쌓아올리기 위해 행한 엄청난 횟수의 단기 매매를 일반 투자자들이 수행하기는 상대적으로 어렵다. (★★)

전체 별점: 별 20개 만점에 별 12개

3장

조지 소로스

GEORGE SOROS

영란은행을 박살낸 연금술사

—— 사랑받기보다는 두려움의 대상이 되는 게 낫다[26]

조지 소로스는 워런 버핏과 더불어 거리의 보통 사람들도 그 이름을 아는 유명 투자자이다. 그러나 워런 버핏이 '국보國寶' 지위를 얻은 반면, 조지 소로스는 존경뿐 아니라 두려움의 대상이기도 하다. 한편으로 금융 시장에 대한 그의 논평은 정기적으로 헤드라인을 장식한다. 특히 민주화 단체에 대한 자선 활동으로 그는 전 세계적인 존경을 받았다. 실제로 철의 장막이 무너진 뒤 동유럽에서 시민사회 발전을 도운 그의 노력은 "제2의 마셜플랜"으로 불릴 만큼 영향력이 컸다.

그러나 이렇게 유명세가 점차 커지자 일이 잘못되었을 때는 그를 편리한 희생양으로 만들기도 쉬웠다. 가장 악명 높은 예는 1997년 당시 말레이시아의 마하티르 빈 모하맛Mahathir bin Mohamad 총리가 아시아 금융위기를 야기한 것에 대해 소로스를 비난했던 일이다. 물론 아시아의 위기는 분명 몇몇 음험한 세력의 행동이 아니라 잘못된 경제 정책 때문에 발생했으며, 나중에 모하맛 총리는 이러한 음모론적 주장이 말도 안 된다는 것을 인정할 수밖에 없었다. 그러나 몇몇 사람들이 소로스가 국가의 운명을 결정짓는 위치에 있다고 믿는 바로 그 사실이 그의 금융적 통찰력과 금융권 내에서의 지위, 그리고 오랫동안 성공으로 점철된 그의 실적에 대한 증거다.

....

26 마키아벨리Machiavelli의 『군주론』에 나오는 말이다. 군주는 인민으로부터 사랑을 받거나 두려움의 대상이 되거나 둘 중 하나인데, 마키아벨리는 차라리 두려움의 대상이 되는 것이 낫다고 말한다. 인민은 사랑하던 군주가 잘못될 때 경멸하게 되고, 두려워하던 군주가 잘못될 때는 증오하게 되는데, 군주로서는 차라리 증오를 받는 쪽이 경멸을 받는 쪽보다 낫다는 것이다.

이민자에서 억만장자로

소로스는 1930년 헝가리 부다페스트에서 태어났다. 나치가 헝가리를 점령한 후 소로스는 런던정경대학교에서 철학을 공부[27]했고, 이후 철학 석사 학위를 받았다. 그는 철도 짐꾼과 웨이터로 일했고, 자선단체로부터 약간의 보조금을 받는 등 하찮은 일들로 생계를 꾸려나갔다. 그는 처음에는 학자가 되는 꿈을 가지고 있었지만, 자신의 능력이 충분하지 않다는 것을 깨닫고 투자 은행가가 되는 쪽으로 관심을 돌렸다. 몇 번의 고배를 마신 후, 그는 1954년에 상업 은행 싱어 앤 프리들랜더Singer&Friedlander[28]의 수습직원으로 취직했다.

비록 소로스는 차익 거래arbitrage trader를 하는 직위까지 빠르게 승진했지만, 그는 회사가 하급 직원들에게 많은 책임을 주는 것을 꺼렸기 때문에 더 발전할 수 있는 여지는 제한적이라고 믿었다. 결국 그는 미국으로 이주해 뉴욕 소재 회사인 F. M. 메이어F. M. Mayer에 취직했고 유럽 시장에 대한 그의 지식을 이용하여 비슷한 업무를 수행했다. 나중에 그는 월타임 앤 컴퍼니Wertheim & Co.로 이직했다. 소로스는 1961~1963년 사이에 석사 학위 논문을 수정하면서 학문적 철학자가 되기 위한 마지막 시도를 했다. 그러나 런던정경대 교수 칼 포퍼Karl Popper는 그의 논문에 미온적인 반응을 보일 뿐이었고, 이에 소로스는 학계에 대한 꿈을 버리고 돈을 버는 데 완전히 집중하게 된다.

....

27 세계에서 가장 위대한 과학철학자 중 한 명인 칼 포퍼의 지도를 받았다.

28 런던에 있는 투자 금융회사.

소로스의 큰 돌파구는 그가 1963년 안홀드 앤 S. 블라이흐뢰더 Arnhold and S. Bleichroeder에 합류한 후에 나왔다. 애널리스트로 시작한 그는 4년 후 리서치 책임자가 되었다. 1966년에 그 회사는 10만 달러(2015년 가치로 72만9,000달러)로 시범 펀드를 설립하기로 합의했다. 블라이흐뢰더 사의 결정으로 소로스는 두 개의 실제 펀드를 설립할 수 있었다. 1967년에 설립한 퍼스트 이글First Eagle과 1969년에 설립한 더블 이글Double Eagle이 그것이다. 그러나 소로스가 블라이흐뢰더에 있는 동안 수익의 몫을 받는 것을 어렵게 만든 법률상의 변화와 독립에 대한 열망 때문에 소로스는 혼자 힘으로 일어서기로 결정했다.

1973년에 소로스는 퍼스트 이글 펀드 일을 그만두고 투자자들에게 소로스 펀드(현재의 퀀텀 펀드Quantum Fund)로 갈 것인지 아니면 블라이흐뢰더에 남을 것인지 결정할 수 있는 선택권을 줌으로써 모기업과의 관계를 공식적으로 끊었다. 1988년까지 소로스는 퀀텀 펀드에 대한 독점적인 통제권을 유지했다. 그러나 1980년대 후반부터는, 자선 활동에 대한 그의 관심이 커졌을 뿐만 아니라, 순전히 펀드의 규모 자체 때문에 자금 운용을 맡은 소수정예 팀을 일상적으로 관리하는 부분이 점차 증대했고 소로스는 이러한 업무를 특히 스탠리 드러켄밀러Stanley Druckenmiller에게 대부분 위임하게 되었다. (드러켄밀러는 1988년부터 2000년까지 퀀텀 펀드에서 일했다).

그렇다고 해서 소로스가 자금 운용에서 손을 뗀 것은 아니었다. 그는 전체적인 통제권을 유지했을 뿐만 아니라, 종종 스스로 큰 직책을 맡기 위해 개입하곤 했다. 2011년에 그는 펀드를 폐쇄하고 외부 투자자들이 투자했던 돈을 돌려주었다. 그 결과 지금은 소로스 자신의 자금만을 운용하고 있다.

──── 재귀성 이용하기

소로스는 '글로벌 매크로' 투자자다. 이것은 소로스가 주식과 같이 한 가지 자산 유형에만 한정해서 투자하는 것이 아니라 광범위한 통화, 채권, 원자재에 투자의 초점을 맞추었다는 의미다. 특히 그는 거시경제 예측을 바탕으로 통화의 변동과 국채에 높은 레버리지 베팅을 많이 했다. 그는 레버리지가 그의 수익률을 높일 것을 기대하며, 빌린 돈을 통화와 채권 베팅에 자주 사용했다. 그가 투자한 대상은 대부분 신속하게 사고팔 수 있는 유동성 자산이긴 했지만, 또 한편으로 그는 비상장 기업들의 지분을 가지고 있었고 부동산에도 투자했다.

소로스의 접근법은 일반적으로 가치가 상승할 것이라는 기대로 자산을 싸게 사는 가치 투자자의 접근법이다. 그러나 그는 1987년에 출간한 그의 책 『금융의 연금술The Alchemy of Finance』에서 대략적으로 설명한 '재귀성reflexivity'이라고 불리는 자신만의 금융 시장 이론을 창안했다. 재귀성 이론은 기본적으로 두 가지 아이디어로 요약된다. 첫째, 시장은 참여자들의 이성보다 행위에 의해 더 많이 추동되기 때문에 결과적으로 자산의 가격이 잘못 책정될 수 있다는 것이다. 둘째, 시장 가격이 결국 펀더멘털로 돌아갈 것이라는 생각에 초점을 맞춘 전통적인 가치 투자와 달리, 소로스는 이러한 행동이 결국 펀더멘털을 **바꿀 수 있다**고 믿는다. 결과적으로 그는 어떤 경우에는 거품이

보다 오래 지속될 수 있다고 생각했다.

소로스는 여러 펀드에 관여했는데, 이 중 몇몇 펀드가 합병과 분할을 반복해 그의 실적을 정확히 가늠하기 어렵다. 어떤 사람들은 드러켄밀러와 소로스가 책임을 위임한 다른 매니저들이 퀀텀 펀드의 훌륭한 성과에 대한 공로의 일부를 받을 자격이 있다고 주장할 것이다. 하지만, 소로스 자신이 엄청나게 성공했다는 것에는 의심의 여지가 없다. 『뉴욕 타임스New York Times』에 따르면 1969년부터 2011년까지 퀀텀 펀드는 20% 정도의 연평균 수익률을 냈지만, 그 기간 동안 주식 시장의 연평균 수익률은 10% 미만이었다. 막대한 액수의 자선 활동에도 불구하고, 소로스의 순자산은 『블룸버그Bloomberg』에 따르면 약 244억 달러(2017년 기준)로 추정되고 있다.

—— 영란은행을 박살내다

조지 소로스가 한 가장 유명한 매매는 1992년 영국 스털링sterling화를 공격하여 대성공을 거둔 것으로, 이 일로 그는 "영란은행을 박살낸 남자"라는 별명을 얻었다. 1979년에 8개의 유럽 국가들은 유럽 환율 체제(ERM)[29]을 만들기로 합의했다. 유럽 환율 체제의 핵심은 그들의 통화를 서로 연동하게 하여, 각국의 통화가 서로에 대해 변동할

....
29 European Rates Mechanism. 회원국 통화 간의 중심 환율을 설정한 후, 각국 통화의 변동폭을 상하 2.25% 이내로만 허용한 공동 환율 체제이다. 환율이 이 변동폭을 넘어서면 각국의 중앙은행은 외환 시장에 개입해야 했다.

수 있는 폭을 엄격하게 제한하는 것이었다. 그들은 환율 변동성을 줄임으로써 무역이 활성화될 것으로 기대했다. 또한 ERM은 각국이 경제 위기에서 벗어나는 수단으로 통화의 평가절하를 택하는 것을 막음으로써 각국이 재정적인 엄격함을 유지하도록 규율하고 친성장적인 개혁 정책을 통과하도록 압박할 것이었다.

1990년, 수많은 내부 논란 끝에 영국은 마침내 ERM에 가입했다. 문제는 영국이 너무 높은 환율로 가입했다는 것이었다. 이는 영국의 수출 경쟁력을 갉아먹고 경제성장에 타격을 주었다. 이와 함께 ERM의 실질적 지도자인 독일 중앙은행은 독일 통일에 따른 인플레이션 영향을 우려해 금리 인상을 결정했다. 이것은 영국 정부에게 두 가지 선택지 — 경제를 옥죄는 대가로 ERM에 머무르거나, 아니면 ERM과 양립할 수 없는 정책인 경기 부양을 위해 스털링을 평가절하하거나 — 밖에 없음을 의미했다.

소로스는 영국의 주택 시장과 경제가 모두 더 이상의 상승을 견딜 수 없다고 믿었기 때문에, 그는 영국이 ERM을 떠나야 할 것이라고 결론지었다. 더 나아가 그는 ERM에 계속 남을 것이라는 영국 정부의 약속이 의심받게 되면 금융 시장은 파운드화를 내던지기 시작할 것이라고 생각했다. 이것은 필요한 수준에서 파운드화를 유지하는 비용을 끌어올려, 정치적으로 수용 가능한 수준을 뛰어넘게 만들 것이었다. 요컨대, 영국 정부가 ERM에 남기를 원하더라도, 영국이 떠날 것이라는 인식은 영국을 ERM에서 강제로 쫓아낼 것이다. 이것은 소로스 자신의 재귀성 이론이 예측한 것처럼, 기대가 펀더멘털을 변화시킨 명백한 사례다.

1992년 여름을 기점으로, 소로스는 50억 파운드를 빌려 그 돈을 독일 마르크화를 매수하는 데 사용하는 한편, 파운드화에 대한 대규모 매도 포지션을 취하기로 결정하였다. 전체적으로 볼 때, 마르크화 대비 파운드화 하락에 대한 그의 베팅은 총 100억 달러에 달했다.

1992년 9월 15일, 트레이더들은 임박한 평가절하를 예상하고 파운드화를 투매하기 시작했다. 처음에 영란은행은 파운드를 사들여 스털링[30]을 방어하려고 시도했는데, 나중에 수석 딜러인 짐 트로트Jim Trott는 그때 4시간 동안 사들인 파운드가 그 이전이나 이후에 사들인 것보다 더 많았다고 말했다. 영란은행은 다음 날 금리를 12%로 인상한 다음, 곧바로 15%로 더 인상했다.[31] 그러나 이는 파운드화 투매를 막지 못했고, 결국 정부는 수건을 던지며 영국이 ERM을 탈퇴한다고 발표했다. (이탈리아도 그 뒤를 따랐다). 금리도 10%로 빠르게 내려갔다. (1993년 초에는 6% 아래로 하락했다).

결과적으로 파운드화는 독일 마르크화 대비 속락했다. 다른 트레이더들도 이번 폭락으로 돈을 벌었겠지만, 소로스의 엄청난 매도 포지션은 그가 약 10억 달러를 직접 순매도했다는 것을 의미했고, (이탈리아 리라화에 대한 매도 공격을 포함하여) 관련 매매들은 "검은 수요일"로 알려지게 된 날 이후 한 달 동안 그의 수익을 20억 달러까지 끌어올렸다. 대조적으로, 영국 정부는 33억 파운드의 손실을 입었다.

....
30 영국 통화의 정식 명칭은 파운드 스털링pound sterling이다. 이를 파운드 또는 스털링으로 약칭해서 부른다. 따라서 파운드와 스털링은 모두 영국 통화를 지칭하는 같은 말이다.
31 1992년 9월 16일 "검은 수요일"로 불리는 날로, 영국은 파운드화 방어를 위해 하루 만에 금리를 두 차례, 총 5% 올렸다.

소로스가 10월에 한 『타임스』와의 인터뷰는 엄청난 언론의 관심을 모았고, 전설적인 금융가로서 그의 명성을 확고히 했다.

——— 러시아 곰에게 당하다

물론, 소로스가 항상 옳았던 것은 아니다. 1990년대 동안, 소로스는 러시아 시민사회를 재건하기 위해 많은 돈을 썼다. 실제로 한때 그는 미국이 러시아에 공여한 국제 원조보다 더 많은 돈을 기부했다. 그래서 그는 처음에는 직접 투자든 다른 방법이든 간에 러시아에 대한 어떠한 투자도 피했는데, 이는 이해 상충이 있다는 비난을 받고 싶지 않았기 때문이었다. 그러나 소로스는 러시아에서의 경제 개혁이 궁극적으로 탈사회주의 호황을 가져올 것이라고 확신했기 때문에, 그 나라에 베팅하고자 하는 유혹을 참아내기 매우 어려웠다.

1994년에 그는 작은 투자를 했고, 재빨리 팔아 수익을 냈다. 3년 후 그는 최근 민영화된 러시아 통신 회사인 스비야진베스트 Svyazinvest에 10억 달러 이상을 투자하는 등 수십억 달러를 투자했다. 그는 또한 계속해서 돈을 투자했고, 추가적으로 러시아 정부에 직접 수억 달러를 빌려주었다. 그러나 1998년 8월이 되자 러시아 경제는 부채를 상환할 수 없는 심각한 어려움에 처해 있다는 것이 분명해졌다. 소로스는 러시아를 안정시키기 위한 다른 조치들과 함께 150억 달러의 국제 구제금융을 제안하는 글을 『파이낸셜 타임스Financial Times』에 기고했다.

그러나 이 기고문은 투자자들을 더욱 패닉에 빠뜨리면서 역효과를 가져왔다. 며칠 후 러시아 정부는 루블화를 평가절하할 뿐만 아니라 부채 상환을 중단할 것이라고 발표했다.[32] 이러한 금융 혼란은 투자자들이 한꺼번에 출구로 달려들면서 통화와 주식 시장 모두를 급락하게 만들었다. 이때까지 국내 최대의 민간 외국인 투자자였던 소로스는 큰 타격을 입었다. 실제로 몇 주 후에 그는 20억 달러를 잃었다고 공개적으로 인정했다. 투자자로서 소로스의 능력에 대한 증거는 이러한 좌절에도 불구하고 퀀텀 펀드가 그해 전체적으로 수익을 올렸다는 사실에서 나온다.

—— 소로스의 이야기에서 무엇을 배울 것인가?

조지 소로스는 당신이 시장의 다른 부분들보다 우위에 있거나 더 잘 이해할 수 있는 부분에만 투자해야 한다고 믿는다. 애널리스트로서 그의 초기 경력 동안, 소로스의 강점은 (대부분의 미국 투자자들이 거의 알지 못했던) 유럽 주식과 기업들에 대한 지식이었다. 퀀텀 펀드를 운영한 이후, 그는 주로 통화와 채권 시장에 초점을 맞추었다. 그가 겪은 한 번의 큰 실패는 이 분야를 벗어나 기업에 직접 투자할 때 일어났다는 점이 의미심장하다. 만약 당신이 투자 아이디어를 이해할 수 없거나 특별히 유리한 점이 없다고 느낀다면 다른 것을 선택해야 한다는 것을 보여준다.

....
32 1998년 8월 17일 러시아는 모라토리엄을 선언했고, 그 여파로 전 세계 증시가 폭락했으며, 노벨 경제학상 수상자들이 참여한 펀드인 롱텀 캐피털 매니지먼트(LTCM)가 파산했다.

소로스의 성공은 또한 함께 일할 적절한 사람들을 고르는 그의 기술에서 비롯된다. 퀀텀 펀드 초기에 그는 또 다른 숙련된 투자자인 짐 로저스Jim Rogers와 함께 일했다. 마찬가지로, 스탠리 드러켄밀러와의 관계는 퀀텀 펀드에 매우 유익한 것으로 입증되었다. 반대로, 그는 한심한 투자자로 판명된 (짐 마르케스Jim Marquez와 같은) 펀드 매니저들을 제거하는 데 무자비했다. 투자자들이 이것으로부터 얻을 수 있는 교훈은 투자 신탁과 펀드가 장기적으로 시장보다 좋지 못한 성적을 올리는 경우가 일반적이지만(특히 운용 수수료를 고려한 후에는 더욱 그렇다), 요령 있는 투자자라면 시장을 이기는 일부 펀드를 찾을 수 있다는 것이다.

마지막으로 소로스의 러시아에서의 경험은 객관성을 유지하는 것이 얼마나 중요한지를 보여준다. 물론, 윤리적인 이유로 특정 부문이나 국가를 피하는 것이 나쁠 건 없다. 하지만 당신이 개인적으로 그 기업의 CEO를 좋아한다거나 그들이 하고 있는 일에 동의하기 때문에 기업이나 국가에 투자하는 것은 좋은 생각이 아니다. 소로스가 영국이 유럽연합에 잔류하는 것을 지지했으며 브렉시트가 영국 경제에 피해를 줄 것이라고 경고했지만, 흥미롭게도 이러한 점이 그가 브렉시트를 통해 막대한 돈을 벌지 못하게 한 건 아니었다. 실제로, 그는 파운드화에 베팅하여 돈을 잃었지만, 글로벌 시장과 금융 기관[33]

....
[33] 소로스는 2016년 6월에 이루어진 영국의 유럽연합 탈퇴(브렉시트Brexit) 국민투표 이벤트에서 파운드화에는 매수 포지션을 취해 손실을 입었으나, 독일 최대 은행인 도이체방크에 매도 포지션을 취해 대박을 냈다. 도이체방크의 주가는 브렉시트 투표 이후 이틀 동안 20%나 급락했다.

에 대한 풋 옵션을 매수하여 잃은 돈보다 더 많은 돈을 벌었다. (풋 옵션은 자산을 특정 가격에 팔 권리는 있지만 의무는 부여하지 않는 계약이기 때문에, 결과가 알려지면 가치가 치솟는다).

조지 소로스 별점 매기기

투자 성과: 조지 소로스는 극한의 성공을 거둔 헤지펀드 투자자로, 그는 자신의 기술을 사용하여 250억 달러 이상으로 추정되는 재산을 축적했다. (★★★★★)

투자 기간: 소로스는 1950년대 이후 계속해서 투자에 관여해왔다. (★★★★★)

영향력: 소로스의 자선 활동은 철의 장막을 더 빨리 무너뜨리는 데 기여한 것으로 인정받고 있다. 또한 1992년 그의 파운드화 공격은 영국이 ERM에서 탈퇴하도록 만들었다. 그러나 비록 그가 초창기 헤지펀드 매니저 중 한 명이긴 하지만, 투자의 세계에 미치는 그의 실질적인 영향력은 훨씬 제한적이다. (★★★)

따라하기 난이도: 사용할 수 있는 레버리지의 정도 때문에 초보 트레이더에게 특히 위험할 수 있는 통화 시장에서 소로스는 공격적인 트레이더였다. 그는 또한 자본이 점점 커져감에 따라 다른 펀드 매니저들에게 운용 자금을 할당해주었다. (★★)

전체 별점: 별 20개 만점에 별 15개

4장

마이클 스타인하트

MICHAEL

STEINHARDT

역발상 헤지펀드 투자자

─── 용기와 확신의 역발상 투자

많은 사람들이 자신을 역발상 투자자로 여기기를 좋아한다. 실제로, 당신은 모든 트레이더들이 액티브한 포지션을 취함으로써, 심지어 추세 추종자들까지도, 시장이 잘못 가고 있다고 암묵적으로 말하고 있다[34]고 주장할 수 있다. 그러나 역발상 투자자를 다른 모든 사람과 반대 방향으로 적극적으로 투자할 기회를 찾는 사람으로 정의한다면, 실제로 그 기준을 충족할 투자자는 거의 없다. 역발상 투자를, 가끔 사용한 후 잊어버리는 단순히 다른 방식의 투자법이 아닌, 투자의 핵심 전략으로 사용할 만큼 용기와 확신을 가진 사람은 여전히 더욱 적다.

마이클 스타인하트는 그러한 예외적 투자자들 중 한 명이다. 헤지펀드 개척자 1세대 중 한 사람인 그는 헤지펀드 구조가 주는 자유로움을 이용해 장기간 엄청나게 많은 역발상 포지션을 취했다. 그는 여러 차례 세간의 이목을 끈 성공을 거두었을 뿐만 아니라, 오랜 기간 동안 엄청난 수익을 창출했다. 또한 스타인하트는 일반 투자자들이 그로부터 배울 것이 많은 사람이기도 하다.

---

34 시장이 항상 옳다고 전제한다면 투자자는 논리적으로 액티브 포지션이 아니라 패시브 포지션을 취해야 한다는 뜻이다.

―――― 시장의 사회학

1940년 뉴욕에서 태어난 마이클 스타인하트는 1960년 19세의 나이로 펜실베이니아대학교 사회학과에서 통계학 학위를 받으며 조기 졸업했다. 이후 그는 뮤추얼 펀드 캘빈 불럭Calvin Bullock의 통계 부서에 취직했는데, 이 기회를 계기로 주식 시장에 대한 그의 관심이 불붙었다. 동시에 그는 그의 아버지로부터 많은 돈을 빌려 주식에 투자하기 시작했다. 군 복무 후, 스타인하트는 정보지인 『파이낸셜 월드Financial World』에서 잠시 일한 후, 월스트리트의 증권사인 러브 로즈 앤 컴퍼니 Loeb, Rhoades & Co.에서 애널리스트로 일했다.

러브 사에서 스타인하트는 1960년대의 강세장으로부터 큰 수익을 얻은 걸프 앤 웨스턴Gulf and Western[35]과 같은 성장주와 대기업들을 추천하는 등 큰 성공을 거두었다. 이러한 성공에 힘입어 그는 스타인하트 파인 버코위츠 앤 컴퍼니Steinhardt, Fine, Berkowitz & Co.(SFB)라는 당시로서는 완전히 새로운 헤지펀드 구조를 사용한 자신의 투자 펀드를 설립할 수 있었다. 비록 형식적으로는 그와 다른 두 명의 펜실베이니아 동문들 사이의 동업이었지만, 스타인하트는 회사를 위한 주요 투자 결정을 내리고 실질적인 CEO 역할을 했다. 그 펀드의 자금 대부분은 실적에 만족한 고객들과 가족 친구[36]들이 댔다.

....
35 미국의 복합 거대 기업으로 처음에 제조업과 자원 개발 사업에 초점을 맞추었지만 영화사, TV프로덕션, 비디오게임, 출판사, 음반사 등 엔터테인먼트 회사를 인수하여 복합기업으로 발전했다.
36 가족 친구family friend는 온 가족과 친분이 있는 친구로, 서로 신뢰하고 보살피며 도움을 주는 소중한 관계이며 종종 확장된 가족의 일원으로 간주된다.

1978년에 그는 투자를 거의 완전히 그만두었지만, 그의 동업자들은 딱 1년 만 쉬라고 그를 설득했다. 아이러니하게도 1년 후에 복귀하자마자 그는 동업자들로부터 통제권을 가져와 버렸고 단독으로 펀드를 관리했다. 스타인하트는 이후 16년 동안 계속해서 자금을 운영하다가(중간에 펀드 이름을 스타인하트 파트너스Steinhardt Partners로 바꾸었다), 1995년에 펀드를 청산했다. 하지만 그는 계속해서 자신의 돈을 투자했고 2004년에 위즈덤 트리 인베스트먼트Wisdom Tree Investments의 회장으로 투자의 세계에 복귀했다.

—— 블록딜에서 '남다른 견해'로

초기에 스타인하트의 펀드는 블록딜에 관여하는 것으로 알려졌다. 이는 대형 기관의 주식을 대량으로 시장 가격 대비 할인된 가격에 (어떤 경우에는 할증된 가격으로) 사고파는 것이었는데, 나중에 시장에 내놓을 때 수익을 챙길 수 있을 것이라고 기대했다. 비판자들은 SFB가 이렇게 함으로써 얻은 시장 정보를 다른 시장 참여자들보다 한발 앞서서 돈을 버는 데 사용했다고 주장했다(예를 들어 대량 주문을 예상하면서 매수하는 것). 실제로, 스타인하트 자신은 규칙을 어기지 않았으며 전체 수익에서 작은 기여만을 했을 뿐이라고 주장했지만, 이를 이용해 실제로 이점을 얻었음을 인정했다.

스타인하트는 자신의 펀드 수익의 대부분이 자신의 포지션에서 나왔다고 주장했다. 이와 관련한 그의 주요 전략은 그가 "남다른 견해variant perception"라고 부르는 것, 또는 다른 사람들이 역발상 투자라고 부르는 것이었다. 그는 자신의 펀드가 주식 수수료로 쓴 돈을 중개인들로부터 엄청난 양의 정보와 리서치를 얻기 위해 사용했다. 그는 어떤 주식이나 자산 또는 시장 전체에 대한 월스트리트의 컨센서스[37]를 도출하기 위해 이것을 사용했다. 이것을 확립한 후, 그는 시장의 컨센서스가 어디에서 잘못되었는지를 알아내기 위해 따로 직접 리서치를 하고, 그에 따라 포지션을 정했다.

즉 시장이 무언가에 대해 지나치게 부정적이라고 느낀다면 그는 매수 포지션을 취할 것이고 만약 시장이 그것에 대해 너무 긍정적이라면 그는 매도 포지션을 취할 것이었다. 그의 매매 대부분은 단기 매매였고, 스타인하트는 자신을 유연한 투자자로 간주하였다. 여러 차례 그는 시장이 그에게 유리하게 움직였을 때 무언가를 매수하여 많은 돈을 벌었지만, 그다음 시장이 너무 많이 움직였다고 느끼고는 반대 포지션을 취했다.

—— 그다지 끝내주지 않는 50개 종목

1970년대로 접어들면서 성장주 투자가 매우 유행했다. 실제로 투자자들은 코닥, 제너럴 일렉트릭, 코카콜라, 맥도널드를 포함한 약 50개 기업으로 구성된 그룹인 '니프티 피프티'[38]에 특히 관심을 보였다. 투

....

37 컨센서스consensus는 시장 참여자들의 공감대, 합의된 의견 또는 전반적인 예상치를 의미한다. 컨센서스의 대상은 기업의 실적이나 GDP 성장률, 물가와 고용지표, 금리, 원자재 가격 등 다양하다.
38 니프티 피프티Nifty Fifty는 "끝내주는 50개 종목"이라는 뜻이다. 당시 글로벌 소비 시장에서 높은 성장세를 보인 대형주 50개 종목의 주가 상승세가 두드러졌다.

자자들은 이들 기업이 무한히 성장할 것이라고 가정했기 때문에, 이 주식들을 사는 데 약 30~40배의 높은 주가수익비율[PER]을 기꺼이 지불했다.[39] 비록 스타인하트는 이 기업들의 매출이 정말 빠른 속도로 성장하고 있고 회사도 대체로 잘 운영되고 있다는 점을 인정했지만, 시장 분위기가 지나치게 긍정적이고 밸류에이션이 너무 고평가되어 있기 때문에 주가가 하락할 수밖에 없을 것이라고 믿었다.

결국 스타인하트의 펀드는 1972년에 이 기업들의 많은 수를 공매도했다. 처음에 스타인하트의 역발상 스탠스는 그 기업들의 주가가 계속해서 상승했기 때문에 잘못된 것처럼 보였다. 엎친 데 덮친 격으로 스타인하트 펀드가 사들인 저가의 가치주 중 상당수는 성과가 저조했다. 그해 펀드의 저조한 성과와 공매도를 청산하라는 중개인들의 압력에도 불구하고 스타인하트는 꿋꿋하게 자신의 스탠스를 유지하였다. 결과적으로 이 전략은 이후 2년 동안 주식 시장이 폭락했을 때 보상을 받았는데, 특히 니프티 피프티가 심하게 무너졌다. 실제로 스타인하트가 공매도한 종목 중 하나인 폴라로이드Polaroid는 1972년 최고점에서 1974년 저점으로 91% 하락했다.

자신의 철학에 충실하게도, 스타인하트는 1974년 말까지 시장 붕괴가 전반적으로 과도하게 이루어졌다고 판단했다. 따라서 그는 막대한 이익을 낸 매도 포지션을 청산하고, 비록 니프티 피프티는 아니지만 주식에 공격적으로 투자했다. 1970년대 중후반에 시장이 실제로 반등했을 때 이 역발상 스탠스는 다시 그에게 많은 돈을 벌어다 주었다.

....

39 기업들이 벌어들이는 이익의 30~40배, 즉 엄청나게 고평가된 가격으로 거래된다는 뜻이다.

스타인하트가 돈을 벌기 위해 역발상 투자를 한 또 다른 예는 1980년대 초의 채권 시장이었다. 이번에는 매수 포지션이었다. 1970년대 후반에 연방준비제도[40]는 만연한 인플레이션과 싸우기 위해 공격적으로 금리를 인상했다. 금리가 높아지면 채권 가격이 하락하기 때문에 하늘 높은 줄 모르던 금리는 채권 가격이 역사적으로 낮은 수준임을 의미했다. 하지만 스타인하트는 높은 금리가 또한 미국 경제에 타격을 가하고 있기 때문에 연방준비제도가 결국은 통화 정책을 완화하게 될 것이라고 믿었다. 그 결과, 그의 펀드는 5년 만기 미국 국채를 사기 위해 상당한 금액을 빌렸다.

니프티 피프티에 대한 공매도 때와 마찬가지로, 이 매매는 즉시 스타인하트에게 유리하게 돌아가지 않았다. 실제로 그가 1981년 초에 국채를 매수하기 시작했지만, 금리는 늦여름까지 계속 상승했다. 이것은 채권 가격을 더 떨어뜨렸고, 그 사이 몇 달 동안은 큰 손실로 이어졌다. 그러나 그는 다시 한 번 그의 주장을 고수했고 채권을 매도하거나 보유량을 줄이는 것을 거부했다. 물론 금리가 내려오기 시작했을 때 국채 가격이 치솟아 그에게 막대한 수익을 안겨주었다.

── 잘 풀리지 않은 매매들

스타인하트가 항상 자신의 규칙을 따른 것은 아니었다. 이 때문에 그는 종종 기회를 놓치기도 했다. 실제로 그는 검은 월요일(1987년 10월

....

40 연방준비제도 Federal Reserve System 는 미국의 중앙은행이다.

19일)[41]를 앞두고 시장이 과대평가됐음을 점점 더 걱정하게 되었다고 주장했다. 그는 또한 개인 투자자들이 상당한 양의 레버리지를 사용하기 시작했다는 사실을 우려했는데, 이것은 또 다른 비이성적인 낙관론의 신호였다. 마지막으로, 그는 파생 상품과 프로그램 매매(파생 상품을 포함하는 차익 거래의 한 형태)의 증가가 잠재적인 하방 위험을 증가시켰다고 우려했다.

하지만 상승하는 주식 시장에서 수익을 놓치는 것이 두려웠던 나머지, 스타인하트는 자신의 경고에 주의를 기울이지 않기로 선택하고 대량의 매수 포지션을 유지했다. 이는 시장이 하루 만에 20% 이상 폭락했을 때 펀드가 완전히 물려버려 2억5,000만 달러로 추정되는 손실을 입었다는 것을 의미했다. 회사는 시장이 반등한 후에 약간의 돈을 벌었지만, 경고 신호를 무시하기로 한 결정 때문에 그의 펀드는 수익률이 연간 45%씩 증가하다가 그해에만 겨우 5% 증가에 그쳤다. (그 기간 동안 시장 수익률과 거의 똑같았다).

1990년대 초에 스타인하트는 단기 채권을 매도하기 시작했고 그 돈을 장기 채권을 사는 데 사용했다. 이 전략은 연방준비제도가 금리를 낮게 유지하면서 장기 채권이 제공하는 높은 수익률의 혜택을 받을 수 있게 해주었기 때문에 잘 작동했다. 점진적으로 장기 금리가 하락하면서 장기 채권의 가격도 상승해(채권 가격과 금리 사이에는 역관계가 있다) 추가적인 시세 차익도 낼 수 있었다. 1993년 말 ERM 위기

....
41 소위 '블랙 먼데이Black Monday'로 알려진 1987년의 대폭락 장세. 하루 만에 22% 이상 폭락한 기록적인 시장 붕괴로 이날 이전의 주가로 회복하는 데 2년이 걸렸다.

가 잦아들자 그는 유럽 채권도 대거 사들여 장기 금리가 계속 하락할 것이라는 시장의 컨센서스 속으로 스스로 빨려 들어가 버렸다.

그러나 1994년 초가 되자 반대로, 인플레이션에 대한 두려움이 미국 연방준비제도를 예상치 못한 금리 인상으로 이끌었다. 이 때문에 채권 시장은 추가 금리 인상이 이뤄질 것이라는 공포에 휩싸였다. 그 결과 유럽과 미국의 장기 금리가 모두 치솟아 채권 가격을 끌어내렸다. 많은 헤지펀드들이 비슷한 포지션을 갖고 있다는 사실이 상황을 더 악화시켰는데, 그들이 동시에 포지션을 청산하기 시작하면서 불난 데 기름을 부었기 때문이다. 스타인하트는 그가 활용한 막대한 액수의 레버리지 때문에 결국 약 13억 달러의 손실을 떠안게 되었고, 그의 헤지펀드 가치는 몇 달 사이에 거의 30% 하락했다. 실제로 그의 손실은 너무 커서 결국 그가 은퇴하도록 만들었다. 비록 그가 1995년까지 남아 그의 손실 중 약 7억 달러를 복구하긴 했지만 말이다.

—— **막대한 수익**

이러한 개인적 실수들에도 불구하고 스타인하트는 여전히 걸출한 투자 성과를 기록했다. 실제로 1967년부터 1995년까지 28년 동안 스타인하트의 펀드는 연간 25%에 가까운 수익을 올렸다. 다른 헤지펀드 매니저들과 마찬가지로, 스타인하트는 운용 수수료와 성과 보수 모두를 부과했으므로 총 수익률은 30%에 달했다는 걸 의미했다. 순수익률도 그 기간의 연간 시장 수익률 13%의 거의 두 배였다.

1967년 770만 달러의 초기 자본 기반에서 1995년 26억 달러(자회사 펀드 포함)로 성장한 스타인하트 파트너스의 성공은 『포브스Forbes』지에 따르면 그가 현재 10억4,000만 달러(2015년 5월 기준)에 달하는 재산을 모을 수 있게 했다. 하지만 그의 경력에 논란이 없는 것은 아니었다. 1994년에 스타인하트는 스스로는 계속해서 부인해 왔지만 그가 채권 시장을 조작했다는 주장들을 해결하기 위해 4천만 달러 이상을 개인적으로 법무부에 지불해야 했다. 그는 긴 법적 분쟁을 피하기 위해 이를 지불했다고 주장했다.

—— 도전할 가치는 있지만 어렵다

블록딜은 일반 투자자들이 할 수 있는 일이 아니다. 그러나 마이클 스타인하트의 투자 기록이 보여주듯이, 1970년대 초반 성장주 강세 장이나 1980년대 미국 채권 약세장처럼 투자자들의 심리가 극에 달한 상황에서 시장 컨센서스를 거스르면 많은 돈을 벌 수 있다. 하지만 자신의 생각이 시장과 다르다는 것만으로는 충분하지 않고, 자신의 포지션이 옳다는 것을 확신할 수 있어야 한다. 실제로, 스타인하트는 많은 사람들이 그보다 몇 년 앞서 채권에 돈을 걸었지만, 채권이 훨씬 더 높게 오르는 것을 보았을 뿐이라고 지적한다.[42] 비슷하게, 니프티 피프티 기업들 중 많은 경우 좋은 투자처였다는 점은 그것들 중

....
42 너무 일찍 채권 가격 상승에 베팅하다가 오랜 손실에 지쳐 포지션을 포기한 사람들이 나중에 채권이 오르자 그것을 지켜보기만 했다는 뜻이다.

일부가 다시 반등했다는 사실에서 증명되었다.

역발상 투자의 또 다른 문제는 집단에서 안전을 추구하는 우리 인간의 본능에 어긋난다는 것이다. 결과적으로, 최고의 투자자조차도 다른 모든 사람들이 하는 것을 따르지 않는 것은 어렵다. 그렇기 때문에 스타인하트조차도 때때로 자신의 원칙을 어기고 나쁜 결과를 초래하게 된 것이다. 스타인하트는 1987년 주식 시장의 폭락과 1994년 채권 시장의 붕괴 두 사례 모두에서 손실을 봤을 때, 그는 가진 모든 것을 팔고 어디에서 잘못되었는지를 파악한 후 자신의 포트폴리오를 처음부터 다시 구축했다.

비록 당신이 역발상 트레이더가 될 수 있을 만큼 충분히 훈련되어 있고, 타이밍 또한 정확하다고 하더라도, 처음에는 시장이 당신에게 불리하게 돌아갈 것에 대비해야 한다. 만약 장기전을 하고자 한다면 유동성 자산을 항상 충분히 보유하는 것이 필수적이다. 그래야만 일시적인 현금 비상사태에 대처할 수 있고, 당신의 포지션을 조기에 청산하지 않아도 되기 때문이다.

마이클 스타인하트 별점 매기기

투자 성과: 1967년부터 1995년까지 스타인하트의 펀드는 엄청난 수익을 창출했고, 그는 현재 약 10억 달러로 추정되는 재산을 축적할 수 있었다. (★★★★★)

투자 기간: 스타인하트는 거의 30년 동안 자금을 운용했고 계속해서 투자에 관여하고 있다. (★★★★★)

영향력: 스타인하트는 유명한 자선가이며 헤지펀드 매니저들의 초창기 세대 중 한 명이다. 그러나 그가 투자의 세계에 미치는 영향력은 제한적이다. (★★)

따라하기 난이도: 스타인하트는 평범한 투자자들에게 일반적으로 추천되지 않는 레버리지 베팅을 했다. 그는 또한 블록딜 전략으로 돈을 벌었다. (★★)

전체 별점: 별 20개 만점에 별 14개

5장

벤저민 그레이엄

BENJAMIN

GRAHAM

가치 투자의 아버지

── 버핏의 스승

개별 투자 전략은 엄청나게 많다. 그러나 지배적인 투자 스타일은 두 가지로 정리될 수 있는데, 바로 성장주 투자와 가치 투자다. 가치 투자는 본질적으로 '가치가 있는' 주식을 할인된 가격으로 사는 기술art로 벤저민 그레이엄이 창안했다. 실제로, 가치 투자 학파에서 그레이엄의 영향력은 너무나 심대해서, 워런 버핏(그는 그레이엄의 제자다)은 최고의 가치 투자 매니저들에 대해 쓴 1984년의 그의 유명한 에세이 제목을 『그레이엄과 도드 마을의 위대한 투자자들』[43]이라고 했다. 물론 그레이엄은 가치 투자 이론을 단순히 창안한 것만이 아니라 가치 투자를 통해 그의 투자자들에게 막대한 돈을 벌어다 주었다.

　벤저민 그레이엄은 1894년 런던에서 태어났다. 그러나 1년 후 그의 가족은 뉴욕으로 이주했다. 그는 가족을 부양하기 위해 여러 개의 직장을 다녀야 했음[44]에도 불구하고, 최우수 학생이었다. 그레이엄은 컬럼비아대학교 입학 시험에서 매우 좋은 성적을 거두었지만 행정적 착오 때문에 장학금을 받지는 못했다. 뉴욕시립대학교에서 잠시 공부하고 전기 회사에서 일한 후, 그는 다시 컬럼비아대학교에 지

....

43 『그레이엄과 도드 마을의 위대한 투자자들The Superinvestors of Graham and Doddsville』에 나온 두 사람의 이름은 당연히 벤저민 그레이엄과 데이비드 도드이다. 이 둘은 1934년에 출간된 『증권 분석』의 저자들로 가치 투자 이론을 정립했다. 『증권 분석』이 출간된 지 50년 후인 1984년에 버핏이 컬럼비아대학교에서 출간 50주년을 기념하는 강연을 했는데, 이 강연을 기록하여 편집한 것이 『그레이엄과 도드 마을의 위대한 투자자들』이다.

44 그레이엄이 9살 때 아버지가 사망하여 경제적으로 곤궁한 어린 시절을 보냈다.

원했고 그가 원래 받아야 할 장학금을 받게 되었다. 그레이엄은 2년 반 만에 학위를 마쳤을 뿐만 아니라, 졸업과 동시에 여러 학과에서 강사직을 제안받았다.

그레이엄은 학교에 남는 쪽을 택하기보다는 그에게 최고의 직업은 월스트리트에 있다고 판단했다. 컬럼비아대학교 학장의 추천을 받아 뉴버거 헨더슨 앤 러브Newburger, Henderson and Loeb 사의 채권 부서에 취직했다. 그는 처음에는 사환으로 일을 시작했지만, 회사를 통해 빠르게 성장하여 6년 만에 파트너가 되었다. 그러나 1923년 그는 개인 고객들을 위한 돈을 관리하기 위해 독립하기로 마음먹었다. 1926년 그는 제롬 뉴먼Jerome Newman과 함께 2개의 투자 파트너십을 설립했다. 벤저민 그레이엄 공동 계좌(훗날 그레이엄-뉴먼 투자 회사Graham-Newman Corporation가 된다)와 뉴먼 앤 그레이엄 펀드Newman & Graham Fund가 그것이다. 이 둘은 그가 은퇴할 때까지 30년 넘게 운영되었다.

월스트리트를 선택했음에도 불구하고, 그레이엄은 1928년부터 1955년까지 컬럼비아 경영대학원에서 경영학 수업을 가르치며 학계를 버리지 않았다. 그가 길러낸 수많은 학생들이 성공적인 펀드 매니저가 되었고, 특히 워런 버핏은 그레이엄-뉴먼 투자 회사에서 잠시 일하기도 했다. 이러한 과정은 또한 1934년 출간된 투자의 고전인 『증권 분석Security Analysis』의 저술을 위한 기반이 되기도 했다. (데이비드 도드David Dodd와 공저했다). 『증권 분석』이 주로 금융 애널리스트들을 대상으로 출간된 책이었다면, 1949년에 출간된 『현명한 투자자The Intelligent Investor』는 더 많은 사람들에게 가치 투자를 소개하는 것

을 목표로 했다. 『현명한 투자자』는 베스트셀러가 되었고, 그레이엄
이 1976년 죽기 직전을 포함하여 4번이나 개정판을 펴낼 정도로 인
기가 높았다.

─── 가치 투자와 담배꽁초 피우기

『현명한 투자자』에서 그레이엄은 시장 타이밍 노리기와 성장주 투자
(그는 "장기 보유주 선별long-pull selection"이라고 불렀다) 같은 몇 가지 인
기 있는 전략을 무시했다. 그는 개별 주식이나 전체 시장의 타이밍을
재려는 시도를 개인에게 "실수의 여지를 주지 않는 투기"라고 보았
다. 마찬가지로 그는 "잘 고른 기업은 몇 년 동안 이익을 3배로 낼 수
있고 그 주가는 4배가 될 수 있다"고 인정하면서도 "기업의 장기적인
미래를 예측하는 것은 기껏해야 합리적 추정educated guess"에 불과하
다고 지적했다. 더욱이, "우려에 대한 전망이 확실하다면, 그것들은
거의 항상 주가에 반영된다. 그리고 **종종 과도한 할인을 받는다.**"(강
조는 인용자).

　　대신, 그레이엄은 투자자에게 최고의 기회는 "주식의 바겐세일"
에서 온다고 주장했는데, 그는 이를 "이성적으로 신뢰할 만한 기법으
로 측정했을 때, 실제 가치보다 현저히 낮은 가격으로 매도되는 것"
이라고 정의했다. 성장주가 과도한 낙관론으로 인해 고평가되는 경
우가 많듯이, 실적이 나쁜 기업들은 사람들의 심리sentiment가 너무나
좋지 않은 나머지 저평가되는 경우가 있었다. 실제로 그는 "개별 기
업이나 산업이 경제에서 설 자리를 잃기 시작하면 월스트리트는 그

것의 미래가 완전히 절망적이며 어떤 대가를 치르더라도 그것들을 피해야 한다고 빠르게 전제한다"고 주장했다. 당연히 그레이엄은 이때가 매수하기에 가장 좋은 시기라고 제안했다.

그레이엄은 일반적으로 주식의 가격은 어떤 기업에 대한 당신의 지분에 대해 특정한 가격을 제시할 용의가 있는 괴짜 사업 파트너인 "미스터 마켓Mr. Market"처럼 행동한다고 주장했다. 때때로 기업의 가치에 대한 미스터 마켓의 견해는 "당신이 알고 있는 바와 같이 사업의 발전과 전망에 의해 그럴듯해 보이고 또 정당화된다." 그러나 다른 때에는 "그는 과도한 흥분이나 공포에 이성을 잃고, 당신이 보기에 거의 말도 안 되는 어리석은 가격을 제안하기도 한다." 결과적으로 미스터 마켓이 낮은 가격을 제시할 때 기업을 사들인 다음 "그가 터무니없이 높은 매입가를 제시할 때" 그에게 매각하는 것이 합리적이었다.

그레이엄은 기업의 본질적인 가치를 찾는 두 가지 방법이 있다고 믿었다. 하나는 주로 미래의 이익 성장을 중심으로 한 다양한 가치 평가 기법을 사용하는 것이었다. 그는 더 나은 전망을 가진 기업들이 더 높은 가격을 요구할 수 있다는 것을 받아들이긴 했지만, 투자자가 이익 대비 낮은 배수의 가격으로 거래되는 주식을 할인해서 살 수 있는 더 나은 기회를 가질 수 있다고 느꼈다. 그레이엄은 특히 그가 "담배꽁초"[45]라고 부르는 것을 좋아했는데, 그것들은 시장에서

....
45 길에 버려진 담배꽁초도 잘 고르면 한두 모금 정도 피울 수 있듯이, 가치 대비 지나치게 낮은 가격에 거래되는 주식을 잘 고르면 수익의 기회가 있다는 뜻이다.

너무 기피한 나머지 순자산 가치(자산에서 부채를 뺀 금액)에 비해 상당한 할인을 받으며 거래되는 회사들이었다.

실제로, 그레이엄은 죽기 직전에 시장을 이길 수 있는 방법 중 "한결같이 신뢰할 만하고 만족스러운" 유일한 방법은 이러한 초저가 기업을 매수하는 것이라고 말했다. 왜냐하면 이는 "현재 이루어지고 있는 방대한 양의 연구"가 의미하는 바, "증권 분석의 정교한 기술"이 더 이상 "그 비용을 정당화할 만큼 충분히 우수한 선별"을 만들어내지 않기 때문이다.

그레이엄은 또한 그가 안전 마진margin of safety이라고 부르는 것을 믿었다. 사람이 하는 모든 가치 평가는 기껏해야 합리적 추정에 불과하기 때문에, 그는 어떤 기업이 투자할 가치가 있으려면 우선 크게 저평가되어야 한다고 믿었다. 대부분의 경우, 단순히 '좋은' 기회라는 이유만으로 만족하고 받아들이기보다는, 최고의 기회가 올 때까지 기다리는 것이 더 낫다. 이런 관점은 워런 버핏과 세스 클라먼Seth Klarman과 같은 다른 가치 투자자들이 이어받았다.

── 그레이엄-뉴먼 투자 회사

그레이엄은 자신의 주요 펀드인 그레이엄-뉴먼 투자 회사에서 대개 이 두 가지 가치 전략을 모두 따랐다. 하지만 그가 전환 차익 거래convertible arbitrage와 합병 차익 거래merge arbitrage라는 두 가지 다른 기술로 그것들을 보강했다는 것을 아는 것이 중요하다. 합병 차익 거래는 합병이 진행되고 가격이 상승할 것이라는 기대로 인수 예정인 회사의 주식을 매입하는 것(그리고 매입을 수행하던 회사의 주식을 매도하는 것)을 포함했다. 전환 차익 거래는 전환 사채(주식으로 전환할 수 있는 채권)의 가격이 보통주에 비해 저평가된 경우가 있다는 점을 이용했다. 이 경우 그는 주식을 줄이고 전환 사채를 구입했다.

그레이엄-뉴먼 사의 첫 10년에 대한 기록은 없다. 그러나 그레이엄 자신은 비록 펀드가 처음에는 잘나갔지만, 1929년의 월스트리트 붕괴로 인해 심하게 타격을 입었다는 것을 인정했다. 시장 전체의 손실률보다는 약간 낮았지만, 그의 펀드는 실제로 주가 붕괴 후 3년 동안 70%의 가치를 잃었다. 그레이엄은 문제의 일부는 그가 넋을 잃고 수익률을 높이기 위해 빌린 돈으로 주식을 추가로 산 것이라고 인정했다. 그 결과 그레이엄과 뉴먼은 포트폴리오의 가치가 회복되는 동안 잠시 무보수로 일할 수밖에 없었다.

그러나 (그레이엄이 『현명한 투자자』 1973년 판에서 서술한 바에 따르면) 1936년 그레이엄-뉴먼 투자 회사로 공동 계좌를 다시 설립하고 1956년에 청산할 때까지 20년 동안 투자자들은 연평균 약 20%의 수익률을 얻었다. 그레이엄은 펀드의 가치가 너무 높아지면 충분히 좋은 기회를 찾기가 어려워질 것이라고 믿었기 때문에, 수익은 대부분 매우 높은 연간 배당금 형태로 지불되었다. 실제로 1956년까지도 펀드는 순자산이 660만 달러(2015년 가치로 5,760만 달러)에 불과했다. 이 20%의 수익률은 연평균 10%에 불과한 시장 전체의 성과보다 훨씬 뛰어난 것이었다.

가이코 투자

그레이엄의 최고의 투자는 공무원 보험 회사, 즉 가이코GEICO[46]였다. 그 당시 가이코는 공무원들에게 보험을 판매하는 것을 전문으로 하는 신생 보험 회사였다. 8년 전에 첫 수익을 올린 후, 회사의 이익은 빠른 속도로 증가하고 있었다. 1948년에 이 회사는 고객들에게 더 가까이 다가가기 위해 텍사스에서 워싱턴 DC로 본사를 옮기기로 결정했다. 결과적으로, 회사 지분의 75%를 소유한 텍사스의 은행가 클리브스 레아Cleaves Rhea는 그가 가진 지분을 팔기로 마음먹었다.

당시 보험업계는 높은 인플레이션으로 휘청거리고 있었는데, 인플레이션은 보험사가 지불하는 지급액이 고객으로부터 수급한 보험료를 능가한다는 것을 의미했기 때문이다. 결과적으로, 보험 업종 전반은 극도로 인기가 없었다. 이것은 그레이엄-뉴먼 투자 회사가 가이코 지분의 약 3분의 1을 인수할 수 있다는 것을 뜻했다. 그레이엄은 순자산 대비 할인된 가격에 거래되고 있다는 사실 때문에 그 회사에 매력을 느꼈고, 가치 투자가 가능하다고 여겼다. 또한 그는 가이코가 우편 주문 판매를 통해 비용을 절감하고 대체로 신뢰할 수 있는 타깃 고객층을 확보함으로써 다른 회사들에 비해 경쟁 우위를 가지고 있다는 사실도 깨달았다.

실제로 그레이엄은 회사에 대해 매우 긍정적이어서 각각의 개별 투자가 전체 펀드의 5%를 넘지 않도록 하는 펀드의 규칙을 어겼

....
46 Government Employees Insurance Company.

다. 대신, 그는 펀드 자산의 4분의 1을 사용하여 레아가 가진 회사 지분 절반(전체 회사 지분의 3분의 1 이상)을 획득했다. 그런데 투자 회사들은 하나의 보험 회사 지분을 10% 이상 보유할 수 없었기 때문에 증권거래위원회SEC가 그 거래를 무효로 만들려고 했다. 그레이엄은 주식을 팔고 수익금을 재투자하는 대신 그들이 취득한 모든 주식을 투자자들에게 특별 배당금으로 직접 주는 방식으로 규제를 회피하는 방법을 찾았다.

그레이엄은 1948년부터 1965년까지 가이코의 이사로 재직했으며, 그레이엄과 뉴먼 모두 주가가 급등한 후에도 회사를 계속 보유했다. 그는 1973년 판『현명한 투자자』에서 고백했듯이, "주가가 실제 수익 성장을 훨씬 앞질렀음"에도 불구하고 계속 보유했다. 이는 "거의 시작부터 우리 투자 회사의 자체 기준에서 봐도 주가가 너무 높아 보였다"는 것을 의미했다.

하지만 "그들은 회사를 일종의 '가업家業'으로 간주했기 때문에, 엄청난 주가 상승에도 불구하고 계속해서 상당한 양의 주식을 보유했다." 이는 현명한 결정이라는 것이 증명되었다. 1948년과 1956년 사이에만 가이코의 주가는 10배 상승했다. (연평균 수익률 33%). 그러나 1948년부터 1972년의 정점까지, 그것의 가치는 500배 이상 증가했다. 그레이엄 자신이 말했듯이, 전체적으로 "이 단일 투자 결정에서 발생한 이익의 총계는 우리 투자 회사의 전문 분야에서 광범위한 운영을 수행했던 20년을 통해 실현된 다른 모든 이익의 총계를 훨씬 초과했다."

── 가치가 중요하다

수없이 많은 연구를 통해, 주가수익비율[PER]과 주가순자산비율[PBR][47]이 낮은 주식에 투자하면 전체 시장보다 높은 수익을 낸다는 벤저민 그레이엄의 신조가 옳았음이 확인되었다. 예를 들어, 뉴욕대학교의 애스워드 다모다란Aswath Damodaran은 1952년부터 2010년까지 PER이 가장 높은 상위 10% 주식들은 연평균 15% 미만의 수익을 올렸다는 사실을 발견했다. 이와 대조적으로 PER이 가장 낮은 하위 10% 주식들의 수익률은 연평균 거의 25%를 기록했다. 마찬가지로 1927년과 2010년 사이에 가장 높은 PBR을 가진 주식들은 연평균 수익률이 11%인 데 반해, PBR이 가장 낮은 주식들은 연평균 17%의 수익률을 기록했다.

심지어 PER로 시장 전체의 미래 방향을 예측할 수 있다는 증거도 있다. 2012년 세계적인 자산 운용사 뱅가드Vanguard의 조지프 데이비스Joseph Davis의 연구에 따르면 1926년과 2011년 사이에 미국 시장의 PER과 뒤이은 실질 10년 수익률(인플레이션 조정치) 사이에 0.38의 강한 음의 상관관계가 있는 것으로 나타났다.[48] 대조적으로, 추정 GDP 성장률, 이전 주식 수익률, 10년 만기 채권 수익률 또는 심지어 이익 증가와 같은 변수들은 설명력이 거의 없거나 전혀 없었다.

....
47 price to book ratio. 기업의 장부 가치 대비 가격 지표. PBR이 낮을수록 저평가된 주식이다.
48 시장 전체의 PER이 높으면 시장이 하락하는 경우가 많았다는 뜻이다.

어쨌거나 그레이엄의 가이코 투자 사례는 투자 전략을 고수하는 것도 중요하지만 때로는 유연하게 대처하는 것이 도움이 될 수 있다는 것을 보여준다.

벤저민 그레이엄 별점 매기기

투자 성과: 그레이엄은 제롬 뉴먼과 동업한 마지막 20년 동안 어렵지 않게 시장을 큰 폭으로 이겼다. 그러나 그의 펀드는 월스트리트 붕괴로 인해 심각한 타격을 받기도 했다. 또한 오늘날의 기준으로 볼 때 펀드의 규모가 매우 작았다는 사실도 중요하다. (★★★★)

투자 기간: 그레이엄과 뉴먼의 다양한 투자 파트너십은 30년 넘게 지속되었다. (★★★★★)

영향력: 그레이엄은 그의 두 책 『증권 분석』과 『현명한 투자자』 덕분에 가치 투자의 아버지로 일컬어진다. 또한 그는 컬럼비아대학교에서 행한 강의를 통해 다른 수많은 유명 투자자들에게 직접적인 영향을 끼쳤다. 가장 유명한 예로는 워런 버핏이 있다. (★★★★★)

따라하기 난이도: 주가수익비율이 낮거나[저PER], 순자산 가치보다 주가가 낮은 주식[저PBR]을 사는 것은 비교적 간단한 전략이다. 특히 주식을 선별하는 데 있어 얼마나 손쉽게 채택할 수 있는 방법인가를 따져볼 때 더욱 그렇다. 심지어 그러한 특성을 가진 주식들을 한데 모아 효과적으로 살 수 있게 해주는 ETF[49]도 있다. (★★★★)

전체 별점: 별 20개 만점에 별 18개

---

49 상장지수펀드exchange-traded fund[ETF]는 특정 주가 지수를 추종하여 수익률이 결정되는 펀드로 주식처럼 거래가 가능하다. ETF는 시장 전체를 대표하는 지수를 추종하기도 하고, IT나 에너지, 생명공학 같은 특정 업종으로 구성되기도 하며, 가치나 고배당주로 구성되기도 한다. 인덱스 펀드를 거래소에 상장시켜 놓은 것이라 생각하면 된다.

6장

워런 버핏

WARREN
BUFFET

금융계의 원로 정치가

오마하의 현인

놀랄 것도 없이, 투자의 세계에는 진정한 유명 인사들이 많지 않다. 2008년 금융위기 이전에도 금융인들은 칭송받기보다는 (조지 소로스가 그랬던 것처럼) 경멸과 의혹의 대상이 될 가능성이 더 높았다. 그러나 워런 버핏은 예외다. 네브래스카주의 지루한 중서부 도시 오마하Omaha에서 개최되고 있음에도 불구하고, 매년 4만 명에 달하는 사람들이 버핏의 지주회사인 버크셔 해서웨이Berkshire Hathaway의 주주총회에서 그가 질문들에 대답하는 것을 듣기 위해 비행기로 날아간다. 여기에는 2016년 회의에 참석한 것으로 추정되는 3,000명의 중국인을 비롯한 수많은 해외 투자자들도 포함된다. 행사의 인기가 너무 높은 나머지, 버크셔 해서웨이의 주주총회는 "자본주의자들의 우드스톡"으로 불리게 되었다.

버핏은 유명 인사일 뿐만 아니라, 또한 원로 정치가로 여겨진다. 9/11 테러 공격 이후 그는 주식 시장에 투자하는 것이 여전히 좋은 생각이라고 미국 대중을 안심시키기 위해 노력했다. 그가 하는 가장 싱거운 말조차도 항상 헤드라인이 된다. 아마도 그가 받는 존경을 가장 크게 보여주는 사례는 2008년 10월 금융위기가 절정에 달했을 때였을 것이다. 사람들이 월스트리트는 고사하고 자본주의가 살아남을 수 있을 것인가에 대해 심각하게 의문을 제기하던 시기에, 두 대통령 후보[50] 모두 헨리 폴슨Henry Paulson 후임 재무부 장관으로 버핏을 생각하고 있었다.

....
50 민주당 후보의 버락 오바마가 공화당 후보 존 매케인을 누르고 44대 미국 대통령으로 선출되었다.

그렇다면, 그는 왜 그렇게 인기가 많을까? 버핏이 가진 매력의 일부는 그가 소박해 보인다는 사실에 있다. 수십억 달러의 재산에도 불구하고, 그는 여전히 교외의 오래된 집에서 살고 있고 비교적 수수한 차를 몬다. 그는 또한 2006년에 자신이 죽으면 거의 모든 개인 재산을 자선단체에 기부하겠다고 서약한 것처럼, 자선가로도 인정받고 있다. 하지만 그가 가진 매력의 가장 핵심적인 부분은, 많은 사람들이 단순한 '상식적' 투자 기법으로 생각하는 것을 이용하여 50년 넘게 주식 시장을 지속적으로 이긴 그의 입증된 능력이다. (뒤에서 설명하겠지만, 상황은 그것보다는 조금 더 복잡하다). 그 누구보다도 버핏은 그의 경력을 통해 단순한 메시지를 보낸다. **"만약 그가 시장을 이길 수 있다면, 당신도 그럴 수 있다."**

─── 오마하에서 월스트리트로

버핏은 1930년 네브래스카주 오마하에서 태어났다. 버핏의 아버지는 주식 중개인이었다가 나중에 하원의원이 되었다. 버핏은 초창기부터 기업가적 경향을 보였는데, 학교에 다니는 동안 여러 사업을 운영하여 농장을 사고 아버지와 함께 사업에 투자할 수 있을 만큼 충분한 돈을 벌었다. 그는 또한 경마에 엄청난 관심을 보였고, 숙련된 베팅꾼이 되었다. 그는 와튼 스쿨에서 2년간 공부한 후, 네브래스카대학교에서 경영학 학위를 마쳤고, 그 기간 동안 주식 시장에 투자하기 시작했다. 『현명한 투자자』와 『증권 분석』을 모두 읽은 그는, 벤저민 그레이엄과 데이비드 도드가 교수진으로 있다는 이유로 컬럼비아대학교 경영대학원에 지원했다.

버핏은 뛰어난 학생이었고 MBA 과정 동안 그레이엄과 도드 두 사람과 친해졌다. 하지만 처음에 버핏이 무급으로 일하겠다고 제안했지만 그레이엄-뉴먼 투자 회사에서 일하는 것은 거절당했다. 대신 그는 오마하로 돌아가 아버지의 회사에서 주식 중개인으로 일하기 시작했다. 그는 또한 네브래스카대학교 야간 강의에서 투자에 관해 가르치기 시작했다. 버핏이 그레이엄에게 수많은 투자 아이디어를 보내고 난 후에야, 그레이엄은 누그러들었고 1954년에 그를 애널리스트로 고용했다. 버핏이 맡은 일은 그레이엄이 매수를 고려하고 있던 다양한 기업들에 대해 엄청난 양의 리서치를 하는 것이었으며, 여기에는 기업 탐방도 포함되었다.

버핏은 그 일을 즐겼고 훗날 자신에게 귀중한 경험이 되었다고 말했다. 하지만 버핏이 고용된 지 1년이 채 지나지 않아, 그레이엄은 은퇴를 선언했다. 그가 떠난 후에도 회사를 계속 운영하기 위해, 그레이엄은 버핏에게 공동 경영자가 될 것을 제안했다. 문제는 버핏이 그레이엄의 파트너인 뉴먼의 아들 밑으로 들어가야 한다는 것이었다. 독립할 때가 왔다고 결정한 버핏은 오마하로 돌아가 자신의 투자 회사를 시작할 생각으로 그 제안을 거절했다.

버핏은 고향으로 돌아오자마자 투자 파트너십을 설립하는 일에 착수했다. 이 중 가장 중요한 것은 1956년부터 1970년까지 운영된 버핏 파트너십 유한회사Buffett Partnership Ltd.(BPL)였다. 그러나 1960년대 말경이 되자 그는 주식이 너무 비싸다고 느꼈다. 강력한 수익을 얻을 가능성이 줄어들었고, 당시 그가 사용하던 방식인 '담배꽁초'식 투자를 더욱 어렵게 만들었다. 그는 투자자들에게 대신 채권에 투자할 것을 권고하면서 (향후 10년간 성과가 매우 좋을 것이었다) 버핏 파트너십을 청산했다.[51] 이때쯤 그는 버크셔 해서웨이에 집중했다.

버핏은 1964년에 가치 투자로 직물 제조 회사인 버크셔 해서웨이를 인수했다. 그러나 버핏은 산업을 약화시킬 수 있는 국내외 공장으로부터의 경쟁에 직면해 버크셔 해서웨이가 직물 제조 회사로서 성장할 수 없다는 것을 빠르게 깨달았다. 따라서 버핏은 버크셔 해서웨이를 헤지펀드처럼 운영하면서 자신의 투자를 위한 지주회사로 만들었다. 50년이 넘는 세월이 흐른 지금도 버핏은 회사를 운영하고 있으며, 1978년에 합류한 찰리 멍거Charli Munger가 선임 고문으로 활동하고 있다.[52] 다른 펀드 매니저들도 자회사의 투자를 관리함으로써 버크셔의 성공에 기여를 했는데, 예를 들어 루 심슨Lou Simpson은 자회사 가이코GEICO의 포트폴리오를 관리했다.[53]

—— 가치에서 성장으로

벤저민 그레이엄의 학생이자 제자로서, 버핏은 저렴한 회사를 사는 그레이엄의 전략을 따르는 것으로 시작했다. 실제로 버핏 파트너십은 순자산 가치보다 할인해서 거래되는 '담배꽁초' 주식에 초점을 맞추었

....
51 1960년대 말은 수년에 걸친 강세장이 끝나는 시점이었고, 13년 동안 버핏 파트너십의 연간 수익률은 약 30%에 달했다.
52 멍거는 2023년 11월 99세의 나이로 별세했다.
53 심슨은 버핏의 강력한 신임을 받은 펀드 매니저로 25년 동안 연간 수익률 약 20%를 달성했다.

다. (이는 절반쯤 피우다 버린 담배 찾기와 같은데 버핏의 말에 따르면, "비록 꽁초가 보기 싫고 눅눅할 수 있지만, 피우는 건 공짜다.") 버핏은 이러한 "일반 투자 주식generals"(그는 이렇게 불렀다)의 많은 지분을 사들이고 시장 심리가 개선되기를 기다린 후 수익이 충분한 시점에 매도했다.

하지만 경우에 따라서 버핏은 회사 지분을 활용하여 가치를 추출하는 과정을 가속화하기도 했다.[54] 여기에는 일반적으로 기업의 기본적인 사업을 훨씬 더 가치 있는 자산에서 분리하는 작업이 포함된다. 일부 사례에서는 기본적인 사업이 수익성이 매우 떨어지는 것으로 판명되어 중단해야 했다. 그러나 대부분의 경우 잉여 자산은 본질적으로 재무적이므로 운영에 피해를 주지 않고 (또는 폐업을 초래하지 않고) 두 자산을 분할할 수 있었다. 예를 들어, 버핏 파트너십은 다량의 채권과 주식을 소유한 지도 제작 회사를 인수했다. (이에 대한 운영 비용이나 미래 부채를 따로 충당할 필요가 없었다). 남은 주주들의 보유 주식을 매수하고 사업의 나머지 부분에서 포트폴리오를 분할하는 것이 비교적 쉽다는 것이 입증되었다

한편, 버핏 파트너십 포트폴리오의 약 3분의 1은 버핏이 "워크아웃workouts"(오늘날에는 합병 차익 거래라고 일컫는다)이라고 부르는 데 투자되었다. 이 회사들은 인수되는 과정에 있었다. 일반적으로 이러한 회사들은 인수 기업이 제시한 가격(이 가격 자체는 대부분 이전 거래가에 비해 프리미엄이 붙었다)보다 할인된 가격으로 거래되었다. 버핏은

....
54 버핏은 이 방식을 경영 참여controls라 불렀다. 버핏은 투자 방식을 크게 3가지로 분류했다. 일반 주식 투자, 경영 참여, 워크아웃이 그것이다.

거래가 완료된 후의 가격 상승이 거래 실패 가능성을 충분히 보상해 줄 것이라는 기대감으로 이러한 회사들을 매입하곤 했다.

그러나 버크셔 해서웨이와 함께 그의 전략은 두 가지 주요 방식으로 바뀌기 시작했다. 우선, 그는 청산 가치 이하로 파는 헐값 바닥 주식을 사려는 생각에서 벗어나 그저 저렴하지만 확실한 전망을 가진 회사의 주식을 사는 것으로 전환했다. 나중에는 이 관점을 더 밀고 나가, 그는 그 기업의 장기적인 전망이 충분히 좋다고 생각되면 시장과 동일한 멀티플로 거래되는 회사들도 사들였다. 물론 버핏은 기업을 내재 가치보다 낮은 가격으로 사는 기본적인 가치 투자 전략을 여전히 따르고 있다고 주장할 것이었다. 유일한 차이점은 그가 이제는 좋은 가격으로 거래되기만 해도 훌륭한 회사를 기꺼이 인수할 것이라는 점이었다.

물론 성장과 가치 사이의 타협을 향한 버핏의 전환은 제한적이었다. 예를 들어, 그는 기술주나 지나치게 복잡해 보이는 것들은 무엇이든 멀리했다. 대신, 그는 버크셔에 재투자할 수 있을 만큼 많은 양의 현금을 창출하는 소매업과 보험과 같은 이해하기 쉬운 산업의 회사에 집중했다. 실제로 그는 경제적 "해자moat"를 가진 회사를 대단히 중요하게 생각했다. 해자는 경쟁자들이 들어와서 마진을 갉아먹는 것을 방지하는 합법적 또는 운영적 우위를 지칭하는 버핏의 용어다.[55] 또한 해자는 그가 투자한 기업들이 물가 상승률 이상으로 제품

....

55 해자垓子는 중세 성곽의 경계에 땅을 파고 물을 채워놓아 적이 접근할 수 없도록 만든 방어 시설이다. 버핏은 강력한 브랜드 파워나 제품의 특별한 강점, 원가 우위 등 경제적 해자가 있어 시장에서 독점적 지위를 누릴 수 있는 기업을 선호했다.

가격을 인상함으로써 수익 증가를 촉진할 수 있도록 했다.

또 다른 중요한 변화는 그가 상장 주식을 샀다가 너무 비싸지면 파는 전략에서 벗어나 회사를 직접 인수한 후 그대로 보유하는 쪽으로 전환한 것이다. 이러한 변화는 부분적으로 버크셔 해서웨이의 자산 규모가 커짐에 따라 버핏이 소수의 중견 기업의 적은 지분을 획득하는 일이 점점 어려워진다는 것을 깨달았기 때문이다. 그는 회사를 완전히 매수함으로써, 대기업 우량주에만 국한되지 않고도, 포트폴리오를 상대적으로 집중 투자된 상태로 유지할 수 있었다. 버핏이 가장 좋아하는 섹터 중 하나인 보험 회사를 사는 것은 또 다른 이점이 있었다. 고객이 낸 보험료가 가치주에 재투자될 수 있고, 결과적으로 고객에게 보험금을 지급해야 할 시점까지 막대한 수익을 얻을 수 있다는 것이었다.

60년에 걸친 성공

심층 가치 투자자deep value investor로서든 아니면 가치와 성장이 상호 배타적이지 않다고 믿는 사람으로서든, 버핏은 엄청난 성공을 누렸다. 1957년 초부터 1969년 말까지 버핏 파트너십은 연평균 거의 30%에 가까운 수익을 올렸다. 파트너십 약관에 따르면 버핏이 펀드 수익의 일부를 가져갔지만, 일반 투자자들은 여전히 연 23.8%에 해당하는 수익률을 얻었는데, 이는 연평균 7.8% 상승에 그친 다우존스 지수를 훨씬 상회하는 성과였다. 이는 펀드에 투자된 1만 달러가 13년 후 거의 15만 달러의 가치가 되었을 것이라는 걸 의미하며, 이는 어떤 기준으로도 인상적인 수익이다.

버크셔 해서웨이도 큰 번영을 이뤘다. 1965년부터 2015년 말까지 이 회사의 주식은 연평균 20.8%의 속도로 성장했다. 이 역시 이 기간 동안 9.7% 성장에 그친 S&P 500을 크게 웃도는 수치다. 이를 금전적으로 환산하면 1965년 초에 투자한 1,000달러가 2015년 말에 1,598만 달러의 가치가 된다는 것이다. 실제로, 버핏 파트너십이 설립될 때 1,000달러를 투자하고, 그것을 다시 1970년 초에 버크셔 해서웨이 주식에 재투자했다면, 투자금은 지금 6,852만 달러의 가치가 되었을 것이다. 이 글을 쓰는 지금(2017년 1월) 버크셔 해서웨이의 전체 시가총액은 4,069억 달러다.[56] 이러한 꾸준한 성과로 버핏은 『포브스』지가 추산한 710억 달러의 막대한 재산을 모을 수 있었다.

이러한 인상적인 수치를 고려할 때, 버핏의 최근 실적이 그리 좋지 않다고 지적하는 것은 다소 무례해 보일 수 있다. 2008년 초부터 2016년 말까지 버크셔 해서웨이의 수익률은 72.4%로 시장 전체 수익률 85.5%를 겨우 따라갔다. 이는 연간 수익률 6.2%로 S&P 500의 연간 상승률 7.1%에 못 미친다. 버핏은 버크셔 해서웨이의 거대한 규모로 인해 그가 이전에 얻은 수익을 복제할 수 있는 종류의 투자를 찾는 것이 불가능하다는 것을 스스로 인정했다.

....

56 2024년 7월 현재 버크셔 해서웨이의 시총은 9,500억 달러에 달한다.

그레이엄이 멈춘 곳에서 성과 내기

버핏 스타일의 진화를 보여주는 투자 사례 중 하나는 가이코다. 앞
장에서 언급한 바와 같이, 이 회사의 주가는 2차 세계 대전 직후 보험
업의 저조한 실적으로 인해 하락했다. 1951년에 아직 컬럼비아대학
교에서 공부하고 있던 젊은 버핏은 스승 그레이엄이 가이코의 이사
라는 것을 알게 되었다. 그래서 그는 사무실을 방문하는 것을 겸하여,
그 회사를 직접 조사하기로 했다. 가이코에 방문하여 한 임원(나중에
CEO가 될 사람[57])과 간신히 이야기를 나눈 후, 그는 회사가 겨우 이익
의 8배로 거래되고 있음[PER 8]에도 불구하고 엄청난 잠재력을 가지
고 있다는 것을 깨달았다.

　　버핏은 자신의 돈 중 10,282달러(그의 순자산의 거의 3분의 2에 달
했다)를 회사에 투자했을 뿐만 아니라, 금융 저널인 『커머셜 앤 파이
낸셜 크로니클The Commercial and Financial Chronicle』에 가이코에 대한
기사를 쓰고 주식 중개인으로 있던 짧은 기간 동안 그의 고객들에
게 추천했다. 하지만 주식의 가치가 급격히 상승한 후, 그는 1년 후
에 지분을 파는 실수를 했다. 그는 이 투자에서 48% 이상의 수익인
15,259달러를 얻었지만 20년 동안의 추가 수익을 놓치게 될 것이
었다. 실제로 그가 가만히 있었다면, 그는 그레이엄-뉴먼 투자 회사
나 버핏 파트너십에서 얻을 수익보다 80배 더 많은 돈을 불렸을 것
이다.

....
57 로리머 데이비슨Lorimer Davidson으로 당시 재무담당 부사장이었다.

하지만, 1976년 버핏에게 자신의 실수를 만회할 기회가 주어졌다. 인플레이션, 정부 규제, 과도한 사업 확장 때문에 가이코는 1975년에 처음으로 손실을 입었다. 동시에 허위 기재된 이익과 관련된 스캔들은 회사에 대한 시장의 신뢰를 무너뜨렸다. 이 모든 요인들로 인해, 그리고 당시 주식 시장의 붕괴라는 악재가 더해져 이 회사의 주가는 최고치인 61달러에서 단돈 2달러로 떨어졌다. 이 시점에서 버핏은 가치 투자의 일환으로 가이코에 다시 관심을 갖게 되었는데, 그의 분석에 따르면 회계 문제가 생각만큼 심각하지 않은 반면, 회사는 우수한 타깃 고객층과 저비용 보험 판매 기법 덕분에 여전히 경쟁업체보다 큰 우위를 갖고 있었다.

따라서 그는 보통주와 전환 사채(주식으로 전환될 수 있는 채권)를 혼합하여 2,350만 달러어치를 매수하는 것을 시작으로 회사의 주식을 매집하기 시작했다. 그는 이후 4년 동안 계속해서 가이코에 돈을 투자했다. 1980년이 되자 버핏은 회사 지분의 3분의 1을 소유하게 되었다. 1950년대와 달리, 그는 주가가 상승해도 회사를 계속 보유하기로 결정했고, 더 높은 가격은 성장 잠재력에 의해 정당화될 수 있다고 믿었다. 1994년까지 이 지분의 가치는 1억500만 달러에서 16억 8,000만 달러로 증가했는데 이는 14년 동안 16배 증가한 것이었으며, 자본 수익capital gain만으로 연간 21.9%의 수익률을 달성한 것이었다.

버핏은 결국 1995년에 회사를 완전히 인수했다. 현 시점에서 그 가치를 평가하는 것은 불가능하지만, 지난 20년 동안 보험 수입이 5배 증가했다는 사실에서 회사의 강점을 짐작해 볼 수 있다. 가이코의 큰 마진과 보험 수입(이를 '플로트'라고 한다[58])을 효과적으로 무이자로 재투자할 수 있다는 사실은 이 회사가 버크셔 해서웨이의 비공개 기업으로서도 수익성 높은 투자였다고 확실히 결론을 내릴 수 있다.

버핏으로부터 무엇을 배울 것인가?

버핏의 투자 스타일은 버핏 파트너십 시절의 심층 가치 투자자로 시작하여 질적 성장주 투자로 나아가는 엄청난 진화를 거쳤기 때문에, 다양한 유형의 서로 다른 투자자들은 그의 경험에서 각각 다른 교훈들을 얻는다. 가치에 초점을 맞춘 사람들은 그의 초기 성공에 초점을 맞출 것이며, 당신이 어떻게 내재 가치보다 낮은 가격으로 거래되고 있는 기업들을 매수함으로써 돈을 벌 수 있는지에 대한 예로 사용할 것이다. 대조적으로, 성장주 투자자들은 버핏의 성공이 그들의 시장 지위를 방어할 수 있고, 따라서 나쁜 시기에도 좋은 현금 흐름을 창출할 수 있는 좋은 회사들을 산 것에서 비롯되었다고 주장할 것이다.

사실, 버핏이 성장주 투자로 나아가긴 했지만 그는 항상 가치에 더 집중했다. 버핏 자신은 투자 스타일이 성장 추구와 (개별 주식이 아니라) 회사 전체의 소유권을 가지는 방식으로 전환된 것이 자유로

....
58 보험 회사는 고객으로부터 보험료를 받아 두었다가 사고가 났을 때 나중에 보험금을 지급하는데, 그 정해지지 않은 기간 동안 현금을 보관하게 된다. 이렇게 일시적으로 회사 내에 돈을 보관하게 되는데, 이를 떠다니는 돈이라는 의미로 "플로트float"라고 한다. 버핏은 이 플로트를 사실상 무이자 레버리지로 이용해 주식 투자를 했다.

운 선택이었다기보다는 어쩔 수 없는 일이었다고 말하곤 했다. 그는 또한 완전한 재량권이 주어지면 여전히 버핏 파트너십 시절에 사용한 심층 가치 접근 방식을 따를 것이라고 말했다. 1999년 인터뷰에서 그는 (약간의 과장된 표현으로) "내가 가장 높은 수익률을 달성하던 때는 1950년대였습니다. 내가 다우지수를 죽였어요. 숫자를 보세요. 하지만 그때 나는 콩알만큼 적은 돈을 투자하고 있었어요. 돈이 많지 않다는 것은 구조적으로 큰 이점입니다. 내 생각엔 1백만 달러로 1년에 50%를 벌 수 있을 겁니다."

여전히, 투자에 대한 버핏의 많은 조언은 어떤 유형의 투자에도 적용될 수 있다. 예를 들어, 그는 비즈니스의 근본적인 질을 평가하는 가장 좋은 방법은 경영진보다는 그 사업의 경제적 상황에 집중하는 것이라고 생각한다. 그가 직설적으로 말했듯이, "명석함으로 명성이 자자한 경영진이 나쁜 업황으로 유명한 비즈니스와 연결될 때, 그 비즈니스의 명성은 그대로 유지될 뿐이다."

버핏은 또한 주주들이 그들이 소유한 주식의 가격이 일시적으로 하락하더라도 패닉에 빠져서는 안 된다고 말했다. 소비자들이 식료품 가격이 떨어지면 더 많은 음식을 살 수 있기 때문에 기뻐하는 것처럼, 주주들도 그들이 소유한 주식의 가격이 하락하면 더 많은 주식을 살 수 있기 때문에 이를 환영해야 한다는 것이다. 자연스럽게도 그러한 태도는 제시 리버모어와 같은 트레이더들에게는 머리카락을 다 뽑을 일이겠지만, 장기적인 투자자들에게 그러한 전략은 이치에 맞고 결국 수익을 증가시킬 수 있을 것이다.

워런 버핏 별점 매기기

투자 성과: 지난 10년간 비교적 중간 수준의 실적에도 불구하고 버크셔 해서웨이는 1960년대 중반부터 지금까지 비우호적인 세금 상황에도 불구하고 시장을 연 5% 정도 앞질렀다. 이전의 버핏 파트너십은 훨씬 더 뛰어났다. (★★★★★)

투자 기간: 버핏은 60년이 넘도록 다양한 투자 파트너십과 펀드를 운영해왔다. (★★★★★)

영향력: 버핏이 이룬 성공은 그를 월스트리트의 공적인 얼굴로 만들어 주었다. 동시에, 수많은 펀드 매니저들이 그의 전략을 따른다고 주장한다. 그러나 그에게서 영감을 받았다고 말하는 많은 펀드 매니저들은 매우 다른 전략을 사용한다. (★★★★)

따라하기 난이도: 1990년대 이후 버핏의 투자 전략은 단순한 주식 선별에서 벗어나 버크셔 해서웨이의 순자산 대부분이 비공개 투자로 구성될 정도까지 변화했다. 그러나 저렴한 가격에 좋은 기업들을 집중 투자하여 포트폴리오를 꾸린다는 그의 오리지널한 투자 전략은 상대적으로 따라할 만하다. (★★★)

전체 별점: 별 20개 만점에 별 17개

7장

앤서니 볼턴

ANTHONY

BOLTON

영국의 워런 버핏

―― 영국 투자업계의 전설

영국 주식 시장의 더 작은 규모와 돈에 대해 이야기하는 것을 좋아하지 않는 영국의 전통은 대서양 반대편에 비해 유명한 영국 펀드 매니저가 거의 없다는 것을 의미한다. 하지만 그것이 영국 펀드 매니저들이 뛰어나지 않다는 뜻은 아니다. 실제로 앤서니 볼턴은 활동 기간과 실적 모두에서 투자의 거인 중 한 명으로 손꼽힌다. 심지어 그가 버핏보다 훨씬 나은 투자자들의 모범이라고 말해도 될 정도이다. 왜냐하면 버핏은 더 전통적인 우량주 선호와 저렴한 상장사 투자에서 점점 멀어져 간 반면, 볼턴은 늘 상장사를 고수했고 아주 면밀하게 가치에 집중했기 때문이다.

1950년에 태어난 볼턴은 케임브리지대학교에서 경영학과 공학을 공부했다. 전공에 싫증이 난 그는 처음에는 직업을 정하지 못했고, 일반 관리자로 일했다. 하지만 산업 대기업 프록터 앤 갬블Procter & Gamble[59]이 주최한 학생들을 위한 공개 행사에서 회사 관계자는 볼턴에게 금융업계보다 기회와 급여 모두에서 나은 자리를 제안했다. 볼턴의 가족 친구 한 명은 또한 최소한 유용한 기술과 인맥을 얻을 거라면서 그에게 씨티[60]에 들어갈 것을 추천했다.

같은 가족 친구들 역시 볼턴이 투자은행인 카이저 울먼Keyser Ullman에 취직하는 것을 도왔다. 견습생으로 합류한 그는 메시지 전

....
59 비누, 면도기, 칫솔, 샴푸 등 소비재를 생산하는 미국의 다국적 기업. 줄여서 P&G라고 부른다.
60 영국 런던의 금융 중심지, the City of London.

달과 은행의 국채 입찰서 제출과 같은 비교적 하찮은 일을 시작했다. (한 번은 그가 입찰서를 올바르게 접지 않았기 때문에 입찰이 거부되기도 했다). 나중에 그는 다양한 펀드 매니저들을 돕는 일로 넘어갔다. 하지만 1970년대 중반에 은행은 재정적인 문제를 겪기 시작했고, 결국 1975년에 파산했다.

그즈음에 볼턴은 슐레진저 투자 회사Shlesinger Investment Management로 옮겼고, 여기서 그는 회사의 몇몇 펀드와 관련하여 돈을 보다 직접적으로 운영하는 경험을 했다. 카이저 울먼에서 근무한 덕분에 알고 지내던 예전 동료가 피델리티Fidelity의 특수상황펀드Special Situations Fund를 관리하기 위해 1979년 12월에 그를 영입했다. 볼턴은 2007년에 사임하기까지 28년 동안 그 펀드를 운영했다. 그는 2010년 피델리티의 중국 특수상황펀드 운영을 위해 복귀하기 전에 짧은 은퇴 기간 동안『투자의 전설 앤서니 볼턴Investment against the Tide: Lesson from a Life Running Money』을 썼다. 2014년에 그는 재차 은퇴했고, 지금은 다른 투자 매니저들을 지도하는 파트타임 일을 하고 있다.

── 리서치 전문가에서 '침묵의 암살자'로

볼턴은 주식을 살 때 경영진, 기업의 역동성, 재무 상태, 인수 가능성, 가치 평가 및 심지어 주가가 어떻게 움직였는지를 포함하여 광범위한 요소를 고려한다고 말했다. 하지만, 그는 시장과 다르게 행동해야만 시장을 이길 수 있다고 믿었다. 결과적으로 그는 주로 시장이 지나치게 비관적으로 보는 '저렴하고' 낮은 주가수익비율[저PER]로 거래되는 사랑받지 못하는 주식을 찾는 역발상 가치 투자자였다. 그는 특히 작은 규모의 기업과 '턴어라운드 상황'[61]에 관심이 많았는데, 후자는 경영 방식에 큰 변화가 일어나고 있지만 여전히 시장에서 무시되고 있는 문제가 많은 주식들이었다.

반대로, 볼턴은 모든 사람들이 긍정적으로 보는 기업들에 대해서는 극도로 회의적이었다. 실제로, 그는 외부 중개인이나 애널리스트들의 아이디어에 개방적이지만, 만약 그들 중 몇몇이 그에게 같은 주식을 사라고 권한다면, 그는 이들을 멀리할 것이라고 말했다. 왜냐하면 그러한 극단적인 낙관주의가 급격히 반대 방향으로 전환될 수 있으며, 그 주식은 시장에서 버림받아 주가가 폭락할 수도 있다는 것을 우려했기 때문이다. (주식이 휴지 조각이 되면 그제야 그가 관심을 갖게 될 것이다). 더 일반적으로 그는 이미 많은 애널리스트들이 다루고 있는 기업에 대해 뭔가 새로운 것을 발견하기란 어렵다고 느꼈다.

볼턴은 어떤 기업이 투자할 가치가 있는지 확인하기 위해 그 기업의 비즈니스 모델과 전망에 대해 상향식[바텀업] 리서치[62]를 많이 했다. 여기에는 고위 경영진, 특히 CEO 및 재무 책임자와 정기적으로 소통하는 일이 포함되었다. 실제로 그는 1987년 이후 20년간 특

....
61 업황이 급격히 좋아지거나 기업 체질이 극적으로 개선되어 실적이 적자에서 흑자로 돌아서거나 이익이 빠르게 증가하는 기업을 말한다.
62 주식의 리서치 방법에는 크게 두 가지가 있다. 거시경제에서부터 산업의 업황을 거쳐 개별 기업의 실적까지 위에서 아래로 분석하는 방식을 하향식top-down(탑다운)이라고 하고, 그 반대로 개별 기업에서부터 출발하여 분석하는 방식을 상향식bottom-up(바텀업)이라고 한다.

수상황펀드를 운용하기 위한 기업 탐방만 5,000회가량 한 것으로 추산했다. 볼턴은 최대한 많은 기업을 찾아봤는데, 더 많이 볼수록 더 훌륭한 거래의 기회를 찾을 가능성이 크다는 원칙을 믿었기 때문이다. 보유하고 있는 개별 주식의 수가 늘어나기 시작했을 때에도, 그는 여전히 새로운 기회를 찾게 해줄 "공격적인 리서치"에 대부분의 시간을 할애해야 한다고 생각했다.

물론, 이것은 그가 이미 투자한 기업들을 무시했다는 것을 의미하지는 않았다. 실제로, 그는 기본적으로는 언제나 주식을 리서치 하는 사람이었지만, 자금 규모가 증가함에 따라 그는 그들이 보유하고 있던 다양한 기업들의 지배 구조와 전략에 점점 더 관여해야만 했다. 이런 상황은 피델리티가 종종 최대 주주이거나 두 번째로 큰 투자자였던 소규모 회사들에서 특히 두드러졌다. 일부 사례에서 주가 하락 없이 단기간에 대량의 주식을 매각하는 것은 상당히 어려운 것으로 판명되었다. 결과적으로, 실적이 저조한 회사를 내부에서 변화시키는 것이 더 경제적인 경우가 많았다.

아마도 볼턴식 행동주의[63]의 가장 잘 알려진 예는 두 개의 독립 텔레비전 회사인 칼턴 커뮤니케이션스Carlton Communications와 그라나다Granada가 합병하여 ITV 공개유한회사를 설립한 것일 터이다. 피델리티가 두 회사의 주요 주주인 상황에서 합병을 성사시키는 데 볼

....
63 행동주의activism는 단순히 주식을 매수해 기업에 투자하는 것을 넘어서 지배 구조 등 기업 경영에 적극적으로 관여하여 주주 지분의 가치를 높이려는 투자 방침을 말한다. 우리나라에서 가장 유명한 예로는 2015년 삼성물산과 제일모직의 합병과 관련한 엘리엇 매니지먼트의 투자가 있다.

턴의 지원이 핵심적인 역할을 했다. 하지만 그는 칼턴 커뮤니케이션스의 마이클 그린Michael Green이 2003년 ITV의 최고 경영자가 되는 것에 반대했고, 그러한 반대에 앞장섰다. 이 캠페인의 성공으로 그는 "침묵의 암살자Silent Assassin"라는 별명을 얻었다.

⎯⎯ 국내외를 막론한 30년간의 성공

위의 전략들은 볼턴에게 특히 효과가 있는 것처럼 보였다. 1979년 12월 피델리티 특수상황펀드에 투자된 1,000파운드는 28년 후 그가 물러날 때까지 145만 파운드의 가치가 되어 있었다. 이는 연평균 19.5%의 수익률을 기록한 것이었는데, 같은 기간 FTSE의 연평균 수익률은 13.5%이었다. 이것은 단지 1~2년의 좋은 해가 큰 차이를 만든 경우가 아니었다. 1980년부터 2005년 말까지 26년 중 19년 동안 볼턴은 시장을 능가했다. 2006년에 펀드가 두 부분으로 분할되었음에도, (볼턴이 관리한) 영국 파트는 2007년 12월에 여전히 30억 파운드의 가치가 있었다.

특수상황펀드가 거의 영국 시장에만 집중하는 동안, 볼턴의 뛰어난 성과는 다른 시장으로 확장되었다. 1985년 12월에서 2002년 말까지 그는 피델리티 유럽 펀드의 수석 매니저였다. 이 펀드는 메인 펀드와 유사한 투자 전략을 따르면서도 유럽의 나머지 지역을 커버했다. 유럽 펀드는 볼턴이 운용한 17년 동안 연평균 19%의 수익률을 올렸고, 이 펀드에 투자된 1,000파운드는 거의 20,000파운드로 성장했다. 이 기간 동안 유럽 시장의 수익률이 겨우 10%에 불과했던 점을 감안할 때, 볼턴은 그의 영국 펀드보다 더 높은 금액으로 지수를 이겼던 것이다.

—— 볼턴의 예측이 적중하다

앤서니 볼턴의 가장 성공적인 투자는 1980년대 후반과 1990년대 초중반 동안 그의 포트폴리오에서 가장 큰 자산이었던 시큐리코 Securicor에 대한 투자였다. 시큐리코의 주된 사업은 보안 서비스를 제공하는 것이었다. 하지만 볼턴은 1985년 이 회사가 브리티시텔레콤과 공동으로 설립한 선구적인 모바일 네트워크 셀넷Cellnet에 회사의 진정한 가치가 있음을 깨달았다. 시큐리코의 셀넷 잔여 지분은 1999년 기술주 거품tech boom이 한창일 때 마침내 31억5,000만 파운드에 인수되었다. 볼턴은 그 전에 시큐리코 지분을 잘 팔았는데, 1989년부터 1996년까지 회사의 가치는 치솟았다.

볼턴은 특정 주식들에 대해 정확하게 판단했을 뿐만 아니라, 1990년대 말 거품이 한창일 때 기술주 섹터를 피하는 등 업종 선택에서도 기민함을 보였다. 이는 2000년 동안 전체 시장이 6% 하락한 반면, 그의 펀드는 매우 인상적인 25% 수익률을 달성하여 시장을 31%나 능가하는 놀라운 성과를 거뒀음을 의미한다. 물론 2000~2002년 기술주 붕괴 이후, 상당수의 기술주들이 너무 저렴해져서, 역발상 투자자인 볼턴은 그것들을 헐값에 주웠고, 2003년, 2004년, 2005년에 피델리티 특수상황펀드가 엄청난 성과를 거둘 수 있게 했다.

── 격동의 중국 시장

그러나 볼턴은 한 가지 눈에 띄는 실수를 저질렀다. 2009년에 그는 펀드 운용에 복귀하기로 결정하고 2010년 4월에 투자 신탁인 피델리티 중국 특수상황펀드를 설립했다. 볼턴의 가치 투자와 역발상 접근법을 중국 시장에 적용하자는 아이디어였다. 중국 시장의 강력한 성장과 소비 경제의 부상이 소규모 기업[소형주]에 도움이 될 것이라는 생각에서였다. 볼턴의 기존 성과가 화려했으므로 투자자들은 펀드에 돈을 넣기 위해 몰려들었고, 처음에 4억6,000만 파운드를 모을 수 있었다. 그의 펀드는 1.5%의 운용 보수 외에도 추가적인 성과 보수를 투자자에게 부과했음에도 불구하고 높은 인기를 누렸다.

당초 이 펀드는 수익률이 몇 개월 만에 20% 급등하는 등 선전했다. 볼턴에겐 안타깝게도, 이러한 상황은 지속되지 않았다. 2010년 가을부터 시작해 1년 동안 계속해서 펀드의 포트폴리오 가치는 급락했다. 결과적으로 투자자들은 처음에는 주식에 대한 프리미엄을 기꺼이 지불했지만 패닉에 빠졌다. 그 신탁의 주식은 가치가 급격히 떨어졌다. 최고점에서 하락폭은 40%에 달했다. 볼턴은 자신이 투자한 여러 기업의 경영진에 현혹됐다고 주장하며 시장의 전반적인 침체를 탓했다. (시장도 하락했지만 덜 하락했다).

볼턴의 해명에도 불구하고 그는 언론에서 엄청난 비난을 받았는데, 특히 펀드가 수익률을 높이기 위해 돈을 빌렸다는 사실 때문이었다. (이는 손실 확대로 이어졌다). 결국 그는 펀드를 시작한 지 4년이 채 되지 않은 2014년 3월 말에 물러나고 말았다. 하지만 그때도 그의 실적은 그리 나쁘지 않았다. 실제로 이 펀드는 총 수익률이 6.3%에 불과했지만, 같은 기간 전체 시장은 5.7% 하락했다. 실제로 포트폴리오의 가치는 18.6% 증가했다. (투자 신탁은 주식 시장에서 거래되기 때문에 통상적으로 주가와 주식 가치가 조금씩 다르다).

── 가치 투자의 중요성

만약 실적이 회복되는 기업을 발견할 수 있는 능력만 있다면, 소형주 small-cap 투자와 가치 투자를 결합한 스타일이 막강한 투자 방식이 될 수 있으며, 기업 실적과 시장 심리가 모두 개선되면 수익을 얻을 수 있다는 것을 볼턴은 자신의 경력을 통해 보여주었다. 그러나 볼턴이 주가수익비율[PER]이 낮은 기업을 무작정 사들인 것은 아니라는 점에 주목해야 한다. 대신에 그는 엄청난 양의 리서치를 수행했는데, 이는 그가 매수를 염두에 두고 있는 기업들이 심각한 문제를 가지고 있기 때문에 그저 가격이 싼 것에 불과한 것인지 아니면 진짜로 사볼 만한 할인 상태에 있는지를 판단하기 위함이었다.

물론 그러한 리서치를 하기란 일반 투자자들에게는 훨씬 어려운 일이다. 일반 투자자들은 경영진을 만날 수도 없고 기업을 면밀히 조사할 시간이 매우 부족하니까 말이다. 하지만 규제 변화와 기술 발전으로 이제 대부분의 상장 기업들은 인터넷에 엄청난 양의 정보를 제공하고 있다. 여기에는 일반적으로 연례 보고서와 투자자들에 대한 프레젠테이션 등이 있다. 인터넷에서 이용할 수 있는 주식 필터링 도구들도 많이 있는데, 이것들은 당신이 나중에 싸게 살 수도 있을 저렴한 주식에 집중할 수 있게 도와준다. 또 지나치게 과장되거나 언론의 관심을 과도하게 받는 섹터를 피하는 것도 시간을 최대한 효율적으로 사용하는 데 도움이 되는 또 다른 방법이다.

그러나 볼턴이 고전을 면치 못했던 중국 시장에서의 경험은 신흥시장emerging markets이 결코 위험이 없는 곳이 아님을 보여준 일종의 경고성 이야기이다. 실제로 일부 국가에서는 회계 기준과 기업 지배 구조가 너무나 열악하여 전문가들도 속임수를 알아채기 위해 고군분투하고 있다. 따라서 당신이 무엇을 하고 있는지 정말로 알지 못한다면, 또는 막대한 변동성에 대처할 준비가 되어 있지 않다면, 더 이국적인 나라들 중 일부에 직접 투자하는 것은 정말 피하는 것이 좋을 것이다. 해외 시장에서 개별 주식을 고르는 것이 어렵다면 한 가지 대안은 좀 더 폭넓은 주식 바스켓에 투자할 수 있게 해주는 특정 국가(또는 특정 지역)의 ETF를 찾는 것이다.

앤서니 볼턴 별점 매기기

투자 성과: 1979년부터 2007년까지 볼턴의 펀드는 매년 6% 이상 시장을 이겼다. 짧게 끝난 중국 시장에 대한 투자는 훨씬 덜 성공적이었지만, 그럼에도 불구하고 여전히 그는 시장을 이겼다. (★★★★★)

투자 기간: 볼턴은 40년 넘게 펀드 매니저로 활동했다. (★★★★★)

영향력: 볼턴은 말년에 펀드 매니저로서 명성이 높았다. 하지만 그는 전체적으로 투자 세계에 큰 영향을 미치지는 못했다. (★★)

따라하기 난이도: 볼턴의 가치 투자 전략은 비교적 쉽게 따라할 수 있다. 하지만 그것은 엄청난 양의 리서치를 필요로 했다. 몇몇 예외를 제외하면, 보통의 투자자들이 회사에 영향력을 행사할 정도로 많은 주식을 갖고 있는 경우는 거의 없을 것이다. (★★)

전체 별점: 별 20개 만점에 별 14개

8장

앤서니 크로스

ANTHONY

CROSS

경제적 우위로 투자하기

—— 소형주 투자의 영웅

앤서니 크로스는 앤서니 볼턴의 유명세에 필적할 정도는 아니지만 볼턴과 마찬가지로 장기간에 걸쳐 비범한 실적을 쌓았다. 그의 투자 실적이 정말로 예외적인 이유는 그가 글락소스미스클라인GlaxoSmithKline[64]이나 디아지오Diageo[65]와 같은 대형 우량주 투자에서도 발군이었을 뿐만 아니라 수많은 소형주 투자에서도 많은 성공을 거두었기 때문이다. 특히 소형주로 거둔 그의 성공은 (월스트리트뿐만 아니라) 씨티가 특정 규모 이하의 기업은 피하는 경향이 있어 그를 더욱 독특한 투자자로 만들었다.

이러한 거부감은 부분적으로 펀드 매니저들이 소형주에 투자하는 것이 어렵다는 사실에 기인하는데, 그 회사들 중 일부는 펀드에 편입하기에는 단순히 너무 작기 때문이다. 펀드 매니저들은 특히 더 크고 더 잘 알려진 회사들에서 이용할 수 있는 엄청난 양의 정보와 비교하여, 소형주들에 관한 정보를 알아내기 위해 시간과 노력을 투입하는 것을 꺼린다. 또한 소형주 투자는 사기꾼이나 사기꾼으로 판명된 회사에 투자할 위험이 더 크다. 그럼에도 불구하고 크로스의 지속적인 성공은 소형주가 수익성 있는 섹터가 될 수 있다는 것을 보여주었다.

....
64 영국에 본사를 둔 글로벌 제약 회사.
65 영국의 글로벌 주류 기업. 조니워커, 기네스와 같은 브랜드를 갖고 있다.

정치에서 투자로

원래 앤서니 크로스는 정치 쪽에서 경력을 쌓는 데 관심이 있었다. 그는 영국 엑서터대학교에서 정치학 학위를 받았고 영국 보수당 지도부를 돕는 일을 했다.

그러나 그는 1990년대 존 메이저 John Major 행정부 말기에 일어난 갖가지 추문에 환멸을 느꼈고, 정치 경력이 그의 가족에게 미칠 충격을 의식하여—특히 그의 아내는 정치에 훨씬 덜 열정적이었다—은행 업무에 집중하기로 했다. 그의 결정에는 그가 16살이었을 때 영국 투자은행 워버그 Warburgs (오늘날에는 UBS의 일부)에 방문하여 영감을 받은 것이 부분적으로 영향을 끼쳤다.

처음에 크로스는 기업 금융 부서에서 일하는 것을 예상했다. 그러나 그를 면접 본 사람이 "면접을 중도에 중단하고 내 관심사가 펀드 운용 경력과 훨씬 더 잘 맞을 것 같다고 말해주었다"고 한다. 그는 그 면접관의 조언을 받아들여, 펀드 운용에 대해 조사했고 그것이 실제로 더 흥미로운 도전으로 보인다는 것을 알게 되었다.

아이러니하게도 정치에 대한 그의 관심이 슈로더 Schroders[66]에서 면접관을 설득하여 그에게 졸업자 팀의 한 자리를 주는 데 도움이 되었다. 크로스는 씨티에 들어간 친구들 중에서 경영이나 금융보다는 역사, 영문학, 심지어 여러 어문 학위를 받은 사람들이 의외로 많았다고 언급하며 "때때로 약간 다른 기술을 갖는 것이 장점이 될 수

....
66 영국 런던에 본사를 둔 자산 운용사.

있다"고 말했다.

7년 동안 크로스는 슈로더 사의 소형주 부서에서 일했는데, 이는 당시 그 섹터에서 선도적인 펀드 중 하나였으며 주로 연기금과 다른 금융 기관들을 포함하여 약 20억 파운드에 달하는 투자자들의 돈을 관리했다. 그는 슈로더에서 보낸 시간이 그에게 "다양한 섹터의 수많은 다른 회사들"을 엄청나게 분석하는 경험을 선사했다고 말했다. 그는 또한 그들의 '합리적인 가격에 성장주를 매수'하는 전략이 그의 투자 경력에 큰 영향을 미쳤다는 것에 동의한다.

── 전략을 갖고 투자에 임하다

그러나 1997년에 라이언트러스트Liontrust가 그들을 위해 소형주 펀드를 운영해 달라며 크로스에게 자리를 제안했다. 그는 자금을 운영하는 데 실질적인 경험을 쌓을 때가 왔다고 판단하여 이직했다.

그들의 조건 중 하나는 1998년 1월 영국소형주펀드UK Smaller Companies Fund를 출시하기 전에 그가 전략을 다듬는 데 몇 달을 보낸다는 것이었다. 이 사색의 기간 동안 그는 슈로더에서 일했던 방식을 돌아보고 대차대조표에 너무 초점을 맞추는 것과 같이 효과적이지 않다고 느꼈던 방식에 대해 생각해볼 수 있었다. 토머스 스튜어트 Thomas Stewart의 책 『지적 자본: 조직의 새로운 부Intellectual Capital: The New Wealth of Organizations』도 그에게 또 다른 중요한 영향을 미쳤는데, 이 책에서 스튜어트는 디지털 경제에서 지적 재산이 기업의 성공을 결정하는 데 훨씬 더 큰 역할을 할 것이라고 주장했다.

이후 24년 동안 크로스는 라이언트러스트에 남아 있었다. 많은 펀드 매니저들이 정기적으로 회사를 옮겨 다니는 증권업계에서는 비교적 드문 일이었지만, 크로스는 "성공적인 투자를 위해서는 위험을 감수하고 신념을 고수할 용기를 가져야 하기 때문에, 이 펀드에서 저 펀드로 뛰어다니기보다는 한곳에서 긴 실적을 쌓는 것이 더 용이한 일"이라며 라이언트러스트에 오랫동안 있었던 것이 자신에게 유리하게 작용했다고 말했다.

대신에 그는 2005년에 더 큰 규모의 기업들에 투자하는 라이언트러스트의 특수상황펀드를 설립하는 등 추가적인 책임을 떠맡았다. 그가 관여한 다른 펀드들로는 라이언트러스트 영국성장주펀드(2009년 3월 출시), 라이언트러스트 GF특수상황펀드(2012년 11월), 라이언트러스트 GF영국 성장주펀드(2014년 9월), 라이언트러스트 초소형주펀드(2016년 3월) 등이 있다.

그가 일을 시작했을 때, 크로스는 그의 펀드들을 단독으로 운영하면서 자신의 투자 아이디어를 면밀히 검토하는 방법을 배워야 했기 때문에 자신이 더 나은 투자자가 되었다고 느꼈다. 하지만 시간이 지나면서 그는 새로 충원된 공동 매니저들과 함께 점차 자신의 팀을 만들었다.

팀원을 고르는 데 있어서 그는 자신과 비슷한 본능을 가졌을 뿐만 아니라, 다른 경험과 배경을 갖고 있어 그의 능력을 보완할 수 있는 사람들을 찾았다. 그는 투자에서 팀 리더십의 핵심은 모든 사람이 집단적 결정을 내리기 전에 명확한 책임을 지는 것이며, 의사결정 후에는 "손가락질하거나 비난하지 않고" 팀원 모두가 책임을 지는 것이라고 생각했다.

── 경제적 우위를 가진 기업 발굴하기

앤서니 크로스는 그의 펀드 전반에 걸쳐 특정 산업 섹터나 거시경제 분석에 너무 많은 시간을 할애하기보다는 개별 기업의 강점에 초점을 맞춘 상향식[바텀업] 접근 방식을 취하고 있다.

특히 그와 그의 팀은 "경제적 우위"를 가진 기업, 즉 경쟁자가 쉽게 들어올 수 없는 진입 장벽이 있고 가격 결정력을 가진 기업들을 찾는다.

일반적으로 그의 모든 투자는 강력한 지적 재산권, 좋은 유통망, 그리고 많은 액수의 반복적인 수입을 제공하는 좋은 계약 관계 중 적어도 하나 이상을 가져야 한다. 또한 작은 기업[소형주]의 경우에는 사업 규모를 키울 수 있는 비즈니스 모델도 갖춰야 한다.

그러나 기업의 강력한 잠재력만으로는 그가 방아쇠를 당기기에는 충분하지 않고 가격 또한 합리적이어야 한다. 일반적으로, 그는 배당금, 잉여 현금 흐름, 주가수익비율[PER] 또는 주가매출비율[PSR]의 측면에서 그 기업이 시장 평균보다 저렴하길 바란다.

그는 작은 기업에 대해서는 조금 더 관대한 편이지만, 그들조차도 수익이 있는 단계에 있어야 한다. 그는 또한 이것이 효율성과 그들이 직면한 경쟁의 정도 모두를 측정하는 핵심 척도라고 믿기 때문에 기업이 벌어들이는 자본 수익(기본적으로 순자산과 운영 자금이 창출하는 돈의 양)에 많은 관심을 기울인다.

전반적으로 그는 "훌륭한 지적 자본을 가졌지만 이것에 대한 가격이 완전히 반영되지 않은" 기업들을 원한다.

앤서니 크로스도 기업의 경영진에 관심이 있다. 그는 보통 회사의 주식을 사기 전에 그 회사와 면대면으로 마주 앉을 뿐만 아니라, 경영자들이 회사의 주식을 상당 부분 소유하고 있는 회사를 좋아한다. 그의 관점에서 경영자들이 회사의 일부를 소유하는 것은 그들의 이익과 주주들의 이익을 일치시키는 것이다. 그것은 또한 그들이 예를 들어 과도한 액수의 돈을 빌리는 것을 피하는 등 경영에 있어 지속 가능한 방식으로 행동하도록 장려한다.

그가 장기간에 걸쳐 평균 이상의 비율로 수익을 올릴 수 있는 기업을 매수하라고 힘주어 말한 것을 고려할 때, 크로스가 그 기업의 주가가 급히 올랐다고 해서 즉시 팔지 않으리라는 것은 놀라운 일이 아니다. 대신 그는 보유 자산이 전체 펀드에서 너무 비싸졌거나 너무 커졌다고 느끼면 점진적으로 비중을 축소하는 것을 선호한다.

그럼에도 불구하고, 그는 기업의 진입 장벽이 낮아지거나 현금 창출력이 약화되는 등 경쟁 우위를 잃고 있다고 느낀다면 분명히 행동할 것이다.

—— 강력한 실적

크로스의 주요 펀드 3개가 모두 잘나갔다. 라이언트러스트 특수상황 펀드가 2005년 11월에 시작되었을 때 투자한 10,000파운드는 2022년 6월 현재 56,010파운드로 늘어났다. 그에 반해 FTSE 지수에 투자했다면 16,110파운드가 되었을 것이다. 그의 라이언트러스트 소형주 펀드는 절대적인 측면에서 더 뛰어난 실적을 거두었는데, 1998년 1월에 투자한 10,000파운드는 2022년 6월에 167,570파운드가 되어 연간 12% 이상의 수익률을 기록했다.

이는 FTSE 소형주 지수(투자 신탁 제외)가 같은 기간 동안 올린 연평균 9% 수익률보다 크게 높은 수준이었다. 2016년 3월 라이언트러스트 영국 초소형주 펀드에 투자한 10,000파운드는 2022년에는 22,670파운드가 되었다.

크로스는 자신의 성공에 안주하지 않았다. 라이언트러스트 특수상황펀드와 영국소형주펀드가 각각 49억9,000만 파운드와 12억8,000만 파운드의 자산으로 성장했음에도 불구하고, 이들 펀드들은 지난 5년 동안 계속해서 시장을 이겨왔다.

─── 복리의 성공

크로스가 지적 재산의 중요성에 대해 늘 강조한다는 점을 감안할 때, 여러분이 예상하는 바와 같이 그가 거둔 가장 큰 성공은 소형 기술주에 투자했는데 나중에 훨씬 더 큰 회사로 성장하거나 인수된 경우였다.

투자한 기업이 인수된 사례 중 하나는 데이터모니터^{Datamonitor}에 대한 투자였다. 2000년 11월 닷컴 버블이 끝날 무렵에 상장된 데이터모니터의 주가는 어느 순간 165펜스에서 27.5펜스로 급락했고, 크로스가 이를 인수할 때까지 "아직도 장부상 순현금의 가치보다 거의 더 높은 가격에 거래되고 있었다." 하지만 크로스는 시장 조사 및 데이터 분석 회사의 구독이 "다시 성장하기 시작하는" 가치 수익원을 제공한다는 것을 깨달았다.

많은 사람들이 주가가 이렇게까지 폭락한 회사에 투자하는 것은 너무 위험하다고 봤지만, 데이터모니터 사의 사업과 주가가 모두 회복되었기 때문에 회사의 미래에 대한 크로스의 믿음이 선견지명이었음이 입증되었다.

실제로 데이터모니터는 상장 당시의 원래 가치를 회복했을 뿐만 아니라 주가가 계속해서 상승했다. 결국 2007년 5월 데이터모니터가 경쟁사인 인포마Informa에 주당 650펜스로 인수되기 직전에 크로스는 자신의 펀드 지분을 주당 5파운드[67] 정도에 매각했다.

또 다른 성공적인 투자는 엔지니어링 회사 레니쇼Renishaw였다. 레니쇼는 크로스의 초기 투자처 중 하나였는데, 여전히 그는 그 회사의 주식을 보유하고 있다. 그는 레니쇼가 매우 작은 회사에서 26억 9,000만 파운드의 가치가 있는 기업으로 성장하여 FTSE 100(런던증권거래소의 100대 기업으로 구성된 지수)에 포함되기 직전까지 온 것을 지켜보았다.

현재의 시장 변동에도 불구하고, 회사의 주가는 지난 25년 동안 약 15배 올랐고, 이는 지불된 배당금을 제외하더라도 장기 복리 투자의 엄청난 가치를 보여주는 것이다.

....
67 1파운드pound는 100펜스pence이다.

—— **남들이 가지 않은 길로 가다**

앤서니 크로스의 성공은 두 가지 주요한 교훈을 준다.

1. 우선 그는 투자의 성공이 최신 유행을 이리저리 쫓아다니는 것보다는 질 좋은 회사에 대한 인내심 있는 투자에서 나온다고 생각한다.
2. 그는 또한 소형주 투자야말로 정말 훌륭한 펀드 매니저(또는 숙련된 개인 투자자)가 가치를 더할 수 있는 한 분야라고 생각한다.

두 번째 교훈이 중요한 이유 중 하나는 그러한 소형주들에 대한 정보가 훨씬 적기 때문이다. HSBC와 애플과 같은 대기업들은 그 모든 움직임을 추적하는 애널리스트와 전문가들이 엄청나게 많은 반면, 소형주 섹터를 다루는 애널리스트들은 그 수도 훨씬 적을 뿐만 아니라 경험 역시 적은 경향이 있다.

크로스는 좋은 투자는 지식의 문제이기도 하지만 또한 기질의 문제라고 생각한다. 실제로 그는 투자를 시작하기 전에 먼저 앉아서 전략을 세워야 하겠지만, 자신의 기질에 맞는 전략을 찾는 것도 이에 못지않게 중요하다고 생각한다.

일부 소수의 사람들은 자신에게 잘 맞는 단기 매매법을 찾을 수 있겠지만, 다른 사람들은 (크로스가 그랬듯이) 장기적인 복리 수익에 초점을 맞추는 것이 그들에게 최선임을 깨닫게 될 것이다.

또한 당신은 한번 투자하기로 한 기업에 대해서는, 그 관점을 계속 고수할 수 있는 자신감과 이전의 투자 관점을 흔드는 새로운 정보를 접하게 되었을 때 판단을 바꿀 수 있는 유연함 사이에서 균형을 잡아야 한다.

마지막으로, 당신이 본질적인 것에 집중하고 소음에 주의를 빼앗기지 않도록 중요한 정보만 뽑아낼 수 있는 능력도 중요하다.

앤서니 크로스 별점 매기기

투자 성과: 크로스가 관여한 모든 펀드는 시장을 이겼는데, 그의 소형주 펀드와 초소형주 펀드가 특히 선전한 덕분이었다. (★★★★)

투자 기간: 크로스는 거의 30년 동안 자금을 운용해오고 있다. (★★★★★)

영향력: 성공적인 투자 실적에도 불구하고, 그는 상대적으로 유명하지 않다. (★)

따라하기 난이도: 소형주와 초소형주에 투자하기 위해서는 리서치와 같은 약간의 노력이 필요하다. 그러나 이것은 거액의 자금을 투자해야만 하는 전문가들에 비해 이러한 제약이 전혀 없는 일반 투자자들이 우위에 있는[68] 한 분야임에는 틀림없다. (★★★★)

전체 별점: 별 20개 만점에 별 14개

---

[68] 거액을 운용해야 하는 펀드 매니저들은 시가총액 규모가 너무 작은 기업에 투자하기가 상대적으로 어렵다.

9장

필립 피셔

PHILIP

FISHER

성장주 투자의 창시자

—— 끝나지 않는 논쟁, 가치 투자냐 성장주 투자냐

앞서 살펴본 바와 같이, 가치 투자자들은 미래에 대해 확신하기 어렵다고 판단하기 때문에 이익과 배당, 순자산에 비해 저렴해 보이는 주식을 매수해야 한다고 믿는다. 이에 비해 성장주 투자자들은 기업의 진정한 가치를 판단하는 것이 불가능하며, 이익을 지속적으로 성장시킬 수 있는 양질의 기업을 선택하면 주가가 알아서 오를 것이라고 생각한다.

이 논쟁은 여전히 결론이 나지 않은 채로 있다. 가치 투자가 장기적으로 우위를 점할 수 있다는 증거들이 있지만, 성장주 투자가 훨씬 더 탁월했던 기간도 있었다. 실제로 지난 10년 동안 성장주 투자는 미국 시장과 글로벌 시장 모두에서 월등한 성과를 거두었다. 예를 들어, 뱅가드 성장주 지수는 뱅가드 가치주 지수를 매년 거의 3% 정도로 이겼다. 마찬가지로, 지난 10년 동안 MSCI 세계 성장주 지수는 MSCI 세계 가치주 지수를 약 2% 앞질렀다. 벤저민 그레이엄이 가치 투자를 떠받치는 지적 거목으로 간주된다면, 필립 피셔는 성장주 투자에 초점을 맞춘 최초의 사람 중 하나이다.

—— 전화위복이 된 경력 단절

1907년 샌프란시스코에서 태어난 피셔는 스탠퍼드대학교에서 경제학 학위를 받았다. 그는 새로 막 설립된 스탠퍼드 경영대학원에서 경영학 석사[MBA]를 시작했지만, 당시 붐이 일기 시작했던 주식 시장에 참여하기 위해 1년 만에 학교를 떠나버렸다. 아이러니컬하게도 나중에 투자자로서 성공을 거둔 후 1960~1962년에 피셔는 다시 MBA로 돌아오게 되는데, 이때 그가 학교로 오게 된 것은 경영학 석사 학생들에게 투자에 대한 강의를 하도록 초청되었기 때문이었다. 지역 은행의 분석 부서와 증권사에서 잠시 동안 일한 후, 그는 1931년에 자신의 투자 회사인 필립 피셔 앤 컴퍼니Philip Fisher & Company를 설립했고 그럭저럭 꽤 괜찮은 성공을 누렸다.

2차 세계 대전 중, 피셔는 미 육군 항공대(훗날 미 공군이 된다)에서 사무직 업무를 수행했다. 이것은 그의 투자 경력을 일시적으로 중단해야 한다는 것을 의미했지만, 그는 그것이 전화위복이라고 나중에 믿었다. 시간적인 여유가 충분했으므로 피셔는 자신의 성과를 분석하고 개선의 여지가 있는 부분을 확인할 수 있었다. 그는 그의 수익 대부분이 주식이 저렴할 때 사서 비쌀 때 팔려고 애쓰는 것보다는 그저 주식을 사서 보유하는 것에서 발생한다는 것을 깨달았다. 전쟁이 끝난 후 그는 투자 자문업으로 복귀했고 1999년에 은퇴할 때까지 계속 일했다. (그는 2004년에 사망했다). 소수의 핵심 고객들에게만 서비스를 제공하는 사모 펀드였기 때문에, 피셔는 그의 성과에 대한 어떠한 자료도 출판하지 않았다. 그러나 그는 일반적으로 그의 절정기에 약 5억 달러를 관리하며 매우 성공적인 투자자로 인정받았다. 그는 일련의 책들을 통해 투자업계에 막대한 영향을 미쳤는데, 특히 그의 베스트셀러인 1958년 저서 『위대한 기업에 투자하라Common Stocks and Uncommon Profit』가 유명하다. 그의 다른 투자서인 『보통주로 부자가 되는 길Paths to Wealth Through Common Stocks』(1960년)과 『보수적인 투자자는 마음이 편하다*Conservative Investors Sleep Well*』(1975년)도 성공적이었고, 워런 버핏을 비롯하여 다른 전설적인 투자자들이 그의 책을 종종 인용하곤 한다.

—— 빠르게 성장하는 기업 찾기

피셔는 "한 해 동안 매출과 이익이 산업 전체보다 훨씬 더 많이 성장할 수 있는 기업을 행운이나 뛰어난 감각으로 드물게 발견하는 사람들에게 가장 큰 투자 보상이 온다"고 믿었다. 실제로 이것은 막대한 성장 잠재력을 가지고 있으면서도 잘 운영되는 기업을 의미했다. 주식이 이 기준을 충족한다면 주가가 어떻게 움직이든 상관없이 보유할 가치가 있었다. 당신은 주가가 오르지 못하거나 또는 하락하는 기간을 기꺼이 참아야 한다. (실제로 피셔는 회사를 팔기 전에 최소 3년을 기다렸다). 반대로, 그는 단순히 가격이 올랐다는 이유로 현금화하고 싶은 유혹에 굴복해서는 안 된다고 믿었다.

피셔는 배당을 지속적으로 늘리는 기업을 좋아했지만, 수익률을 낮게 유지하고 이익을 회사에 재투자하는 기업을 더 선호했다. 그의 견해에 따르면, 이는 그들이 성장률을 높게 유지할 수 있게 해주었다. 그는 또한 투자자들이 연례 보고서의 양적 자료에 집중하는 시간을 줄이고, 그가 말하는 "소문*scuttlebutt*"에 더 많은 시간을 할애해야 한다고 주장했다. 이 "소문"은 기업의 경영, 운영, 제품의 질에 대한 질적 정보를 의미하는 것이지, '확실한 비밀 정보*hot tip*'나 내부 정보(어쨌든 이를 이용하는 것은 당연히 불법이다)를 의미하는 것이 아니었다.

실제로 그는 투자자들이 찾아야 할 15가지 주요 사항의 목록을 제시했다. 이것들은 전략strategy, 운영operation, 경영진management의 세 범주로 나눌 수 있다.

첫째, 기업은 장기간 지속적으로 성장할 수 있는 전략과 기존 시장이 성숙했을 때 새로운 시장으로 진출할 수 있는 전략을 갖춰야 했다. 또한 이익을 탄탄하게 낼 수 있어야 하고 경쟁과 인플레이션의 파괴로부터 이익을 보호할 수 있는 계획을 갖춰야 했다. 장기적으로 이익을 추구하는 접근 방식과 마찬가지로, 경쟁사보다 앞서나갈 수 있는 비교 우위(규모의 경제나 특허 등) 역시 매우 유용했다.

운영 측면에서 피셔는 기업의 두 가지 핵심 부분이 연구 개발 부서와 영업 인력이라고 느꼈다. 연구원들이 기업이 계속 성장할 수 있도록 해주는 제품을 개발할 것이기 때문이었다. 그러나 시장에서 거의 자동으로 판매될 만큼 뛰어난 제품이 극소수에 불과하다면, 이는 기업이 좋은 성과를 내기 위해서 영업 인력이 필요하다는 것을 의미했다. 피셔는 양호한 노사 관계도 중요하게 보았는데, 이 또한 노동력의 생산성을 유지하고 회사에 대한 충성도를 보장하며 운영에 방해가 될 수 있는 파업을 피하기 위한 필수적인 요소였다. 필요할 경우 추가로 돈을 빌릴 수 있는 능력을 포함한 강력한 비용 통제와 재무적 능력 역시 기업이 재정적으로 건전한 상태를 유지하도록 해줄 것이다.

마지막으로, 피셔는 투자자들에게 기업 경영진의 자질에 주의를 기울여야 한다고 조언했다. 여기에는 다양한 경영진 사이의 좋은 관계와 최고 경영자가 책임을 위임할 수 있는 강력한 팀이 포함되었다. 그는 또한 경영진이 정직한 방식으로 행동하는 것이 필수적이라고 생각했다. 있을 수 있는 적신호 중 하나는 경영진이 나쁜 뉴스를 투자자들에게 숨기려고 노력하는 것이다. 최소한 그러한 행동은 그들이 실패에 대해 준비가 되어 있지 않다는 것을 나타내고, 또한 그 자체로 문제가 된다. 그것은 또한 그들이 주주들에 대해 신경 쓰지 않는다는 것을 뜻한다.

── 텍사스 인스트루먼트와 모토롤라

피셔가 했던 최고의 투자 중 하나는 반도체 회사 텍사스 인스트루먼트Texas Instruments를 산 것이었다. 그는 1955년에 텍사스 인스트루먼트를 처음 매수했고, 1년 후인 1956년에 주요 주주이기도 했던 경영진이 상당량의 주식을 매각한 후에 더 많은 양을 샀다. 그는 반도체 산업이 거대한 성장 잠재력을 가지고 있고, 그렇기 때문에 텍사스 인스트루먼트가 계속해서 이익을 증대할 수 있을 것이라고 믿었다. 그는 그 회사가 운영되는 방식도 좋아했는데, 특히 연구 개발에 많은 노력을 기울이고 있으며 영업 조직을 강화할 계획을 가지고 있다는 사실을 좋아했다. 그는 또한 정부 및 군대와 관련된 강력한 전자 부문 사업을 회사가 갖고 있다는 사실을 좋아했다.

당시 많은 주식 중개인들은 고객들에게 텍사스 인스트루먼트가 이익 대비 약 20배 정도의 가격에 거래되고 있다며 너무 비싸다는 이유로 주식을 팔아야 한다고 권했다. 그들은 또한 기업의 임원들이 주식을 팔고 있고 더 큰 기업들이 시장에 진출할 수 있다는 사실에 대해 걱정했다. 그러나 피셔는 이러한 우려가 과장되었다고 생각했다. 그는 경영진이 다양한 정당한 이유로 주식을 매도하는 것에 주목했다. (그들은 순자산의 대부분이 회사에 투자되어 있었으므로 자산 분배의 다변화를 원했고 자녀들에게 물려줄 유산을 위한 계획을 세우고 싶어 했다). 그는 또한 텍사스 인스트루먼트의 최저 비용 생산자로서의 지위 덕분에 이 회사가 어떤 경쟁에도 잘 대처할 수 있을 것이라고 생각했다.

피셔는 텍사스 인스트루먼트에 투자했을 뿐만 아니라, 『위대한 기업에 투자하라』의 다양한 판본과 나중에 쓴 다른 저서에서 이 종목을 반드시 매수해야 하는 성장주의 한 예로 귀띔했다. 또한 그것은 그가 고객을 위해 관리하는 포트폴리오의 주요 부분이 될 것이었다. 그가 한 인터뷰에서 안타깝게 지적했듯이, 그의 주요 고객 중 한 명은 불행히도 텍사스 인스트루먼트 주식이 처음에 가격이 급등하자 나중에 주식을 더 싸게 다시 살 수 있을 것이라며 매도를 고집했다. 그러나 주가는 몇 년 후 결국 다시 하락하긴 했지만, 그 고객이 주식을 매도했던 가격에는 결코 도달하지 못했다.

주식을 들고 버티라는 피셔의 조언은 궁극적으로 옳았음이 입증되었다. 실제로 텍사스 인스트루먼트는 주가가 너무 많이 올라서 주식이 여러 차례에 걸쳐 분할되었다. (분할은 주식 하나당 가격을 적정하게 유지하기 위해 한 개의 주식을 두 개의 신주로 교환하는 것이다).[69] 피셔가 은퇴한 지 1년이 지난 2000년에 주가가 정점을 찍을 때까지 이

....
[69] 텍사스 인스트루먼트는 2대1 분할을 여러 차례 했으나 다른 기업들에서는 10대1이나 20대1 등 다양한 비율로 분할한다.

회사의 주가는 1956년 수준의 1,500배 이상 상승했다. 이는 1956년에 투자했던 사람들이 배당금 재투자를 하지 않았더라도 연간 18%의 수익을 얻었을 것임을 의미했다.

텍사스 인스트루먼트가 피셔식 전략의 강점을 보여준다면 모토롤라는 약점을 드러낸다. 피셔는 1955년부터 모토롤라 주식을 사들이기 시작했고, 2004년 사망할 때까지 주식을 대규모로 보유한 상태였다. 그는 처음에 다른 투자자로부터 모토롤라에 대해 들었지만, 모토롤라 공장을 방문해 경영진에게 깊은 인상을 받은 후에야 투자를 결정했다. 이것은 처음에는 대단히 성공적인 투자임이 입증되었다. 주식 시장이 20년 동안 7배 오른 것에 비해 모토롤라 주가는 20배나 올랐기 때문이다. 그러나 1980년대 이후부터는 시장에 약간 뒤처졌다. (하지만 기술주 거품이 한창일 때인 2000년에 매도했다면 성과가 좋았을 것이다).

── 모든 계절에 맞는 기업들

포트폴리오에 많은 변화를 줘야 할 필요도 없고 주가가 치솟는 것을 지켜보는 것 외에 다른 일을 할 필요 없이 그저 몇 년 동안 계속 보유할 수 있는 주식 포트폴리오라는 아이디어는 시간이 부족한 많은 투자자들에게 매력적이다. 피셔의 경력은 그러한 일군의 주식을 찾아내는 것이 가능하다는 것을 보여준다.

하지만 이런 컬렉션을 만드는 것은, 단순히 가장 많이 오른 주식들의 컬렉션이나 심지어 지난 1년 동안 매출이 크게 증가한 주식들의 컬렉션을 고르는 것보다 조금 더 복잡하고 시간도 많이 걸린다. 오히려 장기적인 관점에서 볼 때 매우 길고 상세한 분석이 필요하다. 따라서 '피셔 스타일의 성장주 투자'는 나중에 노력을 절약하기 위해 처음에 많은 시간 투자를 하고자 하는 사람들에게만 적합하다.

게다가 피셔가 운 좋게도 기술주 거품이 정점에 가까울 즈음에 자신의 경력을 마감했다는 사실에 주목하는 것도 중요하다. 사실 1999년에 모토롤라나 텍사스 인스트루먼트에 투자했던 투자자라면, 30년이 지난 지금도 여전히 손실 중일 것이다. 이것은 최고의 주식들조차도 너무 비싸질 수 있다는 것을 말해준다. 이와 비슷하게, 가장 혁신적인 회사들조차도 그들의 우위를 잃거나, 너무 커져서 통제할 수 없게 되거나, 새로운 기술에 의해 쓸모없게 될 수 있는 시대가 온다.

10년 동안 실적이 월등한 기업은 매우 드물기 때문에, 피셔는 포트폴리오에서 보유하고 있는 개별 주식의 가짓수를 제한하는 것이 옳다고 믿었다. 그는 포트폴리오의 다변화에 따른 몇 가지 이점이 있다는 것을 받아들였지만, 보유 주식의 종류가 많을수록 그 이점은 빠르게 줄어든다고 주장했다. 그는 또한 주식들을 여러 개의 다른 바구니에 넣을 때의 단점 중 하나가 "많은 계란들이 결국 정말 매력적인 바구니로 끝나지 않는다"는 것이라고 말했다.[70] 그것은 투자자들이 거의 알지 못하는 회사에 돈을 투자한다는 것을 의미하기도 했다.

....

70 계란을 한 바구니에 담지 말라는 주식의 격언을 뒤집는 이야기로, 포트폴리오가 더 많이 분산될수록 그것이 모두 성공할 가능성은 그만큼 낮아진다는 뜻이다.

피셔는 만약 매수하고자 하는 기업이 동일한 산업에 종사하지 않고 여러 개의 사업을 영위한다면(사업의 한 부문이 1년 동안 좋지 않은 경우에도 기업 전체로는 여전히 돈을 벌 수 있도록 해준다고 할 때), 각기 다른 대기업을 5개까지는 보유해도 된다고 주장했다. (대신 각각의 투자를 포트폴리오의 5분의 1로 제한). 또한 더 작고 변동성이 큰 기업들, 즉 성장 초기 단계에 있는 기업들의 경우에는 10개의 회사까지는 보유하는 것이 괜찮다고 보았다. 하지만 그는 어떤 경우에도 투자자들이 한 번에 25개 이상의 기업 주식을 소유하는 것은 무의미할 뿐만 아니라 역효과를 낼 수 있다고 느꼈다.

이런 관점은 다소 극단적으로 보일 수 있다. 실제로 주식을 5개 이상 보유하면 안 된다고 주장하는 사람은 거의 없다. 그러나 포트폴리오의 다변화를 더 많이 할수록 그 이점이 급격히 감소한다는 것이 입증되었다. 에드윈 엘턴Edwin Elton과 마틴 그루버Martin Gruber에 의한 1977년의 유명한 연구[71]는 미국 주식 한 개의 평균 표준편차가 49.3%라는 것을 발견했다. 이는 거의 3분의 1의 확률로 그 가치가 절반 이상 오르거나 내리거나 할 수 있다는 것을 의미한다. 포트폴리오를 10개 주식으로 늘리면 이 비율을 절반인 24%로 줄일 수 있다. 그러나 20개의 주식으로 구성된 포트폴리오는 여전히 21.2%의 표준편차를 가지고 있을 것이고, 1,000개의 주식을 가지고 있어도 위험을 21.7%에서 19.2%로만 줄일 수 있을 것이다.

....
71 『현대 포트폴리오 이론과 투자 분석Modern Portfolio Theory and Investment Analysis』.

필립 피셔 별점 매기기

투자 성과: 필립 피셔는 실제로 공개된 펀드를 운영하지 않았기 때문에 그의 실적에 대한 기록이 남아 있지 않다. 그러나 대체적인 의견은 그가 그의 고객들에게 많은 돈을 벌어다 줬다는 것이다. (★★★★)

투자 기간: 피셔는 수십 년 동안 시장에서 활동했다. (★★★★★)

영향력: 피셔는 성장주 투자라는 개념을 창안한 것으로 평가받고 있다. 심지어 워런 버핏과 같은 수많은 가치 투자자들도 피셔가 자신들에게 엄청난 영향을 끼쳤다고 말한다. (★★★★★)

따라하기 난이도: 필립 피셔의 투자 아이디어는 수십 년간 평균 이상의 수익을 낼 기업을 찾아내는 것이다. 이 아이디어의 핵심은 포트폴리오를 구성하는 데 약간의 리서치가 필요하지만, 일단 포트폴리오가 완성되면 최소한의 유지 관리만 하면 된다는 것이다. (★★)

전체 별점: 별 20개 만점에 별 17개

10장

T. 로우 프라이스

T. ROWE

PRICE

실용주의적인 성장주 투자자

—— 가치와 성장을 함께 보다

필립 피셔는 가장 순수한 (또는 가장 극단적인) 성장주 투자를 대표한다. 즉 가격에 상관없이 훌륭한 회사의 주식을 사고 그저 계속 보유하기만 하면 된다. 하지만 이전 장에서 논의된 바와 같이, 이러한 접근법에는 몇 가지 문제점이 있다. 가장 큰 문제는 몇 안 되는 기업만이 상당 기간 동안 성장을 유지할 수 있다는 것이다. 실제로, 일리노이대학교의 루이스 챈Louis Chan이 2003년에 수행한 연구에 따르면, 1951년부터 2008년까지 상장된 미국 기업의 단 6.3%만이 5년 연속 중간 이상의 매출 성장을 유지할 수 있었으며, 1% 미만의 회사만이 10년 동안 그러한 성장을 할 수 있었다.

비록 기업들이 계속해서 시장을 뛰어넘는 성과를 보여줄지라도, 투자자들이 밀레니엄 전환기 무렵 기술주 거품의 정점에서 배운 것처럼 그들의 주가는 단순히 너무 높아질 수 있다. 그 결과, 오늘날 대부분의 성장주 투자자들은 T. 로우 프라이스의 예를 따르려고 한다. 프라이스는 피셔와 동시대 인물이었지만, 보다 실용주의적인 성장주 투자 학파를 대표했으며, 더 즉각적인 관점을 취하고 주식 선정 과정에서 배당이나 가치 평가의 역할을 완전히 배제하지 않았다. 또한 그의 성장주 투자 방식은 주식을 매도하기에 적절한 시점이 언제인지 판단하는 것에 큰 중점을 두었다.

——— 화학자에서 펀드 매니저로

토머스 로우 프라이스 2세는 1898년 메릴랜드 볼티모어^{Baltimore} 근처에서 태어났다. 지역 의사의 아들인 프라이스는 스와스모어대학교^{Swarthmore College}에서 화학 학위를 받았다. 그러나 듀폰^{DuPont}에서 산업 화학자로 몇 년간 일한 후, 그는 경력을 바꾸어 맥커빈 굿리치 앤 컴퍼니^{Mackubin, Goodrich and Company}(지금의 레그 메이슨^{Legg Mason})에서 주식 중개인이 되었다. 그는 투자하는 것을 즐겼지만, 그가 실행한 거래의 횟수에 기반해 수수료를 지불받는 중개업 모델은 그의 이해관계가 고객들의 이해관계와 완전히 일치하지 않는다고 느꼈다.

1937년 그는 동료 매니저인 찰스 쉐퍼^{Charles Shaeffer}와 월터 키드^{Walter Kidd}와 함께 자신의 자산 관리 회사인 프라이스 어소시에이츠^{Price Associates}를 시작하기로 결정했다. 이는 이제 그가 관리하는 자산의 일정 비율을 운용 보수로 지급받게 되어 훨씬 더 객관적인 조언을 제공할 수 있게 되었음을 의미했다. 실제로, 그가 가장 좋아하는 말 중 하나이며, 지금도 프라이스 어소시에이츠(지금은 'T. 로우 프라이스' 사로 변경되었다) 웹사이트에서 인용하는 그의 말은 "만약 우리가 고객을 위해 잘한다면, 우리 역시 보살핌을 받을 것이다"이다. 그는 또한 『배런스^{Barron's}』지에 투자에 관한 일련의 글을 기고했고, 이것들은 1939년에 『성장주 고르기^{Picking Growth Stocks}』라는 제목의 팸플릿으로 출판되었다.

프라이스 어소시에이츠 사가 고객에게 성공적으로 수익을 안겨주는 동안, 프라이스는 1950년에 T. 로우 프라이스 성장주 펀드^{T.}

Rowe Price Growth Stock Fund를 설립하기로 결정했다. 최초의 뮤추얼 펀드 중 하나인 이 펀드는 처음에는 기존 고객들의 자녀를 위한 투자 펀드를 설립할 목적으로 만들어졌다. 신규 자금에 대해 초기 판매 수수료(일명 '부담금')를 부과하지 않기로 한 그의 결정은 특히 1960년대 성장주 투자가 유행했을 때 이 펀드를 매우 인기 있게 만들었다. 1960년에 프라이스 어소시에이츠는 뉴 호라이즌스 펀드New Horizons Fund를 출시했는데, 이는 주로 더 작고 위험성이 높은 성장주 기업들에 초점을 맞춘 것이었다.

그러나 시장이 상승함에 따라 프라이스는 성장주들이 고평가되었다는 우려를 점점 더 가지게 되었으며, 특히 인플레이션이 일어나는 것을 감안할 때 더욱 그렇다고 생각했다. 그 결과, 그는 공개적으로 시장에 대해 경고하기 시작했으며, 그의 경고는 『투자자들을 위한 새로운 시대The New Era for Investors』라는 팸플릿에서 최고조에 이르렀다. 그는 이 팸플릿에서 투자자들이 천연자원 주식으로 갈아타고, 금과 부동산 같은 전통적인 인플레이션 헤지 투자처로 넘어가야 한다고 주장했다. 그의 회사는 결국 프라이스의 조언을 따라 1969년에 금과 에너지 주식에 투자하는 뉴 에라 펀드New Era Fund를 설립하긴 했지만, 이미 그는 시장의 과도함에 너무 환멸을 느껴 1966년에 은퇴했으며, 4년 후에는 자신이 창립한 회사의 모든 주식을 팔았다.

1970년부터 1983년 사망할 때까지 프라이스는 가족과 친구들의 포트폴리오를 관리하며 시장에 남아 있었다. 또한 그는 시장 상황에 대해 종종 언론에 코멘트를 하기도 했다.

성장을 추구하지만 아무 가격에서나 매수하지 않는다

T. 로우 프라이스의 주식 선정 및 접근 방식은 다른 전설적인 성장주 투자자인 필립 피셔의 방식과 많은 유사점을 가지고 있다. 두 사람 모두 주식 시장에서 돈을 벌 최선의 방법은 적어도 단기 및 중기적으로 이익을 증가시킬 수 있는 기업에 투자하는 것이라고 믿었다. 프라이스 역시 기술적 우위, 적은 경쟁, 규제로부터의 안전, 그리고 낮은 노동 비용을 가진 기업을 선호했다. 마찬가지로, 그는 열악한 경영과 시장 포화가 기업의 지속적인 성장에 큰 위협이 될 수 있으며, 투자자가 매도를 고려해야 하는 사인이 될 수 있다고 생각했다.

그러나 피셔가 개별 기업을 파고드는 바텀업 접근법에 매우 집중한 반면, 프라이스는 그들이 속한 산업에 초점을 맞추어야 한다고 느꼈다. 결과적으로, 그는 경제에서 빠르게 성장하는 섹터의 기업들을 주로 찾았다. 그는 이런 것들이 완전히 새로운 섹터일 수도 있고, 다른 곳에서의 새로운 발명이나 발전으로 인해 새로운 생명을 얻은 산업일 수도 있다고 믿었지만, 새로운 분야로 확장하는 전문 기업들도 고려해볼 가치가 있다고 인정했다. 그 결과 그는 종종 같은 산업에 속한 여러 회사들의 주식을 매수하기도 했다.

프라이스는 장기 예측에 대해서도 회의적이었으므로, 먼 미래에 무슨 일이 일어날지는 알 수 없다고 주장했다. 그래서 그는 자신의 포트폴리오에 있는 기업들이 최근까지 강력한 이익 성장을 보인 실적이 있기를 원했다. 그는 경제 주기로 인해 매년 실적이 달라질 수 있다는 걸 인정하긴 했지만, 그래도 이익이 상승 추세를 보여야 한다고 말했다. 그가 『성장주 고르기』에서 인용한 경험 법칙 중 하나는 최근 5년간의 평균 이익이 그 이전 5년간에 비해 50% 높아야 한다는 것이었다.

그가 면밀히 추종하던 다른 지표는 투자 자본 이익률return on invested capital이었다. 그는 투자 자본에 대한 높은 이익률이 시장에서의 지배적 위치를 나타내거나, 적어도 기업이 자본을 효율적으로 사용하고 있다는 것을 의미한다고 주장했다. 그러나 투자 자본 이익률이 감소하기 시작하면, 이는 기업에 가해지는 경쟁 압력이 증가했다는 것을 뜻한다. 이론적으로 경쟁이 심할수록 자본 비용 대비 이익이 감소하기 때문이다. 이는 또한 기업이 비생산적인 투자를 함으로써 인위적으로 성장을 부풀리고 있으며, 그 비용을 충당하지 못할 수도 있다는 것을 나타낼 수도 있다.

프라이스는 또한 "보통주를 매수하는 투자자들의 주요 목표 중 하나가 소득을 얻는 것"이라고 생각했으며, 성장주도 예외가 아니라고 보았다. 그 결과, 그가 생각하는 이상적인 기업은 정기적으로 배당금을 증가시키거나, 미래에 그렇게 할 합당한 가능성이 있는 곳들이었다. 프라이스는 배당금 지급이 특히 빠르게 성장하는 기업들에게 더 문제가 될 수 있으며, 상장한 지 얼마 되지 않은 기업들은 아예 배당을 할 수 없는 경우도 있음을 인정했다. 그러나 그는 적어도 기업들이 가까운 미래에 어떤 형태로든 배당금을 지급할 계획을 가지고 있어야 한다고 생각했고 그렇지 않은 기업은 투자할 가치가 없다고 느꼈다.

프라이스가 피셔와 가장 크게 이견을 보인 부분은 투자 결정에 있어 가치 평가가 중요한 역할을 한다[72]는 그의 믿음이었다. 피셔의 "어떤 대가를 치르더라도 성장 우선" 전략과는 대조적으로, 프라이스는 최고의 기업들도 어느 정도 수준까지 오르면 기대치를 충족하기 어려울 것이라고 느꼈다. 주식 가치 평가에 있어서 확고한 공식은 없었지만, 그는 매우 낮은 이익률을 보이는 기업들(예를 들어 높은 주가수익비율, 즉 고PER)은 투자하기 좋지 않다고 생각했다. 이는 특히 금리가 높을 때 더욱 그러했다.

── 견고한 실적 기록

T. 로우 프라이스의 주요 펀드인 성장주 펀드는 운영 초기 20년 동안 좋은 성과를 거두었다. 실제로 1950년부터 1972년 말(그가 회사와 모든 관계를 끊은 지 2년 후가 되는 시점)까지 이 펀드에 1만 달러를 투자했다면 그 금액은 22만8,370달러로 불어났을 것이고, 이는 연평균 14.5%의 수익률을 의미한다. 시장도 이 기간 동안 강력하게 성장했지만, 시장에 동일한 금액을 투자했다면 17만9,200달러가 되었을 것이다. (연평균 13.4%의 수익률). 프라이스의 대단한 성과로 인해, 그가 펀드 운용에서 물러난 1966년에 그의 회사는 약 15억 달러(2015년 가치로 115억 달러)의 자산을 관리하고 있었다.

프라이스는 특정 고객의 개인 계좌를 관리할 때 더욱 뛰어난 성과를 보였다. 실제로 그가 1934년부터 1972년 말까지 관리한 한 가

....
72 기업이 아무리 좋은 성장세를 보여도 투자에 있어서는 가격이 싸냐 비싸냐가 중요하다는 뜻이다.

족 계좌의 주식 포트폴리오는 연평균 16%의 실적(세금 제외)을 기록했는데, 이는 동일 기간 동안 연평균 11.4%의 수익률에 그쳤던 시장 전체보다 현저하게 더 좋은 성과였다. 프라이스는 1972년 이후의 실적에 대한 구체적인 수치를 제공하지 않았지만, 그가 성장주를 버리고 금과 에너지 기업에 투자했다가 1974년의 붕괴[73] 이후 다시 성장주 투자로 돌아온 결정은 그에게 많은 돈을 벌어다 주었다.

—— 고공비행하는 주식들

프라이스가 성장주 투자에서 얻은 수익을 설명할 때 종종 사용한 예는 1930년대 중반 항공기 제조업에 대한 그의 투자였다. 1934년 초그는 항공업이 빠르게 성장하는 섹터이며, 민간 차원의 수요 증가뿐만 아니라 세계적인 군비 재확장으로 인해 수혜를 입을 것으로 생각했으며, 이는 결국 2차 세계 대전으로 이어지는 길이 될 것임을 증명했다. 그래서 그는 자신이 운용하던 계좌를 통해 커티스 라이트Curtiss-Wright, 더글러스 에어크래프트Douglas Aircraft, 노스 아메리칸 에비에이션North American Aviation, 스페리 코퍼레이션Sperry Corporation, 그리고 유나이티드 에어크래프트 앤 트랜스포트United Aircraft and Transport의 주식을 매수했다.

....
73 오일 쇼크와 높은 인플레이션에 대응한 연방준비제도의 통화 긴축이 경기 침체를 촉발하였고, 이로 인해 주식 시장이 길고 험한 약세장에 돌입했다. 1974년 당시 미국 S&P 500 지수는 사상 최고치 대비 약 50% 폭락했다.

프라이스는 이 기업들이 해당 분야에서 선도적인 회사라고 생각했기 때문에 이 특정 기업들을 골랐다. 그는 특히 튼튼한 재무제표(문제가 생겼을 때 버텨낼 수 있다), 가치 있는 특허(경쟁사들에 비해 우위를 점할 수 있게 해준다), 그리고 풍부한 경험에 깊은 인상을 받았다. 5년 후 (유나이티드 에어크래프트 앤 트랜스포트가 별도의 회사로 분할된 사실을 감안해 조정하면) 이 다섯 기업의 주가는 평균 332% 상승했다. (프라이스가 각 기업을 매수한 주식 수에 따른 증가분에 가중치를 두면 325%이다). 반면에 같은 기간 동안 다우존스 지수는 53%만 상승했으며, 심지어 성숙한 시장인 철도 섹터의 주식들은 하락했다.

프라이스에게 매우 수익성이 높았던 또 다른 주식은 IBM이었다. IBM은 그의 성장주 펀드가 1950년에 설립된 후 처음으로 투자한 회사 중 하나였다. 그는 은퇴할 때까지 포트폴리오에 IBM 주식을 계속 보유했는데, 이는 1950~1960년대에 빠르게 성장한 컴퓨터 메인프레임 분야에서의 IBM의 시장 지배력 덕분에 그의 펀드가 수혜를 입었다는 것을 의미한다. 그러나 그가 은퇴한 후에 성장주 펀드는 이 컴퓨터 회사에 너무 집착하게 되었고, 1980년대 내내 IBM이 문제를 겪는 동안에도 계속해서 그것을 보유하고 있었다.[74]

....
74 IBM은 1980년대 퍼스널 컴퓨터(PC) 시대의 시장 변화를 따라가지 못해 1993년 대규모 적자를 기록하며 파산 위기에 몰리기도 했다.

—— 투자자들을 위한 다른 교훈들

프라이스는 어떤 기업을 사야 하는지에 대한 조언뿐만 아니라, 어떻게 사야(팔아야) 하는지에 대해서도 많은 이야기를 했다. 그는 주식을 한 번에 전량 매수하는 대신, 오랜 기간에 걸쳐서 점진적으로 분할 매수했고, 주식이 너무 비싸지거나 더 이상 매력적인 투자 대상이 아니라고 확신하게 만드는 일이 생기면 매수를 중단했다. 이는 그가 모든 자본을 투입하기 전에 회사가 어떻게 운영되고 있는지를 모니터링할 수 있게 해주었다. 분할 매수는 또한 단기적인 가격 변동의 충격을 줄여주었다.

프라이스는 주식을 매도할 때도 비슷한 방식을 취했다. 회사의 주가가 그가 주식 한 주를 사기 위해 지불할 의향이 있는 최대 가격 수준보다 30% 상승하면, 프라이스는 그 회사 주식의 상당 부분을 매도했다. 나머지 보유 주식도 가치가 10%씩 더 상승할 때마다 점진적으로 매도했다. 이 방법은 그가 즉시 전량 매도했다면 얻지 못했을 추가 상승분의 이득을 취할 수 있게 해주었고, 주식이 너무 비싸진 후에도 계속 주식을 붙들고 있으려는 유혹을 견디게 해주었다.

전반적으로 프라이스는 투자자들에게 일관성과 유연성 사이에서 균형을 맞추는 것이 중요하다는 것을 가르쳐준다. 전략을 자주 바꾸는 것은 성공으로 이끌지 못한다는 것이 분명하다. (무엇보다 거래 비용이 많이 들기 때문이다). 하지만 최고의 전략도 상황 변화를 고려해야 한다. (프라이스의 경우에는 1960년대 말 시장의 지나친 고평가였다). 전문 투자자들은 과거의 명성이나 고객과 고용주의 요구 때문에 이런 저런 제약을 받을 수 있지만, 자신의 계좌만을 관리하는 사람들은 그런 제약이 훨씬 적다.

T. 로우 프라이스 별점 매기기

투자 성과: T. 로우 프라이스의 공모 펀드는 시장을 간신히 앞섰지만, 이 정도의 성과로도 그의 회사를 대단히 큰 규모로 키워나가기엔 충분했다. 그러나 그의 개인 고객을 위한 계좌는 훨씬 더 좋은 성과를 보였다. (★★★★)

투자 기간: 프라이스는 40년이 넘는 기간 동안 시장에서 활동했다. (★★★★★)

영향력: 필립 피셔와 마찬가지로, 프라이스는 성장주 투자를 주요 투자 전략으로 발전시키는 데 대단히 중요한 역할을 했다. (★★★★)

따라하기 난이도: 프라이스의 성장주 투자에 대한 더 실용적인 접근 방식은 피셔의 방식보다 약간 더 많은 노력을 필요로 한다. 왜냐하면 더 자주 사고팔고 해야 하기 때문이다. 프라이스의 방식을 따르고자 하는 투자자들은 해당 기업이 얼마나 비싼지를 평가해야 할 뿐만 아니라 해당 산업의 전반적인 조건도 고려해야 할 것이다. (★★★)

전체 별점: 별 20개 만점에 별 16개

11장

피터 린치

PETER

LYNCH

월스트리트를 이긴 남자

투자의 전설

필립 피셔와 T. 로우 프라이스는 둘 다 초창기 성장주 투자의 규칙을 정립하는 데 크게 기여했다. 그러나 피터 린치는 성장주 투자에 새로운 변화를 줬다. 펀드 매니저로서 그는 13년 동안 엄청난 수익률을 달성했으며, 상대적으로 작은 규모의 뮤추얼 펀드를 거대한 자산으로 변모시켰다. 저자로서 그는 투자에 관한 매우 성공적인 책 두 권을 썼고, 수백만 명의 사람들이 직접 주식 시장에 투자하도록 독려했다. 실제로 개인 투자자들이 전문가들을 능가할 수 있으며, "당신이 아는 것을 사라"는 그의 아이디어는 1990년대 동안 일어난 투자에 대한 대중적 관심의 분출로 이어졌다고 평가받고 있다.

물론, 주식 가격이 상승할 때 월스트리트의 대중적 상징이 되는 것은 멋진 일이지만, 주가가 하락할 때는 그렇게 좋은 일이 아니다. 1999~2000년 기술주 거품이 극에 달한 강세장이 정점을 찍은 후 붕괴되었을 때, 이미 오래전에 은퇴했던 피터 린치는 많은 비난을 받았다. 실제로, 최근 인터뷰들에서 그는 자신의 메시지를 더 극단적으로 변형하고 단순화한 버전과의 연관성을 여러 번 부인하려고 노력해왔다. 그럼에도 불구하고, 그는 누구도 부정할 수 없는 투자의 전설이며, 그의 투자 스타일이 보이는 것보다 실제로 더 복잡했음에도 불구하고 평균적인 투자자에게 많은 교훈을 준 인물이다.

골프 캐디에서 펀드 매니저로

1944년에 태어난 피터 린치는 보스턴 근처에서 자랐다. 그는 골프 클럽에서 캐디로 일하면서 고객들이 다양한 회사에 대해 논의하는 것을 듣고 투자에 관심을 가지게 되었다. 실제로 린치가 골프 코스에서 들은 주식 팁 중 하나인 화물 항공사 플라잉 타이거 라인Flying Tiger Line 은 그에게 너무 좋은 수익을 안겨다주어 보스턴칼리지Boston College 에서의 학업과 와튼Wharton 에서의 대학원 비용을 상당 부분 충당하는 데 도움이 되었다. (아이러니하게도 그의 첫 학위 비용의 큰 부분은 이미 골프 장학금으로 지불했다).

뮤추얼 펀드 기업인 피델리티Fidelity 의 회장 조지 설리번George Sullivan 의 캐디로 일한 인연 덕분에, 피터 린치는 1966년에 피델리티에서 일할 수 있는 탐나는 인턴 자리를 얻을 수 있었다. 이 여름 인턴 일은 와튼에서 공부를 마치고 미 육군에서 잠시 복무한 후, 1969년에 피델리티에서 애널리스트로 고용되는 데까지 이어졌다. 린치의 첫 출발은 행운에 가까웠지만 그 이후 그는 차근차근 승진해서 1974년에 피델리티의 리서치 책임자가 되었다. 그리고 1979년에는 상대적으로 작은 규모의 마젤란 뮤추얼 펀드Magellan mutual fund 의 책임자로 임명되었다.

이후 린치는 1990년에 은퇴할 때까지 13년 넘게 마젤란 펀드를 관리했다. 동시에, 그는 코닥Kodak , 포드Ford , 이튼Eaton 과 같은 몇몇 대기업의 연금 펀드도 관리했다. 직접 돈을 운용하는 일에서 물러난 후에도, 린치는 계속해서 피델리티에 조언을 제공했을 뿐만 아니라 존경받는 금융평론가가 되었다. 또한 그는 『전설로 떠나는 월가의 영웅One Up on Wall Street』(1989년 초판 출간), 『피터 린치의 이기는 투자 Beating the Street』(1993년 초판 출간), 『피터 린치의 투자 이야기Learn to Earn』(1995년) 등 투자에 관한 일련의 책을 썼다.

── 상향식 투자

피터 린치는 자신의 책 『피터 린치의 이기는 투자』에서 주식 시장을 여섯 그룹으로 나누었다. 성숙한 저성장 기업, 신뢰할 수 있는 블루칩 기업, 경제를 따라가는 경기순환주[75], 빠르게 성장하는 기업, 실적이 회복되는 턴어라운드 기업, 숨겨진 자산을 가진 기업. 이 여섯 그룹 중에서, 그는 성장 잠재력을 이미 다 소진한 저성장 기업은 피했다. 만약 기업이 아직 갈 길이 더 남아 있다고 느낀다면 그는 약간의 블루칩 주식을 사기도 할 것이다. 그리고 충분히 매력적인 기회가 온다면 가끔 자산주도 살 것이다. 하지만 그의 포트폴리오의 대부분은 두 가지 전략에 전념했다. 그가 시장의 기대보다 더 잘하고 있다고 느낀 산업에 대한 '테마적' 플레이와 개별 기업에 대한 베팅이다.

피터 린치는 특정 산업에 투자할 때 관련 기업들을 넓게 분산하여 매수하는 경향이 있었다. 이로 인해 그의 포트폴리오에는 자주 많은 수의 개별 주식이 들어 있었지만, 모두 비슷한 사업 분야에 속해

....
75 경기민감주cyclical stock라고 하기도 한다. 우리나라로 치면 반도체, 석유화학, 철강, 조선 등이 대표적인 경기순환주이다.

있었기 때문에 포트폴리오는 여전히 액티브하게 투자되고 있다고 할수 있었다. 따라서 그의 포트폴리오는 단순히 전체 시장을 따르는 클로젯 인덱스 펀드[76]처럼 움직이지 않았다. 비슷한 종류의 여러 기업들에 돈을 쪼개서 베팅했기 때문에, 그는 개별 기업에 투자할 수 있는 자신의 포트폴리오 비율의 규제를 위반하지 않고도 점점 더 많은 돈을 투자할 수 있었다. (또한 그가 소유할 수 있는 각 개별 기업의 지분 비율에 대한 규제도 마찬가지로 위반하지 않을 수 있었다).

린치의 포트폴리오의 다른 절반은, 그가 가장 관심을 가졌던 분야로서, 그 기업들이 속한 산업과는 무관하게 특별히 잘 운영되고 있다고 생각하는 회사들에 대한 상향식[바텀업] 투자였다. 실제로 그는 개별 기업의 펀더멘털이 충분히 강하다고 생각되면, 성장이 더디고 정체된 산업이나 심지어 몇몇 경우에는 쇠퇴하는 산업에 투자하는 것도 마다하지 않았다. 그는 단지 '핫한' 섹터만을 보고 개별 기업의 질을 살피지 않는 투자자들은 실망할 위험이 있다고 경고했다. 그런 기업들은 비현실적인 기대에 시달렸을 뿐만 아니라, 경쟁자에 추월당하기 쉬웠다.

이상적인 관점에서 린치는 자신의 바텀업 투자처가 합리적인 재무 상태를 갖추고 있길 원했으며, 부채도 너무 과중하지 않고, 기업의 성장세에 걸맞은 주가수익비율[PER]을 가지고 있길 바랐다. 그

....

76 클로젯 인덱스 펀드closet index fund는 주로 액티브 펀드로 홍보되지만 실제로는 벤치마크 인덱스를 매우 밀접하게 따르는 펀드를 말한다. 따라서 액티브 펀드의 특징인 높은 수수료에도 불구하고 패시브 펀드인 인덱스 펀드와 유사한 성과를 보인다.

러나 그는 기업의 재무나 가치 평가에 너무 많은 시간을 들이는 것은 역효과가 될 수 있다고 믿었다. 우선 그는 비싸지만 빠르게 성장하는 회사가 더 저렴하지만 성장이 더딘 회사보다 항상 더 잘할 것이라고 믿었다. 마찬가지로, 그리고 더 중요하게는, 최고의 재무 비율도 결국 과거를 돌아보는 것이고, 투자자에게 과거에 무슨 일이 있었는지 알려주긴 해도 미래에 대한 통찰은 거의 제공하지 않는다고 생각했다.

그 결과, 린치는 기업의 "스토리"를 평가하는 데 더 많은 초점을 맞췄다. 스토리는 그가 경영진의 기술과 기업이 판매하는 제품의 품질을 의미하는 용어였다. 이런 작업의 일부는 전통적인 펀드 매니저의 방식으로 경영진과 직접 대화를 통해, 자신들의 회사뿐만 아니라, 그들이 가장 두려워하는 경쟁사에 대해서도 알아가는 것이었다. 하지만 대부분의 라이벌 펀드 매니저들과 달리, 린치는 좀 더 실질적인 리서치를 하고 싶어 했다. 일반 대중에게 제품을 직접 판매하는 기업들의 경우, 린치는 그들의 사업장을 직접 방문하고 심지어 제품을 직접 사용해보았다. (또는 그의 가족과 친구들에게 이를 시키기도 했다).

—— 강세장을 앞지르다

린치는 운 좋게도 주식 시장이 호황을 누리던 시기에 활동했으며, S&P 500 지수는 1977년 5월 말 96에서 정확히 13년 후에 361로 올랐다. 이를 감안한다 하더라도 그의 성과는 더욱 뛰어나 독보적이었다. 1977년 린치가 마젤란 펀드를 맡았을 때 1,000달러를 투자했다면, 24년 후 그가 은퇴했을 때 그 돈은 28,000달러가 되었을 것이다.

연간 수익률은 거의 30%에 달했다. 따라서 투자자들이 그의 펀드에 돈을 투자하기 위해 앞다투어 몰려왔고, 펀드의 운용 자산이 1,800만 달러에서 120억 달러로 증가한 일은 그리 놀랄 일도 아닐 것이다.

마젤란 펀드의 수익률은 초기에 더 높았기 때문에, 나중에 펀드로 몰려들던 투자자들은 그만큼 좋은 성과를 보지 못했다. 하지만 전반적으로 마젤란 펀드는 지속적인 성공을 거뒀으며, 13년 중 11년 동안 주식 시장을 이겼다. 아마도 린치가 받은 가장 큰 찬사는 그가 마젤란 펀드를 떠났을 때 투자자들로부터 받은 '칭찬'이 아닌 '분노'였을 것이다. 린치 덕분에 많은 돈을 벌었던 투자자들이 그가 더 많은 돈을 벌어줄 수 있도록 남아 있기를 원했기 때문이다. 린치는 자신이 관리하던 연금 펀드의 구체적인 수치를 공개하지는 않았지만, 같은 기간 동안 연금 펀드의 수익률이 자신의 뮤추얼 펀드보다 더 좋았다고 주장했다. (그는 연금 펀드 운영에서도 같은 시기에 물러났다).

—— **마음에 드는 기업의 주식을 사서 큰돈을 벌다**

린치의 투자 접근법의 두 부분[77]을 모두 설명해주는 두 가지 사례는 자동차 회사 크라이슬러Chrysler와 의류 회사 헤인즈 코퍼레이션Hanes Corporation이다. 1980년대 초, 미국 경제는 깊은 불황에 빠져 자동차 판매가 급감했다. 린치는 결국 미국인들이 다시 자동차를 구매하기 시작할 것이고, 이것이 자동차 산업 전반을 촉진시킬 것이라고 보았

....
77 산업 섹터에 대한 투자와 개별 기업에 대한 바텀업 투자를 말한다.

다. 포드 자동차 회사의 고위 임원들과 대화한 후, 그는 파산 직전으로 보이는 크라이슬러 사가 어떤 반등에서도 가장 큰 혜택을 볼 최상의 위치에 있다는 인상을 받았다.

그는 크라이슬러를 직접 방문하여 이를 확인했는데, 그곳에서 그들이 개발하고 있는 새로운 자동차들의 품질(특히 새 미니밴 차종)에 깊은 인상을 받았다. 그는 또한 새로운 CEO인 리 아이아코카Lee Iacocca가 회사를 턴어라운드시킬 수 있다고 생각했다. 그들의 장부를 면밀히 살펴본 결과, 크라이슬러가 방산 부문의 매각으로 곧 큰 금액의 현금을 확보하게 되고, 이를 통해 회사가 단기 및 중기적으로 생존할 수 있게 될 것이라는 사실이 드러났다. 결과적으로, 린치는 규정에 의해 허용된 최대 5%까지 크라이슬러의 주식을 공격적으로 매수했으며, 포드와 볼보와 같은 다른 자동차 기업에도 돈을 투자했다.

자동차 섹터에 대한 이 베팅은 전체 산업이 반등하면서 순조롭게 진행되었다. 하지만 주로 크라이슬러에 초점을 맞춘 그의 결정은 더 큰 성공을 거두었다. 실제로 린치가 대량 매수를 시작했을 때 주당 2달러였던 크라이슬러 주가는 1987년 10월 미니 크래시[78] 직전에 주당 약 50달러 정도에서 최고가를 형성했다. 비록 린치가 크라이슬러를 약간은 너무 오래 보유하긴 했지만, 그가 마침내 1988년에 팔았을 때 주가는 여전히 약 25달러였다. 이는 단 6년 만에 1,150%의

....
78 유명한 블랙 먼데이(1987년 10월 19일) 당시 주식 시장의 붕괴를 말한다. 저자가 미니 크래시mini-crash라고 표현한 것은 며칠간 전대미문의 주가 급락이 있었지만 이후에 약세장이 오래 가지 않았기 때문인 것으로 보인다.

수익을 낸 것이었다.

크라이슬러의 사례가 제품 리서치가 전통적인 분석을 보완한 경우였다면, 헤인즈 사는 그 반대의 성공적인 사례다. 린치는 헤인즈 매장에서 시험적으로 판매하고 있던 레그스L'eggs라는 스타킹 브랜드[79]에 대해 그의 아내가 호의적으로 언급한 일을 계기로 처음 이 회사를 알게 되었다. 물론 그는 헤인즈 주식을 매수하기로 결정하기 전에 추가적인 리서치를 했다. 이 리서치를 통해, 레그스 스타킹이 이미 헤인즈 매출의 상당 부분을 차지하고 있어서 레그스의 성공이 회사의 순이익에 큰 영향을 미칠 것임이 분명해졌다. 또한 주요 기업들 중에서는 편의점에서 브랜드 스타킹을 판매하는 것은 헤인즈가 유일하다는 사실도 밝혀졌는데, 이는 소비자가 헤인즈의 제품에 훨씬 더 접근하기 쉽다는 것을 의미했다.

마찬가지로, 한 경쟁사가 헤인즈의 시장 점유율을 빼앗기 위해 경쟁 제품을 출시했을 때, 그는 아내에게 경쟁사의 제품을 테스트해보도록 요청했다. 그녀가 경쟁사의 새 제품이 열등하며 따라서 레그스 스타킹을 대체할 가능성이 낮다고 알려줬을 때, 린치는 주식을 계속 보유할 만큼 안심할 수 있었다. 결국 그는 충분한 보상을 받았다. 실제로 헤인즈가 사라 리Sara Lee[80]에 인수될 때까지 헤인즈 주가는 6배나 상승했다.

....

79 정확히는 타이츠tights, 즉 팬티스타킹이다.

80 미국의 냉동식품 제조업체.

—— 단순화한 성장주 투자

피터 린치가 가진 기업 경영진에 대한 접근성, 피델리티 사에서 그의 지휘 아래에 있던 애널리스트 팀, 또는 일주일 내내 일하며 보여준 그의 놀라운 에너지를 평균적인 투자자들이 그대로 이용하기는 어려울 것이다. 실제로, 린치조차도 자신의 워커홀릭 습관을 유지할 수 없었고, 그의 직업상의 요구 사항들 때문에 비교적 이른 은퇴를 하게 되었다고 말했다. 그러나 린치는 평균적인 투자자들도 어떤 분야에서 일하고 있거나 단지 열정적인 고객이기 때문에 가질 수 있는 특정 산업에 대한 지식을 통해 이를 보완할 수 있다고 믿었다.

실제로, 그는 어떤 경우에는 월스트리트의 전문가들 — 이들은 이러한 정보를 무시하는 경향이 있다 — 보다 여러분이 정말로 우위에 있다고 주장할 것이다. 물론, 린치는 이런 지식들이 퍼즐의 일부에 불과하다고 강조했다. 실제로 최근 인터뷰에서 그는 이렇게 말했다. "저는 이런 식으로 말한 적은 한 번도 없습니다. 예를 들면 이런 거죠. 당신이 쇼핑몰에 갔는데 스타벅스Starbucks 매장을 봤어요. 커피를 마셨는데 맛이 훌륭해서 곧장 피델리티의 주식 중개인에게 전화해서 스타벅스 주식을 사야 한다는 식으로 말이죠." 그는 아무리 정보에 밝은 고객이라도 그 기업과 훨씬 중요한 관계를 가진 사람보다는 항상 정보가 적을 것이라고 생각했다. 하지만 재무적인 비율에 대한 기본적인 이해와 실제 점유율에 직결되는 제품이나 브랜드의 중요성을 같이 고려한다면, 어떤 기회를 포착하는 것도 충분히 가능할 것이다.

피터 린치 별점 매기기

투자 성과: 피터 린치가 포트폴리오 매니저로 재직하는 동안 피델리티의 마젤란 펀드는 시장을 매우 큰 폭으로 이겼다. (★★★★★)

투자 기간: 린치는 그 이전에도 개인적으로 투자하긴 했지만, 피델리티에서 근무한 기간만 따지면 10년이 조금 넘는다. (★★★)

영향력: 피터 린치는 '당신이 알고 있는 것을 사라'는 아이디어를 대중화시켰고, 개인 투자자들이 주식 시장에 뛰어들도록 독려한 것에 대해 공로를 인정받았으나 동시에 비난을 받기도 했다. (★★★★)

따라하기 난이도: 수백 개 회사의 경영진을 만나는 피터 린치의 전략은 그의 조기 은퇴에서도 알 수 있듯이 일반 투자자들은 고사하고 그 자신에게도 그리 실용적이지 않았다. 그러나 자신의 일상 경험을 활용해 투자를 결정하는 그의 아이디어는, 너무 문자 그대로 받아들이지만 않는다면 일반 투자자들에게도 유용한 팁이 될 수 있다. (★★★)

전체 별점: 별 20개 만점에 별 15개

12장

닉 트레인

NICK TRAIN

낙관적인 장기 투자자

저빈도 매매와 액티브 투자의 결합

모든 펀드 매니저들은 주식을 사서 장기 보유하는 것에 대한 믿음을 가지고 있다고 말하는 걸 좋아한다. 하지만 실제로 그렇게 하는 이들은 많지 않다. 사실, 그들은 과거보다 훨씬 단기적인 관점을 가지고 있는 것처럼 보인다. LPL 파이낸셜LPL Financial[81]의 데이터에 따르면, 1960년대까지만 해도 뉴욕증권거래소에 상장된 주식의 평균 보유 기간은 8년에 달했다. 오늘날 그 기간은 대략 5일 정도다. 물론, 이 수치는 하루에 여러 번 거래를 하는 데이 트레이더들과 찰나의 시간에 대량의 주식을 사고파는 초고빈도 트레이더들에 의해 왜곡된 것이다. 그러나 SCM 밀러SCM Miller의 계산에 따르면, 평균적인 영국 펀드는 매년 포트폴리오의 거의 90%를 갈아엎는다고 한다.

이러한 매매는 큰 거래 비용을 발생시킬 뿐만 아니라, 수익률을 높이는 데 효과가 있다는 증거도 거의 없다. 아이러니하게도, 매매에 대한 이러한 과도한 접근 방식은 많은 펀드 매니저들이 실제로는 '인덱스 추종자closet indexers'라는 사실을 별로 숨기지도 않는다. 그들은 많은 수의 익숙한 이름들에 투자를 분산시키면서[82] 개별 기업에 대한 뚜렷한 열정은 거의 보여주지 않는다. 매매에 있어서는 태만하지만 동시에 매우 액티브한, 완전히 다른 접근 방식을 취하는 유명한 투자

....
81 미국의 주식 중개 회사.
82 업계의 펀드 매니저들이 이름만 들어도 아는 대기업들에 패시브하게 분산 투자하여 그들의 포트폴리오가 거의 인덱스나 다를 바 없으면서도 늘 샀다 팔았다를 반복하는 고빈도 매매를 한다는 뜻이다.

자가 바로 성장주 투자자 닉 트레인이다.

─── 도제가 장인이 되다

닉 트레인은 옥스퍼드대학교에서 현대사를 전공했고 1981년에 졸업했다. 그는 학계에 남아 경력을 쌓는 걸 진지하게 고려했지만, 대신 투자 회사인 GT 매니지먼트GT Management에 합류하기로 결정했다. 경력 초기에 그는 성이 같은 존 트레인이 쓴 『머니 마스터The Money Masters』(1980년)라는 책을 읽었는데, 이 책은 성공한 투자자들의 다양한 사례를 모은 것으로 그의 투자 철학을 형성하는 데 큰 영향을 미쳤다. 그는 10년 넘게 GT의 수익형 투자 신탁income fund[83]을 관리하며, 유럽 시장을 총괄하는 최고 투자 책임자의 위치에 오르기도 했다. 그러나 GT가 인베스코Invesco에 인수되었을 때, 트레인은 투자 관리 이사로서 M&G로 이직하기로 결정했다.

M&G로 옮긴 직후, 닉 트레인은 글로벌 주식 부문의 책임자로 빠르게 승진했다. 그러나 단 2년 만에, 그는 GT 매니지먼트에서 함께 일했던 마이크 린셀Mike Lindsell과 함께 자신의 투자 회사인 린셀 트레인Lindsell Train을 설립하기 위해 떠나기로 결정했다. 2000년 12월부터 트레인은 핀즈베리 성장 및 수익형 투자 신탁Finsbury Growth and Income Investment Trust을 운영하고 있다. 동시에 그는 다른 두 개의 펀드도 운영하고 있다. 바로 린셀 트레인 투자 신탁Lindsell Train Investment

---

[83] 주가 상승으로 인한 시세 차익보다는 배당, 이자 등 수익 획득을 주된 목적으로 하는 펀드.

Trust(2001년 1월 설립)과 CF 린셀 트레인 UK 주식CF Lindsell Train UK Equity(2006년 7월 설립)이다. 또한 린셀 트레인 글로벌 주식Lindsell Train Global Equity도 공동 운영하고 있다.

── 성장에서 가치 찾기

겉으로 보기에 닉 트레인은 다소 전통적이지 않은 성장주 투자자이다. 실제로, 그는 벤저민 그레이엄이 주장한 것처럼 주식에는 확실한 내재 가치가 있으며, 주식이 저평가되었다고 믿지 않는 한 사서는 안된다는 점에 동의하며 스스로를 가치 투자자라고 부르는 것을 선호한다. 게다가 그는 워런 버핏을 주요 영향력 있는 인물로 인용한다. 하지만 버핏이 저렴한 가격에 좋은 회사를 사는 것에서 좋은 가격에 위대한 기업에 투자하는 것으로 진화한 반면, 트레인은 극도로 뛰어난 기업에 대해서는 거의 어떤 가격이라도 지불할 의향이 있다. 실제로 자신의 내부 연구에 따르면, 진정으로 위대한 기업들은 현재 벌어들이는 이익의 최대 60배까지 가치가 있다고 그는 믿는다.[84]

그를 성장주 투자 진영에 확실히 위치시키는 또 다른 점은 잘하고 있는 회사를 팔기를 극도로 꺼리는 그의 태도이다. 가치 투자자들이 가격이 많이 오른 주식을 '싸지 않다'고 보고 처분하는 경향이 있는 반면, 트레인은 그 주식들을 계속 가지고 있어야 한다고 생각한다. 실제로, 그는 자금 관리자들이 언제라도 돈을 벌어다 준 주식을 팔아

....
84 PER 60까지는 가격을 지불할 용의가 있다는 뜻이다.

서 이익 실현할 준비가 되어 있다는 점에 대해 비판적이었다. 트레인은 그가 주식을 팔 때는 그 주식의 장기 성장 전망이 상당히 악화되었다고 생각할 때뿐이며, 위대한 기업이 매우 드물기 때문에 그런 좋은 회사를 발견하면 그것을 계속 소유해야 한다고 말한다.

트레인이 성공적으로 투자한 주식을 팔기 꺼려 하는 것은 그의 연간 자산 회전율이 약 5%로 낮다는 것에서도 나타난다. 이는 평균적으로 그가 자신의 포트폴리오를 전부 교체하는 주기가 20년이 넘는다는 것을 뜻한다. 실제로, 그는 포트폴리오에 어떤 기업도 새로 넣거나 빼지 않았던 적이 여러 해 있었다. 이러한 매매 회전율은 많은 경쟁자들이 매년 자신의 포트폴리오를 전체적으로 바꾸는 것을 감안할 때 극도로 낮은 수준이며, 그가 거래 비용을 매우 낮게 유지하는 데 도움을 주었다.

트레인과 다른 펀드 매니저들 간의 또 다른 핵심적인 차이점은 그가 과도한 분산 투자를 믿지 않는다는 것인데, 핀즈베리 성장 및 수익형 투자 신탁의 상위 10개 투자가 자산의 68%를 차지하고 있다. 린셀 트레인 UK 주식은 더욱 집중되어 있어, 펀드 자산의 83.9%가 단 10개 회사에만 투자되어 있다. 전체적으로 그의 접근법은 매우 강력한 소수의 기업들을 사서 장기간 계속 보유한다면, 자동적으로 잘될 것이라는 아이디어로 요약할 수 있다.

—— 뛰어난 제품의 회사를 사라

트레인은 그의 포트폴리오에서 한 부분을 차지할 만한 극소수의 뛰어난 기업들을 찾기 위한 몇 가지 경험칙을 가지고 있다. 피터 린치와 마찬가지로, 그는 제품의 좋은 품질과 이에 대한 많은 소비자들의 인정이 잠재적 성장의 큰 징후라고 생각한다. 정말 훌륭한 제품 또는 소비자들이 진정 사랑하는 제품을 판매하는 것은, 회사의 매출을 늘릴 뿐만 아니라 경기의 부침에도 큰 영향을 받지 않으면서 건강한 현금 흐름을 창출하는 데 도움이 된다. 트레인은 또한 강력한 브랜드가 경쟁자들의 진입과 기술 변화의 위협을 방어하는 데 유용하며, 투자자들이 수익 성장이 앞으로도 계속될 것이라는 확신을 갖도록 해준다고 믿는다.

트레인은 가족 기업을 좋아한다. 그는 단일 가족이 통제하는 기업이거나 적어도 한 가족이 큰 지분을 가진 기업에 투자하는 것을 선호한다. 그의 견해에 따르면, 가족 소유 기업은 자본을 효율적으로 배분하도록 독려하는 규율을 갖고 있다. 또한 가족 기업은 단지 다음 몇 분기가 아니라 향후 10~20년 동안의 도전과 기회를 바라보면서 장기적인 관점을 가질 가능성이 더 크다. 반면에 대부분의 전문 경영인은 회사의 성공에 거의 기여하지 않으며 어차피 한 곳에 오래 머무를 가능성도 낮다.

마지막으로, 트레인은 투자자들이 자신이 투자하는 대상에 대해 알고 이해하는 것이 매우 중요하다고 생각한다. 회사의 잠재력이 얼마나 크든 간에, 만약 그 회사가 지나치게 복잡한 사업 모델을 가지고 있거나, 실제로 그 회사가 무엇을 하는지 이해하지 못한다면 그는 투자를 하지 않을 것이다. 예를 들어, 그는 생명공학 섹터가 앞으로 몇 년 동안 잘될 수도 있다고 생각하지만, 만약 그가 생명공학 회사의 주식을 사려고 한다면 자신을 해고해야 한다고 농담할 정도로 그 산업을 뒷받침하는 과학에 대해 잘 알지 못한다. 그렇다고 그가 기술주 투자에 완전히 반대하는 것은 아니다. 단지 그는 그 기업들이 간단한 사업 모델을 가지고 있기를 원할 뿐이다. '알고 있는 것을 사라'는 예에서, 트레인은 자신의 사무실에서 사용하는 회계 소프트웨어에 감명받아 소프트웨어 기업 사가Saga에 투자했다. (트레인은 자신이 "숫자에 약하다"고 말한다).

——— 주식 그리고 주식 시장에 장기 투자하라

트레인은 자신을 경제적 낙관주의자로 여기며, 이 낙관주의를 그의 투자 전략의 핵심 부분으로 생각한다. 그는 단기 경제 예측을 바탕으로 투자하려는 시도가 어리석은 일이라고 생각하지만, 중장기적 전망은 매우 긍정적이라고 믿는다. 단기적인 가격 상승에도 불구하고, 그는 일반적으로 원가는 감소하고 있다고 생각한다. 실제로 그는 지난 세기 동안 원자재와 에너지 가격이 완성품과 서비스에 비해 상대적으로 하락해왔다고 지적한다. 그는 또한 디지털 기술과 기업 조직의 개선이 대폭적인 생산성의 향상을 가져오고 기업들이 필요로 하는 운영 자본의 양을 줄일 것으로 예상한다. 이는 결국 기업들이 주주들에게 더 많은 돈을 돌려줄 수 있게 할 것이다. 마지막으로, 그는 산업 간 통합이 이익률을 높이고 낭비를 없앨 뿐만 아니라, 국경을 넘는 합병을 통해 전 세계에 걸쳐 효율성을 개선하고 최선의 경영을 펼쳐낼 수많은 기회가 있다고 생각한다. 특정한 국가 하나가 아닌 전 세계에 걸친 영업 활동 또한 수익성을 증대시킬 수 있다.

당연하게도, 만약 기업 이익이 증가한다면 그 기업의 주가도 마찬가지로 상승하는 것이 논리적이다. 따라서 트레인의 경제적 낙관주의가 그를 주식의 수익 전망에 대한 강한 강세론자로 만드는 것은 그리 놀랄 일이 아니다. 이는 트레인 자신이 지적한 바와 같이, 장기간에 걸쳐 주식이 매우 강력한 수익을 내왔으며 채권과 현금을 능가한다는 사실에 의해 더욱 강화된다. 물론, 주식이 잘나간다면, 주식 시장에 의존하는 산업들도 당연히 수혜를 입는다. 그래서 그는 거래소와 같은 인프라 자체에 투자하는 것도 괜찮다고 믿는다. 또한 그는 펀드 관리 산업도 강세장의 혜택을 받는다고 생각한다.

─── 극도로 뛰어난 실적

2001년 1월 초 핀즈베리 성장 및 수익형 투자 신탁에 100파운드를 투자했다면 2017년 3월 말까지 (재투자된 배당금을 포함하여) 560파운드로 늘어났을 것이며, 연간 수익률은 11%를 상회한다. 린셀 트레인 투자 신탁은 더 좋은 성과를 냈는데, 2001년 3월 펀드 설립 시점에 투자한 100파운드는 16년 후에 878.90파운드가 되어 연평균 수익률은 14.54%에 달한다. 후자의 경우 펀드 자산의 5분의 2 정도는 (상장되지 않은) 린셀 트레인 사 자체에 투자되어 있다. 이 두 펀드는 이 기간 동안 배당금을 포함하여 FTSE 올쉐어 지수[85]의 수익률 121% (연

....
85 영국 런던 주식 시장에 상장된 약 600개의 기업을 포함하는 지수로 런던 시장 자본 가치의 98%를 대표한다.

평균으로 5%)를 앞질렀다. 2007년부터 2016년까지 린셀 트레인 글로벌 주식은 194.3% (연평균 12.73%) 상승했고, 이에 반해 FTSE의 상승률은 74.3% (연평균 6.35%)에 그쳤다.

그의 성공 덕분에 린셀 트레인 투자 신탁은 현재 순자산 가치 대비 30%라는 막대하게 높은 프리미엄으로 거래되고 있다. 다시 말해, 투자자들은 닉 트레인의 운영 능력을 너무 높게 평가하여, 그의 포트폴리오 속 주식의 가치에 30%의 프리미엄을 지불할 의향이 있다는 뜻이다. (프리미엄은 한때 70%를 찍기도 했다). 그에 반해 대부분의 투자 신탁은 포트폴리오 가치에 할인율을 적용하여 거래된다. 실제로 트레인은 프리미엄이 지나치다고 투자자들에게 경고하기도 했다. 한편, 개방형 린셀 트레인 글로벌 주식 펀드는 현재 34억 파운드의 자산을 운영하고 있다.

—— 어떤 것이 통하고… 맨체스터 유나이티드와 버버리

닉 트레인의 가장 성공적인 투자는 GT 매니지먼트에서 일할 때 축구 구단 맨체스터 유나이티드Manchester United에 투자한 것이었다. 그는 1990년대 초반에 이 구단을 매수했다. (맨유는 1991년에 상장되었다). 그는 맨체스터 유나이티드의 인지도와 국제적인 팬층 덕분에 텔레비전을 통한 수입이 막대할 것이라고 생각했다. 1990년대 동안 프리미어리그의 발전으로 인해 방송사들이 지불한 금액이 시즌당 6,000만 파운드에서 1억7,000만 파운드(1990년대 말)로 급증하면서 이 예측이 옳았음이 입증되었다. 결과적으로 투자 가치의 급상승으로 구단의 주가가 30배 이상 오르는 것을 트레인은 목도했다.

엄청난 수익을 줬던 또 다른 투자 사례는 의류 기업 버버리 Burberry에 대한 투자였다. 이 경우에는 트레인이 매수를 결심하기 전에도 이미 수년간 지켜보고 있었다. 버버리 제품의 품질에 엄청나게 감탄했지만 그조차도 버버리가 너무 비싸다고 생각했다. 그러나 금융위기의 정점에서 주가가 3.60파운드로 반토막이 나자 트레인은 버버리를 매수하기 시작했고, 계속해서 주당 1.60파운드로 떨어질 때 더 많이 샀다.

버버리는 1년 안에 주당 5.65파운드로 급반등했지만, 트레인은 의류와 브랜드 제품의 품질에 감탄하여 그대로 보유하기로 했다. 현재 버버리 주가는 17.85파운드로, 초기 매수 가격 대비 약 연평균 20% 상승했다. (최저점 대비로는 연평균 30% 상승했다). 버버리는 후행 PER로 30배[86] 이상의 가격에 거래되는데, 이는 다른 펀드 매니저들이 매우 비싸다고 여길 금액이지만, 트레인은 여전히 온라인 매출과 디지털 마케팅의 품질에 있어 성공 가도를 달리는 버버리에 감탄하며 이 기업이 많은 잠재력이 있다고 생각한다.

....

[86] 후행 주가수익비율Trailing PER 30배라는 말은 지난 12개월 동안 기업이 벌어들인 이익의 30배 가격에 매매된다는 뜻이며, 이와는 반대로 선행 주가수익비율Forward PER이 30배라는 말은 이 기업이 앞으로 12개월 동안 벌어들일 이익의 30배 가격에 매매된다는 뜻이다.

—— 어떤 것은 통하지 않았나… 피어슨과 EMI

트레인의 투자가 모두 성공했던 것은 아니었다. 성과가 부진했던 투자 중 하나는 교재 출판사인 피어슨Pearson에 대한 투자였다. 실물 교과서에서 온라인 책과 학습 자료로 전환되는 과정에서 피어슨의 마진과 매출은 타격을 입었다. 이는 주가 하락에도 도미노 효과를 일으켰고 피어슨의 주가는 15년 전보다 상당히 낮아졌다. 트레인은 거의 몇 차례 매도를 고려하기도 했지만 피어슨에 대한 투자를 유지하기로 결정했고, 그 성과가 포트폴리오에 부정적인 영향을 미쳤기 때문에 투자자들에게 사과하기도 했다.

기술 변화에 대처하지 못한 또 다른 기업은 EMI였다. EMI는 트레인이 핀즈베리 투자 신탁에 가장 먼저 편입한 회사 중 하나였다. 트레인은 기술의 충격—특히 온라인 해적판 및 파일 공유, 고수익 CD 사업을 대체한 음원 다운로드—이 매출과 수익성 모두에 얼마나 파괴적인 결과를 가져올지에 대해 이해하지 못했다고 인정했다. 그러나 그가 자신의 실수를 깨달았을 때, 그는 빠르게 철수해 2003년에 이 주식을 모두 매도했다

—— 단순함을 유지하라

닉 트레인은 많은 열정적인 매매 없이도 여러 경기순환에서 시장을 이길 수 있다는 것을 증명했다. 실제로, 사업 구조가 단순하고 고품질의 제품을 판매하는 기업을 사서 계속 보유한다는 그의 아이디어는

시간이 제한된 투자자들에게 특히 매력적인 전략이다. 이는 가치 투자가 주식 시장에서 돈을 버는 유일한 방법이 아니라는 것도 보여준다. 그러나 그의 접근 방식이 잠재적인 문제가 아예 없는 것은 아니다. 그의 피어슨 투자 경험은, 특히 고품질의 기업들조차도 기술 변화나 영리한 경쟁자에 의해 회복 불능으로 떨어질 수 있기 때문에, 기업과 "사랑에 빠지는" 것이 위험할 수 있음을 보여준다.

닉 트레인 별점 매기기

투자 성과: 닉 트레인이 린셀 트레인에서 운영한 펀드와 투자 신탁들은 시장을 상당한 정도로 상회하는 실적을 냈다. (★★★★)

투자 기간: 트레인은 거의 20년 동안 린셀 트레인에서 일했다. 그 이전에 그는 다양한 다른 회사들의 펀드 매니저로도 일했다. (★★★★)

영향력: 트레인은 매우 성공적인 투자자였지만 의도적으로 극히 단출한 경력만을 유지했다. (★)

따라하기 난이도: 지속적인 이익을 창출할 수 있는 소수의 고품질 성장 기업을 사서 오랜 기간 보유하는 것은 주식 시장에서 돈을 버는 가장 스트레스가 적은 방법 중 하나다. 또한 시간이 제한된 일반 투자자들에게도 가장 접근하기 쉬운 방법이다. 하지만 이 전략의 핵심은 실제로 이를 이뤄낼 수 있는 소수의 탁월한 기업을 어떻게 선별하는가이다. (★★★★)

전체 별점: 별 20개 만점에 별 13개

13장

조르주 도리오

GEORGES

DORIOT

벤처 캐피털의 개척자

─── 이민자, 교수, 장군, CEO

벤처 캐피털은 이제 글로벌 자본 시장에서 주요한 부분이다. 실제로, 언스트 앤 영Ernst & Young[87]은 벤처 캐피털 기업들이 2015년에만 8,381건의 거래에 1,480억 달러를 투자했다고 추정했는데, 이 중 대부분은 미국, 유럽, 중국에 투자한 것이었다. 거의 모든 상장된 기술 기업들은 어느 시점에서 벤처 캐피털의 펀딩을 받아왔다. 그러나, 비공식적인 개인 투자자 그룹은 항상 있어오긴 했지만, '씨드 투자seed investment'가 정식화된 것은 2차 세계 대전 말이 되어서였다. 존 헤이 휘트니John Hay Whitney와 윌리엄 드레이퍼William Draper와 같이 중요한 역할을 한 다른 사람들도 있긴 하지만, 자타가 공인하는 벤처 캐피털 개척자는 조르주 도리오였다.

벤처 캐피털이 미국과 매우 밀접한 연관이 있고, 유럽의 정책 결정권자들이 이 분야에서 유럽이 뒤처지고 있다는 사실을 한탄했다는 점을 감안할 때, 이 산업 분야를 창안한 사람이 프랑스 이민자였다는 것은 아이러니하다. 1899년 파리에서 태어난 조르주 도리오는 1차 세계 대전 중에 포병 부대의 장교로 복무하기 위해 대학을 중퇴했다. 전쟁이 끝나고 그는 공부를 마쳤지만, 전쟁으로 인해 황폐해진 나라에서 기회가 매우 제한적이라는 것을 깨달았다.

그리하여 도리오는 MIT에서 공부하기 위해 미국으로 이주했다. 그러나 하버드 경영대학원Harvard Business School 학장과의 우연

....
87 영국 런던에 본사를 두고 있는 글로벌 회계 법인.

한 만남으로 인해 그는 대신 하버드에서 1년간 공부하게 되었다. 그는 그 뒤 4년 동안 월스트리트의 쿤 러브 앤 컴퍼니^{Kuhn, Loeb & Co.}에서 일했다. 1925년에 그는 하버드 경영대학원으로 돌아왔고, 1929년 정식 교수가 되었다. 실제로, 전후戰後 벤처 캐피털 투자자로서 그는 하버드 경영대학원에서 강의를 계속했으며, 1966년 강단에서 은퇴할 때까지 약 7,000명의 학생을 가르쳤다.

도리오는 수많은 비공식 컨설팅을 수행하는 것 외에도, 1930년 대에 미국육군산업대학교^{US Army Industrial College}에서 가르쳤다. 미국이 점차 전쟁에 발을 들여놓게 되자, 졸업생들의 설득에 따라 그는 미 육군에서 보급장교로 복무했고 군수품 생산 및 군사 기술의 향방에 큰 영향을 끼쳤다. 2차 세계 대전이 끝날 즈음에 도리오는 육군 준장으로 승진했다. (그는 전역 후에도 이 칭호를 계속 사용했다). 이 일을 계기로 그는 수많은 선도적인 제조업체 및 연구자들과 밀접한 관계를 가질 수 있었다.

도리오의 경험을 눈여겨본 기업가 랠프 플랜더스^{Ralph Flanders} (그는 나중에 미국 상원의원이 된다)는 그에게 접근하여 1946년에 설립된 전문적인 벤처 캐피털 펀드인 미국 연구 개발 회사^{American Research and Development Corporation(ARDC)}의 CEO가 되라고 제안했다. 도리오는 1971년 은퇴할 때까지 25년 동안 미국 연구 개발 회사를 운영했다. (1년 후 미국 연구 개발 회사는 기술 대기업인 텍스트론^{Textron}에 합병되었다). 또한 그는 또 다른 벤처 캐피털 펀드인 캐나다 기업 개발 회사^{Canadian Enterprise Development(CED)}와 유럽 기업 개발 회사^{European Enterprise Development(EED)}를 설립하는 데도 핵심적인 역할을 했다.

─── 스타트업에 투자하고 큰 지분을 받다

미국 연구 개발 회사(ARDC)는 과학 분야에 대한 정부 자금의 대대적인 지출 확대와 제대 군인 원호법GI Bill에 의해 창출된 대규모 숙련 노동력이 특히 귀환 군인들에게 많은 비즈니스 기회를 만들어줄 것이라는 원리에 기반을 두고 설립되었다. 이러한 신생 기업들이 주식 시장에 상장될 수 있을 만큼 튼실하게 성장할 수 있도록 미국 연구 개발 회사가 충분한 자본을 공급할 것이라는 아이디어였다. 그 대가로 미국 연구 개발 회사는 그 신생 기업들로부터 큰 지분을 받을 것이었다. 펀드 설립자들은 소규모 스타트업 기업에 자금을 지원하는 이 과정이 미국이 첨단 기술의 우위를 유지하고 철강 및 중공업과 같은 성숙한 산업 일변도에서 벗어나 전체 산업을 다각화하는 데 도움이 될 것이라고 믿었다. 물론 가장 중요한 목표는 당연히 돈을 버는 것이었지만 말이다.

도리오 전략의 또 다른 부분은 그가 투자한 기업이 초기에 이익을 거의 또는 전혀 내지 못하더라도 매도 기회가 있을 때 가능한 한 빨리 팔기보다는 장기간 보유하는 것이었다. 많은 경우 미국 연구 개발 회사는 스타트업 기업이 주식 시장에 상장된 후에도 상당한 지분을 유지했다. (상장은 오늘날에도 많은 벤처 캐피털이 투자 지분을 정리하는 자연스러운 출구 지점이다). 월스트리트의 많은 사람들은 이러한 태도를 지나치게 감상적인 것으로 보았지만, 도리오는 교수와 컨설턴트로 일한 자신의 경험이, 기업의 장기적인 잠재력을 실현하는 데는 시간이 걸린다는 것을 가르쳐줬다고 말했다. 따라서 그는 참을성 있게 기다리는 방식이 기업이 최종적으로 매각되거나 주식 시장에 상장될 때 더 큰 보상을 줄 것이라고 주장했다.

미국 연구 개발 회사가 이전 투자자들과 또 다른 점 중 하나는 투자처를 선택하는 데 있어서의 선별적인 태도였다. 미국 연구 개발 회사가 등장하기 전에는 가족 재단이나 개인들이 거의 유일한 벤처 자본을 제공했다. 이들은 사회적 친분이나 사업적인 관계에 의존하여 친구 또는 지인이 운영하는 회사에 돈을 무분별하게 투자했다. 도리오는 각 벤처 자본 요청에 대해 그 이점에 따라 심사하고, 최상의 아이디어에만 투자해야 한다고 믿었다.

열정적인 연구자인 도리오와 그의 팀원들은, 그들이 들은 수많은 흥미로운 아이디어뿐만 아니라 그들에게 온 수백 개의 제안서 중에서 최고의 아이디어를 선택하기 위해 엄청난 양의 사전 조사를 수행했다. 이러한 사전 조사는 두 가지 영역에 초점을 맞추었는데, 바로 사업 계획의 질이 얼마나 우수한가와 리더십 측면에서 얼마나 단련된 기업가 정신을 갖고 있는가 하는 점이었다.

—— **단기적으로는 문제, 장기적으로는 성공**

벤처 캐피털 투자 개념은 처음에는 월스트리트로부터 매우 회의적 반응을 받았다. 규모가 큰 재단들은 이를 너무 위험하다고 여겼고, 많은 금융인들은 도리오가 이익을 창출하는 것보다 기업을 키우는 데 더 관심이 있다고 믿었다. 그 결과, 1946년 미국 연구 개발 회사의 초기 공개 주식 발행은 5백만 달러(2015년 가치로 6,060만 달러)를 목표로 했지만, 실제론 350만 달러(2015년 가치로 4,250만 달러)에 그쳤다.

회사의 첫 10년 동안은 성과가 좋지 않았다. 1946년부터 1957년까지 미국 연구 개발 회사의 주당 자산 가치는 37.8% 성장에 그쳤고, 연간 수익률은 3.3%로 평범한 수준이었다. 심지어 이것도 후하게 쳐준 평가였다. 실제로 이익을 내지 못하거나 배당금을 지급하지 않는 기업의 가치를 적절하게 측정할 방법이 없었기 때문이다. 실제로 미국 연구 개발 회사 주식의 실제 가격은 초창기 수준인 25달러 아래로 거래되었으므로, 주식을 현금화해야 하는 투자자는 돈을 잃었을 것이다. 한때 이 펀드의 주당 가격은 3분의 1이 더 떨어져 고작 16달러에 거래되기도 했다.

실제로 초기의 실적 부진으로 인해 MIT는 도리오의 펀드에 투자한 모든 지분을 매각하기로 했다. 특히 짜증스러운 일은 신탁 관리자가 미국 연구 개발 회사의 회계 담당자이기도 했다는 사실이었다. 회사의 경영진들조차도 이런 식의 회사 운영에 대해 자신 없어 했다. 동시에 핵심적인 직원들마저 퇴사했는데, 회사의 구조 때문에 그들이 투입한 노력에 비해 급여가 적다고 느꼈기 때문이다. (대부분의 후속 벤처 캐피털 펀드는 유한 파트너십으로 운영되었다).

그러나 미국 연구 개발 회사의 주가는 1950년대 후반과 1960년대에 급상승했다. 실제로 주가가 너무 많이 올라 1960년에는 3대1 주식 분할이, 1969년에는 4대1 주식 분할이 이루어졌다. 1960년에는 2차 공모를 통해 추가적으로 800만 달러(현재 가치로 6,400만 달러)를 조달했다. 도리오가 1971년에 은퇴할 때까지 회사의 총 자산은 4억 2,700만 달러(현재 가치로 25억 달러)에 달했다. 주식 분할과 자본 투입을 고려하여 주당 순자산은 25년 동안 거의 35배 상승하여 연평균 15% 이상의 수익을 창출했는데, 이는 전체 주식 시장보다 훨씬 높은 수치이다.

안타깝게도 도리오의 다른 계획 중 일부는 미국 연구 개발 회사만큼 성공적이지 않았다. 실제로 (1963년 설립된) 유럽 기업 개발 회사는 1976년에 실패한 것으로 판명되었다. 도리오는 이를 기술 투자에 대한 인내심이 거의 없는 은행가들이 운영했기 때문이라고 비난했고, 또 스타트업 투자에 적대적인 비즈니스 환경 탓이라고 말하기도 했다. 캐나다 기업 개발 회사도 1986년에 해산되었다.

─── 도리오 최고의 투자, DEC

도리오(와 미국 연구 개발 회사)가 한 가장 유명한 투자는 디지털 이큅먼트 코퍼레이션Digital Equipment Corporation(DEC)이었다.[88] DEC는 두 명의 MIT 연구원인 켄 올슨Ken Olsen과 핼런 앤더슨Harlan Anderson에 의해 설립되었다. 그들의 아이디어는 대기업에서 사용되는 거대한 방 크기만 한 메인프레임 컴퓨터와는 달리 다른 연구원 및 과학자들이 사용할 수 있는 더 작은 컴퓨터(미니컴퓨터)를 만드는 것이었다. 비록 이 2인조의 시제품 TX-O는 MIT 학생들 사이에서 큰 인기를 끌었지만(더 빠른 컴퓨터가 있었음에도 불구하고), 기존 대기업들(예컨대

....

88 원문에는 Digital Electronic Corporation으로 되어 있으나 오기로 보여 수정했다.

RCA[89])조차도 컴퓨터 시장에 진입하지 못했기 때문에, 기업들은 올슨과 앤더슨이 창업하기 위해 필요한 자본을 지원하는 것에 대해 극도로 망설였다.

올슨과 앤더슨의 프레젠테이션을 듣고 난 후 도리오는 회사 지분의 70%를 받는 걸 대가로 DEC에 7만 달러(2015년 가치로 58만 9,000달러)를 투자하기로 결정했다. 그는 또한 창업자들에게 많은 조언을 제공했다. (하지만 일상적인 결정에는 개입하지 않았다). 이 투자는 매우 훌륭한 결정이었음이 판명되었다. PDP-1 컴퓨터의 성공 덕분에 DEC는 매우 짧은 시간 내에 이익을 창출했다. 1966년에 DEC는 기업 공개를 할 수 있을 만큼 충분히 강한 위치에 있었다. 그 후 1년 뒤, 미국 연구 개발 회사가 가진 DEC 지분은 45개 기업으로 구성된 포트폴리오의 80% 금액에 해당하는 1억2,500만 달러의 가치가 있었다. 1980년대 후반에 정점을 이루면서 DEC는 140억 달러의 매출을 올렸으며, 1998년 컴팩Compaq에 96억 달러에 인수되었다.

─── **미국 연구 개발 회사의 교훈**

최근 몇 년간 크라우드 펀딩 투자가 등장했음에도 불구하고, 개인 투자자들이 회사에 직접 투자할 수 있는 위치에 있는 경우는 거의 없다. 그러나 도리오의 미국 연구 개발 회사 경험은 소형주small-cap 및

----
89 RCA는 미국의 전기·방송 회사로 Radio Corporation of America의 약자다. 미국에 라디오와 텔레비전을 보급한 기업으로 1986년 제너럴 일렉트릭에 인수되었다.

초기 단계 기술 기업에 투자하는 데 관한 몇 가지 교훈을 줄 수 있다. 우선, 미국 연구 개발 회사가 처음 10년 동안 시장에서 저평가되었던 것과 마찬가지로, 실질적인 매출이나 이익이 거의 없는 회사를 정확하게 가치 평가하는 데는 시간이 걸릴 수 있다. (물론 이는 회사가 저평가될 수도 있지만 과대평가될 수도 있다는 걸 의미한다). 결과적으로 적절한 기술 투자는 주가가 시장에서 뒤처지더라도 그 기업과 함께 버티기 위한 인내심을 필요로 한다.

벤처 캐피털과 마찬가지로 기술 투자도 소수의 탁월한 성과를 내는 기업을 찾아내는 것이다. 이 기업들은 포트폴리오 내 다른 많은 기업들의 저조한 성과나 완전한 실패를 모두 보상할 것이다. 미국 연구 개발 회사 자체가 이것의 가장 분명한 사례라 할 수 있다. 실제로 도리오가 DEC를 놓쳤다면, 그의 펀드는 이 기간 동안 시장의 성과를 크게 밑돌아 25년 동안 연간 수익률이 훨씬 더 완만한 7.4%가 되었을 것이다.[90] 따라서 벤처 투자에서 분산 투자는 일반 투자에서보다 더 중요하다. 그러나 여전히 당신은 과도한 분산 투자를 피해야 할 것이다. 가장 수익성이 높은 기회에 선택적으로 집중하는 것을 막기 때문이다.

또한 회사의 홍보 자료나 다른 사람의 의견에 의존하기보다 자신만의 리서치를 하는 것도 중요하다. 결국, 창업 오너들 중에 그들이 많은 시간과 에너지를 투자해서 세운 회사에 대해 결점이 있다고 인정할 사람은 거의 없다. 마찬가지로, 사람들은 다른 기업들이 그 기술

....
90 실제 수익률은 연간 15%였다.

을 완전히 개척하지 못했다는 이유로 새로운 기술을 너무 일찍 포기하기도 한다. 미니컴퓨터를 개발하는 데 초창기에 실패한 것 때문에 사람들이 DEC에 대한 투자를 망설였던 것처럼, 1999~2000년 인터넷 버블의 과도함은 많은 경우 조금 시대를 앞서갔을 뿐 아이디어들은 좋았다는 사실을 숨겼다.

실제로 많은 경우, 기업 지휘부에 있는 비전을 가진 리더는 성공과 실패를 가르는 차이를 만들 수 있다. 그러므로 투자자들은 투자 여부를 결정할 때 회사 경영진의 자질을 따져보는 도리오의 예를 따라야 할 것이다.

조르주 도리오 별점 매기기

투자 성과: 미국 연구 개발 회사는 25년간 운영되는 동안 시장을 수월하게 능가했다. 그러나 도리오는 다른 벤처 캐피털 펀드에서 실패하여 그의 기록에 다소간의 오점을 남겼다. (★★★★)

투자 기간: 도리오는 25년 동안 미국 연구 개발 회사에서 일했다. (★★★★)

영향력: 최초의 벤처 캐피털 펀드를 설립한 도리오는 자타가 공인하는 벤처 캐피털 산업의 창시자다. (★★★★★)

따라하기 난이도: 대부분의 투자자가 대규모 자본을 투자하지 않는 한, 벤처 캐피털에 직접 투자하는 것은 일반적으로 불가능하다. 그러나 찾아보면 몇몇 상장된 펀드들이 있고, 주식 시장에는 많은 소규모 기술 기업들이 상장되어 있다. (★★)

전체 별점: 별 20개 만점에 별 15개

14장

유진 클라이너와 톰 퍼킨스

EUGENE KLEINER

AND

TOM PERKINS

실리콘 밸리의 벤처 투자자

── 실리콘 밸리에 자본을 대다

조르주 도리오는 일반 대중이 투자할 수 있는 최초의 벤처 캐피털 펀드를 만들어 벤처 캐피털 산업을 더욱 공식적인 토대 위에 놓았다. 하지만 벤처 캐피털이 본격적인 자산군資産群으로서 떠오르기 시작한 것은 1970년대부터였다. 주된 이유는 캘리포니아 북부(나중에 실리콘 밸리Silicon Valley로 알려지게 될 지역)의 컴퓨터 산업과 생명공학 산업이 급부상했기 때문이다. 이 두 산업 섹터는 엄청난 속도로 확대되고 있었고 초기 자본이 필요했지만, 은행 대출이나 기업 공개와 같은 보다 전통적인 방식으로 자금을 조달하기엔 너무 위험해 보였다.

반면에, 벤처 캐피털 산업은 한두 곳에서 대박을 터뜨릴 수 있다면 다른 많은 투자 실패도 기꺼이 감내했기 때문에 실리콘 밸리에게 훨씬 나은 파트너였다. 1970년대 후반의 증권법 개정으로 인해 연기금 및 다른 투자 신탁이 벤처 캐피털이 만든 투자 그룹에 자금을 투입하기가 훨씬 쉬워졌고, 벤처 캐피털 산업의 발전은 더욱 가속화되었다. 하버드 경영대학원의 폴 곰퍼스Paul Gompers는 1972년부터 20년 동안 벤처 캐피털들이 962개의 기업을 주식 시장에 상장할 때까지 이끌어 주었다고 추정한다.

이 기간 동안 많은 사람들이 거대한 부를 축적했지만, 게임의 룰을 정하고 다양한 기업들에 자본을 유입시키는 데에 클라이너 퍼킨스Kleiner Perkins(현재는 클라이너 퍼킨스 코필드 앤 바이어스Kleiner Perkins Caufield and Byers)보다 더 큰 영향을 끼친 회사는 없었다. 클라이너 퍼킨스 사는 이제 더 이상 산업의 선도자는 아니지만, 처음 29

년 동안 엄청난 성공을 거뒀으며, 많은 경쟁사들이 아직도 따르고 있는 본보기를 제공했다. 클라이너 퍼킨스는 1972년에 유진 클라이너와 톰 퍼킨스가 설립하고 발전시켰다. (다른 두 파트너인 프랭크 코필드Frank Caufield와 브룩 바이어스Brook Byers는 1977년까지는 합류하지 않았다).

—— 난민과 경영자

유진 클라이너는 1923년 오스트리아에서 태어났다. 그의 아버지는 1938년 독일의 침공 직후 가족들을 데리고 조국을 떠났다. [벨기에] 브뤼셀, 스페인, 마지막으로 포르투갈에서 잠깐 거주한 클라이너 가족은 뉴욕으로 향하는 배에 올랐다. 미국에서 클라이너는 잠시 기계공으로 교육을 받은 후 미 육군에 입대했는데, 그의 독일어 능력 때문에 2차 세계 대전 내내 포로 수용소를 지키는 데 투입되었다. 전역한 후에 그는 브루클린폴리테크닉대학교Brooklyn Polytechnic College (현재 뉴욕대학교의 일부)에서 공학 학위를 취득했고, 이어서 뉴욕대학교에서 석사 학위를 받았다.

클라이너는 웨스턴 일렉트릭Western Electric에서 엔지니어로 일하다가, 이후 노벨상 수상자인 윌리엄 쇼클리William Shockley[91]와 일하기로 한 운명적인 결정을 내렸다. 이 결정은 그가 캘리포니아로 이주

··········
91 영국 태생의 미국 물리학자. 트랜지스터를 발명하여 반도체의 아버지로 불리며 1956년에 노벨 물리학상을 공동 수상했다.

할 뿐만 아니라 극도로 재능 있는 과학자들의 팀과 접촉할 수 있게 만들어 주었다. 불행히도 (결과적으로는 다행히도) 쇼클리는 너무도 형편없는 경영자였기 때문에 그는 금세 전 직원들을 떨어져 나가게 만들었다. 실제로 상황이 너무 심각해져서 팀은 자체적으로 나서게 되었고, 클라이너는 자신의 인맥을 활용하여 경쟁사로 하여금 그들에게 투자하도록 설득했다.

그 결과 새롭게 탄생한 페어차일드 반도체Fairchild Semiconductor[92]는 엄청난 성공을 거두어 불과 3년 만에 팀을 인수할 수 있는 옵션을 소유주가 행사하게 되었고, 팀의 구성원들은 각자 25만 달러(2015년 가치로 200만 달러)를 벌어들이게 되었다. 이 금액은 그 기술의 중요성에 비하면 정말 적은 금액이었지만, 클라이너에게는 투자자로 거듭날 자본을 제공해주었다. 그 후 20년 동안 클라이너는 자신의 회사인 이덱스Edex를 설립하여 기술 기업 관련 투자를 계속했고, 1965년 레이시온Raytheon[93]에 이를 500만 달러에 매각했다. 또한 그는 예전 동료였던 고든 무어Gordon Moore와 로버트 노이스Robert Noyce가 설립한 인텔Intel을 비롯한 다른 초기 단계의 기술 기업에도 투자했다.

클라이너와는 대조적으로, 톰 퍼킨스의 배경은 훨씬 더 전통적이었다. 그는 1932년 뉴욕의 화이트 플레인스White Plains에서 태어나, MIT에서 공학을 전공했으며 거기서 조르주 도리오와 만났고, 하버드대학교에서 MBA를 수학했다. 그 뒤에 그는 휴렛 패커드Hewlett-

....
92 세계 최초로 집적회로(IC)를 상용화한 실리콘 밸리 기업.
93 미사일과 레이더를 생산하는 미국의 방위산업체.

Packard에서 마케팅 일을 했는데, 당시 휴렛 패커드는 작지만 빠르게 성장하는 기술 회사였다. 그는 잠시 휴렛 패커드를 떠나 실패한 스타트업에서 일하기도 했지만, 다시 회사로 돌아와서 승진 사다리 오르는 일을 계속했다. 실제로 그는 컴퓨터 부문을 부차적인 사업에서 회사의 핵심 사업으로 바꾸었고, 막대하게 증가한 규모에 대응하기 위해 조직 구조도 재조정했다.

그러나 휴렛 패커드의 소유주들은 그에게 CEO가 될 수 없다는 것을 명백히 했다. 동시에 그는 대학 실험실University Laboratories이라는 스타트업에 투자했는데, 이 회사는 결국 스펙트라 피직스Spectra-Physics에 인수되어 그에게 수백만 달러의 수익을 안겼다. 새롭게 부자가 된 퍼킨스는 다른 도전으로 나아가기를 원했다. 그는 기술 분야에서는 전통적인 기관이나 소수의 기존 벤처 캐피털 회사가 충족시킬 수 없는 초기 단계 자금에 대한 긴급한 필요성이 있다고 믿었다. 결과적으로 그는 휴렛 패커드를 떠나 자신의 벤처 캐피털 회사를 설립했다. 자금을 모으려고 할 때, 그는 한 투자 은행가로부터 같은 일을 하고 있던 클라이너와 함께 동업하는 것이 어떻겠냐는 제안을 받았다.

그리하여 클라이너 퍼킨스 사가 1972년에 설립되었고, 그다음 해부터 기업에 투자를 시작했다. 1986년에 유진 클라이너가 클라이너 퍼킨스 사업의 일상적인 업무에서 공식적으로 물러났지만, 비공식적인 조언자로는 남았다. 마찬가지로 퍼킨스도 결국 자리를 내주었지만, 클라이너 퍼킨스 사와 그가 도왔던 기업들과의 관계를 유지했다. 퍼킨스가 관여한 투자에는 아마존Amazon, 넷스케이프Netscape,

구글^{Google}이 포함되었다. 퍼킨스가 실제 재산을 공개한 적은 한 번도 없었지만, 10억 달러 이상일 것이라는 보도를 부인했으며, 요트에 1억5,000만 달러 넘게 쓸 만큼의 돈은 있었다.

—— 개들이 개 사료를 먹고 싶어 하는지 확인하라

클라이너 퍼킨스 사가 설립되기 전에는, 벤처 캐피털들이 패시브 투자자로서 행동하는 것이 정상이었다. 이는 좋은 기업을 선택하는 데 많은 주의를 기울이지만, 그들이 투자한 기업의 일상적인 경영이나 전략적인 결정에는 직접 개입하지 않는다는 것을 의미했다. 그러나 톰 퍼킨스와 유진 클라이너는 두 사람 모두 이전의 경험으로 인해 더 직접적인 접근이 필요하다고 확신하게 되었다. 결과적으로 클라이너 퍼킨스 사는 그들이 투자한 기업이 어떻게 운영될지 결정하는 데 적극적인 역할을 했다. 그들은 이사회에서 자리를 차지했고, 심지어 창업자가 회사를 운영하는 데 도움이 될 외부 경영진을 데려오기까지 했다.

특정 프로젝트에 투자할지 여부를 결정하는 데 있어 또 다른 중요한 요소는, 투자 대상 기업이 보유한 기술과 관련한 시장이 만들어질 것인지 여부다. 이는 당연한 소리처럼 들리겠지만, 두 사람은 과학자들이 기술의 우아함에 사로잡혀 돈을 벌 수 있는지를 고려하지 않고 곁길로 새는 경우가 있다는 걸 알고 있었다. 클라이너가 한 유명한 말처럼, "연구 개발이 끝난 후에는 반드시 개들이 개 사료를 먹고 싶어 하는지 확인해야" 했다. 그는 또한 "새로운 회사가 틈새시장을 나누는 것은 대머리 두 명이 빗 하나를 놓고 싸우는 것과 같다"며 너무 작은 시장에 초점을 맞추는 것을 싫어했다.

—— 두 개의 큰 성공

클라이너 퍼킨스의 가장 유명한 성공 사례 중 하나는 생명공학 선구자인 제넨텍Genentech에 투자한 것이었다. 제넨텍은 1976년에 캘리포니아 샌프란시스코대학교 교수인 허버트 보이어Herbert Boyer와 클라이너 퍼킨스가 투자했던 바이오 기업 세투스 테크놀로지스Cetus Technologies의 투자 담당자였던 로버트 스완슨Robert Swanson[94]이 설립했다. 그들의 아이디어는 유전공학의 새로운 기술을 사용하여 인간 인슐린과 다른 의학적 치료법을 생산하는 것이었다. 그들은 클라이너 퍼킨스와의 협의를 거쳐 외부 컨설턴트들과 함께 기술을 검토한 후, 새로운 회사의 이사회 의장으로 톰 퍼킨스가 임명되는 조건으로 10만 달러를 투자하기로 합의했다. (나중에 20만 달러로 증액되었다).

인슐린을 직접 생산하는 데는 엄청난 액수의 자금이 필요했으므로, 제넨텍은 훨씬 간단한 작업인 소마토스타틴somatostatin[95] 생산에 집중했고, 결과는 성공이었다. 소마토스타틴 생산은 상업적 가치가 제한적이었지만, 제넨텍의 기술이 실행 가능하다는 것을 입증했다. 그 결과 제넨텍은 한 제약 회사와 인간 인슐린을 생산하기 위한

....
94 당시 스완슨은 세투스 투자 실패로 클라이너 퍼킨스에서 해고된 상태였다.
95 성장억제호르몬.

파트너십을 체결할 수 있었다. 이 계약에 따라 제약 회사는 연구 비용의 많은 부분을 부담했다. 1978년에 이 목표가 달성되어 전 세계 언론의 헤드라인을 장식했다.

2년 후 제넨텍은 주식 시장에 상장되었고, 클라이너 퍼킨스가 보유한 938,800주는 주당 35달러의 가격이 매겨져 총 3,250만 달러의 가치를 지니게 되었다. 4년도 안 되어서 162배 이상의 수익률을 낸 것이었다. 최초의 투자로부터 10년이 지난 1986년까지, 클라이너 퍼킨스의 지분 가치는 1억6,000만 달러로 증가했고, 이는 사실상 매년 두 배씩 증가했음을 의미한다. 전반적으로, 크리스토퍼 골리스 Christopher Golis가 제공한 데이터에 따르면, 클라이너의 첫 번째 펀드의 가치는 1973년에 746만 달러에서 1986년에 3억4,556만 달러로 증가하여 연평균 수익률은 34.3%였다. (모든 자금이 한 번에 투자되지는 않았으므로 내부 수익률은 더 높았다).

흥미로운 점은 펀드의 최종 가치의 거의 95%가 두 곳에 대한 투자, 즉 제넨텍과 탠덤 컴퓨터 Tandem Computers(여러 부분이 중단되거나 완전히 종료되더라도 계속 실행될 수 있는 네트워크 시스템에 전문화된 기업)로부터 왔다는 것이다. 그러므로 그들은 극도로 운이 좋았다고 볼 수 있다. 그러나 17개 투자 중 10개는 긍정적인 수익을 냈으므로, 제넨텍과 탠덤이 모두 실패했다 하더라도 최종 가치는 1,920만 달러였을 것이며, 이는 존경받을 만한 연평균 수익률인 7.5%다.

클라이너와 퍼킨스로부터 무엇을 배울 것인가?

지난 챕터에서 언급했듯이, (크라우드 펀딩으로 이러한 상황이 바뀔 수 있긴 하지만) 대부분의 일반 투자자들은 기업에 직접 투자할 수 없다. 어떤 경우에서라도 일반 주주들이 기업이 내리는 결정에 상당한 영향을 미치는 것은 거의 불가능하다. 좋은 소식은, 일반적으로 기술 기업과 고성장 기업의 주식을 둘 다 매수하려는 사람들에게는, 약간의 상상력과 측면적 사고를 가미하면 유진 클라이너의 투자에 관한 몇몇 관찰들을 유용하게 활용할 수 있다는 것이다.

예를 들어, 클라이너는 주식의 공개 발행에 관해 "강한 바람에는 심지어 칠면조도 높이 날 수 있다"고 말했다.[96] 또한 그는 "벤처 투자자들은 성공을 모방하는 데 어떤 일도 서슴지 않을 것"이라고 말했다. 실제로, 이것은 기술에 대한 엄청난 열정적 관심이 일어날 때나 완전히 새로운 유형의 회사가 성공할 때, 벤처 투자자들이 이를 모방하는 카피캣copycat 기업들에 막대한 자금을 퍼붓기 시작한다는 것을 의미한다. 동시에, 능란한 투자자들은 같은 섹터의 심지어 그저 그런 신생 기업들도 상장하는 새로운 열기를 틈타 — 다른 투자자들이 이런 기업들에 기꺼이 프리미엄까지 지불하려고 한다고 확신하면서 — 현금화하려 할 것이다.

당연히, 후자의 대부분 기업들은 좋지 않은 투자로 판명될 것이다. 인터넷은 분명히 세상을 바꾸었다. (그 변화가 투자자들의 기대만큼

....
96 강세장이나 대중의 흥분 속에서는 좋지 못한 기업도 주가가 치솟는다는 의미이다.

빠르진 않았지만 말이다). 아마존과 애플 같은 우수한 기업에 대한 투자는 엄청난 결과로 화답했다. 그러나 1999년부터 2001년까지 정말로 엉망진창인 몇몇 기업들, 예를 들어 이토이스닷컴eToys.com과 같은 기업들이 우후죽순으로 상장되어 주가가 며칠 새 급등한 후에 곧바로 바닥으로 곤두박질치거나 심지어 파산하기도 했다. 이와 유사한 일들은 다른 기술주 거품에서도 발생했는데, 이는 1850년대 철도 투자 열풍까지 거슬러 올라간다.

기술이나 제품의 잠재적인 시장이 기업을 지원할 만큼 충분히 크다는 걸 확인하는 것도 중요하다. 특히 경쟁에 직면할 경우에는 더욱 그렇다. 기업이 흥미로운 제품을 개발했다고 해서 반드시 상업적 잠재력이 있는 것은 아니다 — 당신은 이것을 꼭 확인해야 한다.

기술주 투자자들은 미래의 기술 트렌드를 고려해야 한다. 미래의 기술 혁신 때문에 주요 제품이 쓸모가 없어져 버리는 회사에 투자하는 것은 좋은 생각이 아니다. 클라이너가 말했듯, "3만 달러짜리 냉장고를 사는 일은 피하려고 노력해야" 한다. 반대로, 어떤 제품과 서비스는 시장을 창출하기 위해 매우 저렴하게, 심지어는 손해를 보면서도 판매해야 할 수도 있다. 왜냐하면 "얼리 어답터early adapter에는 두 가지 유형, 즉 제품을 구매하는 사람과 무료로 받고 싶어 하는 사람이 있기" 때문이다.

이러한 전략을 성공적으로 따른 기업의 전형적인 예는 아마존이다. 1997년 상장 후 2001년 말까지 아마존은 이익을 내지 못했다. 초창기 사업 계획서에 수년 동안 수익을 내지 않을 것이라고 명시되어 있긴 했지만, 기술주 거품 붕괴 기간에는 이자를 지불할 수 없을 지도 모른다는 의심까지 받았다. 그러나 아마존이 소매업을 변혁하는 동안 회사와 함께한 투자자들은 아마존 주가가 1997년 5월 18달러에서 정확히 20년 후에 (주식 분할을 고려하면) 11,600달러 이상으로 상승하는 것을 보았고, 배당을 제외한 오직 주가 상승만으로 연평균 38%의 수익을 얻었다.

클라이너는 "당신에게 당신의 어머니보다 나은 조언을 제공할 것"이라고 말하는 이사회를 크게 선호했다. 다양한 국가에서 수행된 여러 연구들에 따르면, 지배 구조가 훌륭한 기업이 모두 주식 수익률도 높았다. 예를 들어, 바젤대학교University of Basel의 볼프강 드로베츠 Wolfgang Drobetz는 1998년부터 2002년까지 독일 기업들 중에서 지배 구조의 수준이 높은 회사를 매수하고 지배 구조가 나쁜 회사들을 공매도하는 전략으로 비정상적인 수익률 12%를 벌어들였다고 밝혔다. 마찬가지로 폴 곰퍼스는 2003년 연구에서 유사한 전략으로 1990년대 미국 시장에서 초과 수익을 달성할 수 있었음을 발견했는데, 수익률이 거의 9%에 이르렀다.

유진 클라이너와 톰 퍼킨스 별점 매기기

투자 성과: 클라이너 퍼킨스 코필드 앤 바이어스의 수익률 기록은 공개된 바가 거의 없지만, 증거에 따르면 1970년대와 1980년대에 이 회사는 벤처 캐피털 회사들의 기준을 따른다 해도 거대한 수익을 투자자에게 안겨주었다. 퍼킨스는 또한 일련의 매우 성공적인 투자를 통해 거대한 부를 축적했다. (★★★★★)

투자 기간: 클라이너는 클라이너 퍼킨스에서 14년 동안만 일한 반면, 퍼킨스는 수십 년 동안 기술 기업에 투자했다. (★★★★)

영향력: 클라이너 퍼킨스 코필드 앤 바이어스는 도리오의 벤처 캐피털 투자 모델을 개선하는 데 많은 공헌을 했다. 실제로 많은 전문가들은 클라이너와 퍼킨스가 실리콘 밸리 기술 클러스터를 본질적으로 만들어낸 극소수의 인물 중 두 명이라고 믿고 있다. (★★★★)

따라하기 난이도: 거대한 자본을 투자할 수 있는 경우를 제외하고는, 대부분의 투자자들은 초기 단계의 벤처 캐피털 투자에 참여할 수 없다. 그러나 나스닥과 대체투자시장[97]에는 많은 소규모 기술주들이 상장되어 있다. (★★)

전체 별점: 별 20개 만점에 별 15개

....
97 AIM은 영국 런던증권거래소의 하위 시장으로 규제를 완화하여 신생 기업이 자금을 모으기 쉽게 만든 시장이다. Alternative Investment Market의 약자.

15장

존 템플턴

J O H N

TEMPLETON

글로벌 투자자

─── 해외 투자의 용감한 선구자

심지어 오늘날에도, 영국과 미국의 투자자들은 자기 나라의 증시에 투자하는 것을 선호한다. 실제로, 미국 시장이 글로벌 주식 시장 시가총액의 절반밖에 되지 않음에도 불구하고, 미국 투자자들이 보유한 주식 중 90%는 미국 거래소에 상장되어 있다. 당신은 투자 전문가들이라면 훨씬 더 적극적으로 투자할 거라는 생각이 들 수도 있겠지만, 평균적인 미국의 뮤추얼 펀드는 자산의 4분의 1만이 해외에 투자되어 있다. 영국의 주식 펀드들은 자산의 절반을 FTSE에 투자하지만, 이는 전체 글로벌 주식 시가총액의 겨우 7%를 차지한다.

그러나 전쟁 직후의 시기로 돌아가 보면, 이러한 '국내 편향'은 더욱 두드러졌다. 실제로, 당시에는 어떤 해외 투자도 일정한 금액을 초과하는 일은 결코 허용되어서는 안 될 만큼 위험하다고 여겨졌으며, 이것이 일반적으로 통용되는 투자의 지혜였다. 거래 비용의 감소, 정보의 개선, 그리고 신흥시장의 부상은 모두 투자의 세계를 더 작게 만드는 데 각각의 역할을 했지만, 해외로 모험을 떠날 만큼 충분히 용감한 펀드 매니저들의 성공 또한 일반 투자자들이 자국의 경계를 넘어보도록 설득하는 데 일조했다. 그들 중 가장 잘 알려진 인물 가운데 하나가 바로 존 템플턴이다.

─── 포커 플레이어에서 스타 펀드 매니저로

1912년 테네시Tennessee에서 태어난 템플턴은 입학에 필요한 수학을 독학으로 배워 예일대학교에 들어갔다. 대공황의 여파로 변호사인 그의 아버지가 등록금을 댈 수 없게 되자, 템플턴은 포커 게임에서 돈을 벌어 학업을 완수했다. 1934년 예일대학교를 졸업한 후, 그는 로즈 장학생으로 옥스퍼드대학교에서 공부했다. 그러나 그에게 가장 큰 영향을 끼친 것은 옥스퍼드에서의 학업이 끝난 후 세계 곳곳을 돌아다닌 7개월 동안의 여행이었다. 이 여행은 독일, 인도, 중국, 일본을 포함하여 자그마치 26개국을 방문하는 것이었다.

템플턴은 여행에서 돌아온 후 중개 회사인 페너 앤 빈Fenner and Beane(나중에 메릴린치Merrill Lynch에 인수된다)에서 일을 얻었다. 템플턴은 여기서 그의 상사에게 깊은 인상을 주었고, 몇 년 후에 상사에게서 1만 달러(2015년 가치로 17만1,000달러) ― 은퇴한 어떤 사람으로부터 투자 자문 회사를 인수하기 위해 ― 를 빌렸다. 2차 세계 대전이 시작된 직후 템플턴은 뉴욕증권거래소에서 1달러 미만으로 거래되는 모든 주식에 비슷한 금액을 투자했는데, 이 주식들 중에 상당수의 회사가 당시 파산 상태로 가고 있었다. 템플턴은 이 주식들이 1943년 즈음에 4만 달러(2015년 가치로 54만8,000달러)의 가치가 되었다고 주장했다.

템플턴과 그의 파트너는 1940년대와 1950년대에 투자 자문 사업을 계속 확장해 나갔다. 하지만 그는 회사가 확장하는 속도가 느리다는 것에 좌절했고, 펀드를 운영하면 훨씬 더 큰 자산 기반에서 작은 한 조각을 얻을 수 있어 더 많은 돈을 벌 수 있을 것이라고 생각했다. 또한 그는 캐나다에 펀드를 설립함으로써 얻을 수 있는 세제 혜택에도 매력을 느꼈다. (이는 투자자가 자본 수익capital gain에 대한 세금을 두 번 내지 않아도 된다는 것을 의미했다). 결국 그는 1954년에 많은 수의 고객에게 접근하기 위한 수단으로 뮤추얼 펀드를 설립하기로 마음먹었다. 비록 자신의 투자 사업과 함께 1960년대에 이 펀드를 매각하려던 시도는 실패했지만, 템플턴은 1992년 은퇴할 때까지 펀드를 운영했으며, 은퇴와 동시에 경쟁사인 프랭클린Franklin에 템플턴 펀드를 약 9억1,300만 달러에 매각했다.

　　은퇴와 함께 펀드를 프랭클린 사에 매각한 것은 그가 과학과 종교 간의 연관성을 조사하는 데 중점을 둔 자선 활동에 훨씬 더 많은 시간과 에너지를 쏟을 수 있게 해주었다. 그러나 그는 여전히 투자의 세계와 연결되어 있었으며, 템플턴 성장주 펀드의 후임들을 도왔고 조언과 지도를 제공했다. 동시에 그는 자신의 자금과 일부 선별된 사적인 투자자들의 자금을 운용했다. (특히 2000년 기술주 거품이 붕괴되기 직전에 주식을 매도하라고 그들에게 조언한 것으로 유명하다).

——— 해외 투자 그리고 역발상 투자

템플턴은 처음에 투자 자문가 일을 하면서 주식 시장이 싼지 비싼지에 따라 고객들의 주식 보유 정도를 변경함으로써 좋은 수익을 얻으려고 노력했다. 구체적으로 그는 기업들이 최근의 이익과 장부 가치의 낮은 배수로 거래될 때[98] 고객들에게 주식 보유량을 늘리고, 주가 수익비율이 더 높을 때 주식 보유량을 줄이도록 조언했다. 실제로 템

....
98 다시 말해, 저PER, 저PBR일 때.

플턴이 나중에 다시 자산 관리 업무를 하게 되었을 때, 그는 고객들에게 닷컴 버블의 절정기에 주식을 팔라고 하여 그들이 막대한 돈을 잃지 않도록 했다. 당시 이 접근 방식은 '예일 메소드$^{Yale\ Method}$'라고 불렸지만, 지금은 '전술적 자산 배분$^{tactical\ asset\ allocation}$'[99]으로 대중적으로 알려져 있다.

그러나 템플턴은 그의 성장주 펀드를 관리할 때 매우 다른 접근 방식을 취했다. 실제로, 그는 자산 배분이나 시장 타이밍을 포기하고 경제적 상황과 상관없이 잘될 것으로 믿는 개별 주식을 선택하는 것을 선호했다. 물론, 환매를 처리하고 새로운 기회를 잡기 위해 그는 늘 자산의 일부를 현금으로 보유했다. 그러나 이 비율은 매우 낮았고, 펀드 자산의 85~95% 이상은 항상 주식에 투자되었다.

템플턴이 읽은 첫 번째 책은 가치 투자의 대부 벤저민 그레이엄이 쓴 『증권 분석』이었다. 따라서 그는 싼 주식을 찾는 것을 강조한 그레이엄의 접근 방식에 매우 공감했다. 그는 또한 기업을 매수하는 데 있어 과도하게 지불하지 않는 것이 중요하다는 점에도 동의했다. 그러나 그는 일부 기업들은 서류상으로는 저렴하게 보이지 않더라도, 그들의 미래 성장 전망과 이윤 마진이 충분히 좋아서 그들의 현재 가치를 정당화할 수 있다면 여전히 매수할 수 있다고 믿었다.

템플턴은 시장이 과소평가한 주식을 찾기 위해서는 시장의 컨센서스로부터 감정적으로 분리되어야 한다고 느꼈다. 그는 자신이 월스트리트와 물리적으로 더 가까이 있을수록 군중 심리에 휩쓸리기

....
[99] 시기에 따라 포트폴리오의 자산 배분을 능동적으로 조정하는 방식.

쉬울 것이라고 생각했다. 따라서 템플턴은 사무실을 뉴욕에서 멀리 떨어진 곳으로 옮기기로 했다. 처음에는 뉴저지New Jersey로 이사했다.[100] 하지만 1968년에는 보다 더 멀리 카리브해의 바하마Bahamas로 이주했고, 영국 시민권을 취득했다. (덕분에 그는 1987년 기사 작위를 받았다).

템플턴의 투자 전략 중 가장 중요한 부분은 그의 글로벌 전망이었다. 또한 템플턴은 대부분의 투자자들이 스스로를 해외 시장으로부터 단절시킴으로써 좋은 투자 기회를 놓치고 있다고 생각했다. 따라서 템플턴은 자신의 펀드의 상당 부분을 미국 바깥의 다양한 기업들의 주식에 투자하기 시작했다. 실제로 어떤 때는 전체 주식 포트폴리오에서 미국 주식이 차지하는 비율이 단지 16%에 불과했으며, 이 비율은 해당 펀드가 미국의 상대적인 중요성을 반영했다면 미국 주식이 포트폴리오에서 차지할 비중보다 훨씬 낮은 것이었다.

템플턴의 접근 방식은 큰 성과를 거두었다. 1954년부터 1992년까지 템플턴 성장 펀드는 연평균 16%의 수익률을 기록했다. 이는 같은 기간 동안 S&P 500이 달성한 수익률 11.8%보다 상당히 높은 것이었다. 흥미로운 점은, 그의 가장 뛰어난 실적이 1969년 이후에 나타났다는 것인데, 1969년부터 1992년까지 그는 연평균 18.3%의 수익률을 기록했다. (MSCI 지수를 6% 능가한 실적이었다). 이러한 성공은 요령 있는 마케팅과 결합되어 템플턴 펀드의 규모가 1955년 600만 달러에서 1981년 7억 5,100만 달러로 급증하도록 만들었다. 1992년

....
100 뉴저지는 뉴욕에서 자동차로 30~40분 거리이다.

에 프랭클린 사에 매각되기 전까지, 템플턴 성장 펀드와 그 외 다른 템플턴 펀드들이 관리한 총 자산은 130억 달러에 달했다.

—— 일본 투자의 성공과 너무 이른 철수

일본에 대한 투자는 템플턴의 접근 방식이 가진 강점과 약점을 가장 잘 보여주는 사례다. 2차 세계 대전 후에 일본 기업들은 특별히 싸게 보이지 않았다. 그러나 일본 특유의 회계 방식 때문에, 일본 기업들은 밖으로 보이는 것보다 실제 이익이 훨씬 높았다. 결과적으로 일본 기업들은 믿을 수 없을 정도로 저평가되어 있었다. 동시에 템플턴은 일본 경제가 엄청난 속도로 성장하고 있었으며, 정치적으로 매우 안정되어 있음을 깨달았다. 때문에 이러한 경제성장이 방해받거나 정부가 징벌적인 과세를 도입할 위험이 낮을 것이라고 생각했다.

결과적으로, 1960년대 후반에 일본이 자본 시장에 대한 통제를 폐지하자(그 전에는 외국인 투자자가 일본 주식을 매수하기가 어려웠다), 템플턴은 펀드 자금의 상당 부분을 일본에 투자했다. 1964년에 템플턴은 일본 주식을 전혀 갖고 있지 않았지만, 5년 뒤에 그들은 포트폴리오의 18%를 일본 주식으로 채웠다. 그때만 해도 일본 주식 시장은 글로벌 시장의 3%에 해당했다. 1974년에는 거의 절반 이상의 포트폴리오가 일본 주식으로 채워졌는데, 이때도 비교 가능한 MSCI 세계 지수의 일본 비율은 여전히 12%에 불과했다.

이는 1968년 초부터 12년 동안 니케이 지수가 엄청난 폭등을 겪은 시기와 일치했다. 이 기간 동안 니케이 지수는 5.5배 이상 상승했는데, 배당금을 제외하고도 연평균 약 15%의 수익률에 해당하는 것이었다. 덕분에 그의 펀드는 1970년대 내내 실적이 우수했다. 그러나 1980년대 초에 들어서면서, 이미 오른 주가로 인해 일본은 더 이상 저평가된 나라가 아니었다. 그 결과 템플턴은 일본에 대한 투자를 점점 줄여 나갔고, 거품이 정점이었던 1989년에는 비록 일본 주식이 시가총액 기준으로 전 세계 주식의 40%를 차지하고 있었지만 그는 일본 주식을 전혀 갖고 있지 않았다.

당연하게도, 1980년대 초에 일본 시장에서 너무 빨리 철수한 바람에 템플턴 펀드의 실적이 훼손되긴 했지만, 시장을 이기는 데는 성공했다. 템플턴의 우려는 1989년 말에 시장이 정점에 이르고 붕괴하기 시작할 때 사실로 입증되었다. 일본 시장은 1990년 말부터 1991년 초까지 겨울에 잠시 반등했지만, 1992년 여름까지 거의 60% 하락했다. 템플턴이 자신의 펀드를 직접 관리하는 일에서 물러난 지 25년이 지난 지금까지도 니케이의 주가 수준은 버블 정점 때보다 절반 이하에 머무르고 있다.[101]

—— 해외 투자의 중요성

오늘날 일반 투자자가 과거의 존 템플턴보다 더 쉽게 접근할 수 있는 분야 중 하나가 바로 해외 투자다. 과거에는 투자의 기회를 찾기 위해 비행기에서 많은 시간을 보내야 했으며 해외 투자와 관련한 서류

....
101 최근 니케이 지수는 급격히 상승하여 2024년 3월 현재 버블 시대의 고점을 넘겼다.

작업도 해야 했다. 그러나 요즘은 해외의 각국과 개별 회사에 대한 대량의 정보가 인터넷에 나와 있다. 많은 외국 회사들이 영국과 미국 시장에서 추가로 상장되어 있긴 하지만, 온라인 거래는 해외 투자의 비용과 귀찮은 일들을 줄였다. 게다가 각 나라와 섹터별로 세분화된 ETF들을 이용하면 저렴한 비용으로 해외 시장에 투자할 수 있다.

물론 우리의 컴퓨터와 텔레비전 화면을 통해 폭포처럼 쏟아지는 막대한 정보량의 유일한 단점은 월스트리트와의 감정적 분리를 달성하기가 점점 더 어려워졌다는 것이다. 실제로, 당신이 템플턴처럼 카리브해로 탈출할 수 있을 만큼 충분히 운이 좋다 해도, 월스트리트에 있는 것이나 마찬가지로 많은 뉴스와 시장의 소문에 노출될 것이다. 아마도 당신이 얻는 정보를 선택적으로 처리하는 것만이 해답이 될 것이다.

당신이 템플턴의 발자취를 따르고 싶다면, 극도의 인내심을 갖고 견디는 것이 결정적으로 중요하다. 저평가된 주식을 사서 그 가치가 폭등하는 걸 보는 것은 매우 만족스러울 수 있지만, 마찬가지로 주가가 오르지 못하거나 심지어 계속해서 떨어지는 걸 보는 것은 좌절감을 줄 것이다. 물론 주가가 올라서, 마침내 더 이상 주식이 싸지 않은 시점이 오면 (템플턴이 일본 주식을 팔았던 것처럼) 당신도 주식을 팔아야 할 것이다. 실제로 가치 투자자의 진정한 시험은, 1980년대 말의 일본처럼 고평가된 시장으로 뛰어드는 군중의 행렬을 따르려는 충동을 억제하는 것이다. 이러한 접근 방식은 나중에 결국 옳았다는 것이 입증된다 하더라도 강철 같은 규율을 필요로 한다.

존 템플턴 별점 매기기

투자 성과: 템플턴은 거의 40년 동안 S&P 500 지수를 4%가 넘게 상회하는 성과를 거뒀다. 또한 그는 템플턴 성장 펀드를 대단히 작은 펀드에서 130억 달러 규모의 괴물 펀드로 키웠다. (★★★★★)

투자 기간: 템플턴은 1930년대 중반에 투자를 시작하여 1990년대 초에 은퇴했다. (★★★★★)

영향력: 이미 19세기부터 영국의 투자 신탁들은 해외 투자를 하고 있었지만, 미국의 펀드 매니저들과 개인 투자자들이 외국 기업에 투자하도록 독려하는 데는 템플턴이 큰 역할을 했다. (★★★★)

따라하기 난이도: 특정 지역이나 국가에 폭넓게 투자할 수 있는 여러 ETF들이 있다. 많은 해외 기업들은 영국과 미국의 거래소에 상장되어 있다. 그러나 해외 주식을 직접 매매하는 것은 주요 시장으로부터 멀어질수록 더 비싸진다. (★★)

전체 별점: 별 20개 만점에 별 16개

16장

로버트 W. 월슨

R O B E R T

W . W I L S O N

공매도의 대가

——— 리스크 헤지가 아니라 수익을 위해 공매도하다

투자에서 가장 논란이 되는 것 중 하나가 공매도short selling다. 실제로 많은 사람들이 다른 사람의 불운에서 수익을 얻는다고 생각하여 공매도 — 주가가 하락하여 더 싸게 되사들일 수 있기를 바라며 갖고 있지도 않은 주식을 매도하는 것 — 를 비도덕적이라고 여긴다. 공매도자들은 종종 개별 주식이나 전체 주식 시장의 급락을 일으킨다고 (보통은 근거가 별로 없는) 비난을 받아왔다. 심지어 오늘날에도, 특정 수준까지 가치가 하락한 기업의 주식을 공매도하는 것은 규제 대상이다.[102]

많은 투자자와 트레이더들이 공매도를 해왔지만, 공매도를 투자 전략의 핵심으로 두는 사람은 극소수에 불과하다. 여기에는 두 가지 주요 이유가 있다. 첫째, 한 개의 기업에 하락 베팅을 하고 있다면 공매도 투자 수익의 최대치는 100%다. (그 기업 주식의 가치가 0이 되는 경우 얻게 되는 수익이다). 반면에 손실은 이론적으로 무한대다. 또 다른 이유는 주식이 대부분의 경우 장기간에 걸쳐 채권과 현금을 압도했기 때문에, 특별히 공매도할 주식을 찾는 특별한 재능이 없는 한 장기적으로 돈을 잃을 가능성이 높다.

따라서 공매도에 참여한 투자자들은, 조지 소로스가 검은 수요일을 앞두고 한 것이나 제시 리버모어가 월스트리트 붕괴 직전에 한 것처럼, 상대적으로 제한된 몇몇 경우에만 공매도 전략을 이용했다.

··········
102 한국 주식 시장에서도 하락세가 극심할 경우 전체 시장에서 종종 몇 달씩 공매도가 금지되기도 한다.

또 투자자들은 포트폴리오에 대한 시장 변동의 영향을 헤지하기 위한 대안으로서 공매도를 이용했다. 로버트 윌슨은 이러한 공매도 규칙의 극소수 예외 중 한 명으로, 시장에서 활발히 투자한 30년 동안 수많은 개별 공매도 포지션을 취했고, 이를 단순히 리스크 관리 용도로만 이용한 것이 아니라 적극적으로 돈을 벌기 위해 사용했다.

—— 본업 이전부터 뛰어든 투자의 경험

로버트 윌슨은 1926년 미국 디트로이트Detroit에서 태어났다. 1946년에 그는 애머스트대학교Amherst College에서 경제학 학위를 받고 졸업했다. 미시간대학교 로스쿨에서 2년을 보낸 후, 그는 학교를 중퇴하고 퍼스트 보스턴First Boston 은행에서 일을 시작했다. 짧은 군 의무 복무를 마치고 퍼스트 보스턴 은행에서 약간 더 일한 그는 디트로이트 국립 은행National Bank of Detroit의 신탁 부문에서 더 영구적인 직책을 찾기로 했다. 그는 이때 일하면서 투자에 대해 많이 배우게 되었다고 인정했다.

실제로 윌슨은 부자가 되고 싶다는 열망이 너무나 강했던 나머지 1956년에 저축한 2만 달러를 주식 시장에 몽땅 투자했다. 문제는 주식 시장이 하락하기 직전에 더 많은 주식을 사기 위해 빌린 돈을 사용했다는 것이다. 이 레버리지는 그가 투자한 2개 기업(IBM과 휴스턴 조명 전력 회사Houston Lighting & Power)의 주식이 일시적으로 하락할 때 그를 완전히 파산시켰다. 아이러니하게도 이 두 주식은 금방 회복되어 다음 수십 년 동안 매우 잘나갔다.

1958년에 그는 어머니로부터 15,000달러의 유산을 받아 다시 주식 시장에 투자할 수 있게 되었다. 동시에 그는 뉴욕으로 이주하기로 결정했으며, 거기서 다음 10년 동안 여러 투자 펀드 회사에서 일했는데, 부업으로 자신의 돈도 운영했다. 1968년 당시 그가 일하고 있던 회사인 A.G. 베커A.G. Becker 사는 윌슨이 거래에서 사용한 레버리지 양에 대해 점점 더 걱정하기 시작했다. 그들은 윌슨에게 덜 공격적인 전략을 채택하거나 새로운 직장을 찾으라는 최후통첩을 내렸다. 그때쯤에는 그의 개인 계좌가 너무 크게 성장했기 때문에 그는 그들을 떠나기로 했다.

같은 해, 그는 자신의 헤지펀드인 윌슨 앤 어소시에이츠Wilson and Associates를 설립하기로 결정했다. 그러나 그의 펀드는 1970년대 초 주식 시장 하락으로 인해 큰 타격을 입었으며, 대부분의 투자자들이 펀드를 떠나버렸다. 펀드는 빠르게 회복되어 수개월 내에 손실을 메울 수 있었다. 하지만 믿음의 부족에 분노한 그는 남은 투자자들에게 모든 돈을 돌려주고 자신의 투자에 집중하기로 했다. (나중에는 소규모 외부 투자 파트너십에 일부 참여하기도 했다).

윌슨은 자신의 자금을 15년 동안 계속해서 능동적으로 관리했다. 1986년에 그는 확실한 투자 기회의 횟수가 너무 줄어서 더 이상 시장을 이기는 것이 불가능하다고 느꼈고, 은퇴할 시간이 되었다고 판단했다. 결국 그는 그가 액티브하게 관리하던 투자 자산을 매각하고 자금의 일상적인 책임을 펀드 매니저 그룹에 넘겼다. 그는 또한 작은 규모의 자선 활동을 시작했다. 2000년에는 자신의 재산 중 상당 부분을 사립 자선 재단에 기부하기로 결정했다. 2013년 말에 그가 사망한 후, 그의 잔여 재산은 자선 단체에 기부되었다.

—— 헤지 수단에 레버리지를 더하다

윌슨의 전략은 주식에서 매수 포지션long positions을 취하는 것이었다. 그런 후 그는 매수 포지션 중 일부를 신중하게 선택한 공매도shorts로 부분적으로 상쇄시켰다. 수익을 배가하기 위해 그는 빌린 돈을 사용하여 투자 가능한 자금을 증가시켜 레버리지를 더했다. 실제로, 윌슨의 전기 작가인 로머 맥피Roemer McPhee는 윌슨이 투자한 돈 5달러 중 4달러가 빌린 돈이라고 추정한다. 매도 포지션[공매도]은 시장 변동이 가하는 충격을 줄여주지만, 늘어난 레버리지는 만약 그의 상승 및 하락 전망이 틀렸다면 심지어 짧은 기간에도 매우 빠르게 많은 돈을 잃을 것을 의미했다.

윌슨의 매수 포지션은 주로 성장주였다. 개인 투자자로서 그는 매매 차익으로 인한 자본 소득에 대한 과세가 배당 소득에 대한 과세보다 세율이 훨씬 낮은 점을 십분 활용했다. 그는 또한 성장주가 더 보수적인 스타일의 주식보다 변동성이 더 높다는 점을 좋아했다. 실제로 높은 변동성은 성장주 매매에서 큰 차익을 얻을 가능성을 높여주었기 때문이다. 특히, 윌슨은 두 가지 유형의 성장주를 선호했다. 첫 번째 유형은 경쟁사보다 더 혁신적인 기업들로, 이들은 시장 점유율과 마진 둘 다를 유지할 수 있었다. 두 번째 유형은 매우 빠르게 성장하고 있는 산업에 속한 기업들이었다.

로버트 윌슨의 매도 포지션은 세 가지 범주로 나눌 수 있다. 첫째로, 그는 주식 중개인들과 다른 투자자들에 의해 과도하게 포장되어 합리적 투자자가 지불할 수준을 훨씬 초과하여 가격이 치솟은 기업들을 공매도했다. 둘째로, 그는 지금까지는 잘해왔지만 경쟁에 취약할 것 같은 기업들을 공매도했다. 경쟁은 마진을 깎아먹고 결과적으로 이익을 저하할 가능성이 있기 때문이다. 마지막으로, 윌슨은 심각한 문제에 처해 있거나 파산의 위험에 몰려 있어 주가가 0이 될 수도 있는 기업들을 공매도했다.

── 종잣돈으로 거대한 부를 일구다

윌슨의 전략은 극도로 위험하다고 할 수 있지만, 그의 꿈에서도 상상할 수 없었던 성공을 거두게 했다. 1958년에 15,000달러로 시작한 그의 투자는 1986년에 이르면 그 포트폴리오 가치가 2억3,000만 달러에 달하게 되었다. 연평균 40%의 복리 수익률이었다. 그의 순자산이 1958년부터 1960년까지 10배로 증가했다는 사실에서 볼 수 있듯이 그는 처음부터 큰 도약을 이루었을 뿐만 아니라 본업에서 벌어들인 돈도 확실히 그의 포트폴리오에 계속 넣었다. (이는 성과 수치를 더 왜곡시켰다). 첫 두 해 동안의 가치 급등을 제외하더라도, 26년 동안 32.6%에 달하는 연간 수익률은 특히 1960년대와 1970년대에 주식시장이 여러 번 하락했음을 감안할 때 여전히 발군이라 하지 않을 수 없다.

1986년부터는, 그의 순자산은 2억3,000만 달러에서 2000년에 최고점인 8억 달러까지 증가했다. 연평균 수익률로 환산하면 5.3%인데 확실히 그렇게 인상적이진 않다. 또한 외부 펀드 매니저를 이용한다는 것이 문제점으로 크게 부각되었다. 그러나 이때부터 그는 이미 다양한 자선 단체들에 기부하기 시작했고, 이는 그가 모아둔 자본에서 돈을 인출해야 했다는 것을 의미했다. 총평하자면, 초기 15,000달러 투자가 42년 동안 8억 달러로 성장한 것은, 같은 기간 동안 S&P 500의 수익률이 12.9%이었던 것에 비해 그의 순자산은 연평균 거의 30%에 육박하는 속도로 성장했다는 것을 의미한다.

─── 롱과 숏, 모두 성공하다

윌슨의 주요 장기 투자 중 하나는 초기 컴퓨터 회사인 데이터포인트 Datapoint에 대한 투자였다. 윌슨은 이 회사의 제품인 컴퓨터 단말기와 초기 개인용 컴퓨터가 기존 기술보다 훨씬 우수하고, 사용하는 기업 입장에서 훨씬 편리하다는 사실에 매료되었다. 그는 이러한 기술적 우위 때문에 데이터포인트가 향후 엄청나게 성장할 여지가 있다고 생각했다. 이러한 판단은 옳았다. 윌슨이 투자하기 전에도 데이터포인트의 주가는 이미 상당히 오른 상태였지만, 여전히 그는 1969년부터 1982년까지 14배의 수익을 올릴 수 있었다.

또 다른 성공적인 장기 투자 사례로 데니스Denny's라는 레스토랑 체인이 있다. 윌슨은 맥도날드의 성공이 패스트푸드에 대한 엄청난 수요를 보여주었다고 생각했다. 그는 데니스 역시 매우 유사한 프랜차이즈 전략을 따르고 있으며, (햄버거와 감자튀김이 아닌 커피와 아침식사라는) 특정하게 세분화된 시장을 타깃으로 잡았기 때문에 맥도날드와 직접 경쟁하지도 않는다는 점을 좋아했다. 더군다나 데니스는 덜 알려져 있었기 때문에 주가가 더 쌌다. 윌슨은 1960년대에 이 주식을 매수했고 많은 돈을 벌었다.

1970년대 후반 내내 유가가 급등하여 1980년 초에는 배럴당 가격이 40달러(인플레이션을 감안한 가격으로는 약 115달러)까지 치솟았다. 결과적으로, 석유 회사의 주가도 크게 상승했다. 윌슨은 유가 상승이 지속 가능하지 않다고 믿었으며, 가장 엉망인 석유 회사들이 원유 가격 하락에 극도로 취약하다고 판단했다. 1980년 말에 그는 많은 석유 회사들을 공매도하고 있었다. 1980년대 중반에 접어들자 원유 가격이 거의 배럴당 10달러로 하락했으며, 윌슨이 공매도한 많은 기업들이 파산했다.

애틀랜틱 씨티에서의 숏 스퀴즈

윌슨은 성공적인 투자자였지만 그가 1976년부터 1978년까지 호텔 및 카지노 체인인 리조트 인터내셔널Resorts International 을 공매도하기로 한 것은 그의 몇 되지 않는 큰 실수 중 하나로 기억된다. 윌슨이 리조트 인터내셔널에 주목한 이유는 호텔 체인이 부실하게 운영되고 있고 이익이 부풀려졌을 거라고 생각했기 때문이다. 이 회사가 애틀랜틱 씨티에 카지노를 개장하기로 했을 때 그의 비관적인 전망은 한층 더 강화되었다. 왜냐하면 그는 상대적으로 춥고 비가 잦은 이 도시를 찾을 사람이 거의 없을 것이라고 느꼈기 때문이다. 더 냉소적으로, 그는 조직 범죄에 대한 규제 조치로 말미암아 카지노가 도박 빚을 청구하는 것이 더 어려워질 거라고 믿었다.

그러나 투자자들은 그의 판단과는 다르게 생각하여 리조트의 주가를 8달러에서 20달러로 끌어올렸다. 게다가 카지노 개장은 대박이었다. 도박꾼들은 (장시간 비행기를 타야 했던 라스베이거스와 비교해서) 뉴욕과의 짧은 거리라는 장점을 이용했다. 1978년 6월까지 주식 가격은 80달러에 이르렀다. 윌슨은 일부 주식을 손실을 보면서 되샀지만, 여전히 대량의 매도 포지션을 유지하고 있었다. 그는 주가가 너무 높아서 다시 하락하는 것이 당연한 이치라고 생각했다.

그러나 그의 손실 소식이 월스트리트 전체에 퍼지자, 투자자들은 '숏 스퀴즈short squeeze'를 시작했다. 숏 스퀴즈는 사람들이 대량의 공매도가 이루어진 주식을 사들이는 데서 일어난다. 결과적으로 주가가 상승하면 공매도자들이 자신의 매도 포지션의 손실을 줄이기 위해 어쩔 수 없이 주식을 매수할 수밖에 없을 것이라는 기대로 주식을 사들이는 것이다. 공매도자들의 강요된 매수는 결국 주가를 더욱 밀어 올리게 된다.[103]

이 문제는 윌슨이 휴가를 하루 더 연장하면서 훨씬 꼬여버렸다. 그는 한나절 관광이 끝나고 돌아올 때서야 빨리 포지션을 청산하라는 중개인들의 메시지를 발견하게 된 것이다. 마침내 그들은 윌슨이 공매도를 청산하지 않으면 더 이상 신용을 연장하지 않겠다고 말했

---

[103] 매수자들은 기대와 다르게 주가가 하락하면 손실을 줄이기 위해 주식을 매도한다. 이를 보통 손절매stop-loss라고 한다. 마찬가지로 공매도자들도 예상과 다르게 주가가 상승하면 주식을 매수하여 손실 중인 포지션을 청산한다.

다. 그는 결국 굴복했고, 주당 187달러에 남은 포지션을 청산했다. 그는 총 2,400만 달러 넘게 손실을 보았다. 그러나 매수 포지션 쪽에서는 성과가 좋아서, 그해에 그가 잃은 돈은 1,400만 달러에 그칠 수 있었다.

─── 세계 8대 불가사의

대부분의 전문가들은 투자 전략이 무엇이든 간에 너무 큰 레버리지를 부담하는 것은 일반 투자자에게 좋지 않은 생각이라고 입을 모은다. 그러나 윌슨의 성공은 공매도가 단순히 시장 하락[104]에 대한 리스크 헤지로서의 역할만이 아니라 그 자체로 수익을 창출할 수 있다는 것을 보여준다. 실제로 텍사스A&M대학교의 페르하트 악바시Ferhat Akbas가 2008년에 한 연구에 따르면, 매우 심하게 공매도된 주식들은 일반적으로 전체 시장보다 나쁜 성과를 냈다. 이는 공매도자들이 일반적으로 능란한 투자자들이라는 것을 시사한다. 물론 그들이 일반적으로 잘하는 이유는, 큰돈을 잃는 것으로 끝나지 않으려면 그들이 최고여야 하기 때문이다.

윌슨의 리조트 인터내셔널에 대한 공매도 실패 사례는 최고의 공매도자들조차도, 시장의 예측 불가능성 때문이든 초기 아이디어가 잘못되었기 때문이든 또는 두 가지의 결합 때문이든 간에, 완전히 깡통을 차는 일이 종종 벌어질 수 있다는 것을 보여준다. 정말이지 어

....
104 원문에는 시장 '상승'으로 되어 있으나 오기로 보여 문맥에 맞게 '하락'으로 고쳐 번역했다.

떤 경우에는 공매도로 인한 손실이 초기 투자금의 몇 배가 될 수도 있다.[105]

월슨의 투자 아이디어 중 대부분은 원래 그가 매일 대화를 나누는 수많은 주식 중개인들로부터 왔다는 것을 지적하는 것 역시 중요하다. 하지만 그는 그 후에 자신만의 리서치와 분석을 수행하여 그것들이 따를 가치가 있는지, 아니면 무시해야 하는지, 아니면 심지어 반대 방향으로 나아가야 하는지를 결정했다.

마지막으로, 월슨이 장기간에 걸쳐 종잣돈으로 상상 초월의 부를 일구었다는 사실은 복리複利의 힘을 보여준다. 앨버트 아인슈타인Albert Einstein의 유명한 말처럼, "복리는 세계 8대 불가사의다. 복리를 이해하는 자는 그것을 벌고, 이해하지 못하는 자는 그것을 지불한다." 실제로 월슨이 그렇게 성공하지 못해서 단지 시장을 따라가는 정도에 그쳤다 하더라도, 그가 1958년에 투자한 15,000달러는 2000년까지 거의 2,500만 달러라는 엄청난 금액이 되었을 것이다.

....

105 주식 투자는 손실이 투자금에 한정되지만(즉 최악의 경우에 투자한 주식의 가격이 0이 됨), 공매도는 이론상 손실이 무한대이다(공매도한 주식의 가격이 계속 오를 수 있기 때문이다). 월슨처럼 공매도에 레버리지를 이용하는 경우엔 손실금이 천문학적 규모로 불어날 수 있다.

로버트 W. 윌슨 별점 매기기

투자 성과: 레버리지를 사용한 초창기 투자는 윌슨을 완전히 파산시켰다. 투자자들에게 돈을 벌어다 주긴 했지만 그가 헤지펀드를 운영한 시간도 행복하지 않았다. 아마 월스트리트에서 받은 급여를 자신의 투자금에 계속 채워 넣었겠지만, 그래도 그가 15,000달러를 8억 달러로 불린 것은 정말 대단한 일이다. (★★★★★)

투자 기간: 윌슨은 25년 넘게 활발히 매매했고, 40년에 걸쳐 그의 돈을 불리기 위해 노력했다. (★★★★★)

영향력: 그의 엄청난 성공에도 불구하고, 윌슨은 매우 간과된 인물로 남아 있다. 심지어 오늘날에도 그는 리조트 인터내셔널에서 돈을 잃은 이야기로 가장 잘 알려져 있다. (★★)

따라하기 난이도: 공매도와 과도한 레버리지 사용은 극도로 위험한 전략이므로 일반 투자자에게는 권장되지 않는다. 그가 투자에 집중하기 위해 본업을 포기해야 했다는 사실은 이러한 전략을 성공적으로 실행하기 위해 얼마만큼 많은 노력을 기울여야 하는지를 보여준다. (★★)

전체 별점: 별 20개 만점에 별 14개

17장

에드워드 O. 소프

EDWARD

O. THORP

퀀트의 복수

수학, 데이터, 컴퓨터의 투자 세계

지난 30년 동안 금융권에서는 '퀀트quants' 또는 '로켓 과학자rocket scientists'[106]의 수가 급증했다. 이들은 일반적으로 과학, 수학 또는 통계학 배경을 가지고 있으며 대량의 과거 데이터를 분석하여 시장의 이례적 현상market anomaly을 찾는다. 그런 다음 그들은 이러한 이례 현상을 자동으로 이용하며 추가적인 인간의 개입을 필요로 하지 않는 컴퓨터 프로그램을 개발한다. 투자에 대한 이런 접근 방식의 지지자들은, 이미 구식이 되어버렸고 주관적인 인간 판단일 수 있는 관습적 통념에 의존하는 전통적인 주식 선별보다 이런 방식이 훨씬 더 증거 기반적이고 객관적이라고 주장한다.

물론, 비판자들은 대규모 데이터를 분석한다면 실제로 존재하지 않는 이례 현상들조차 우연히 발견될 수 있다고 주장하여 반박한다. 실제로, 어느 시점에서 이례 현상들이 존재했더라도, 다른 사람들이 그것들을 찾고 있을 때 그것들이 계속해서 존재한다는 보장이 없다. 또한 비판자들은 많은 과학자와 수학자들이 금융 데이터를 꼼꼼하게 추려내는 작업을 무미건조한 일로 여기며, 특히 더 첨단적인 금융 리서치와 비교할 때 그렇다고 지적한다. 결과적으로, 월스트리트에 오게 되는 사람들은 다른 곳에서 더 위신 있거나 지적으로 자극이 되는 역할을 얻을 수 없는 사람들이다.

퀀트의 지적 능력이 최고 수준이고 이례 현상이 실제 있더라

....
106 로켓 과학자란 경제학이나 금융 분야에서 일하는 물리학자들의 별칭이다.

도 수학적 모델의 사용은 지나친 자신감을 일으킬 수 있다. 고전적인 사례는 헤지펀드인 롱텀 캐피털 매니지먼트Long-Term Capital Management(LTCM)다. 1994년에 샐러먼 브라더스Salomon Brothers의 채권 트레이딩 책임자 1명과 2명의 노벨 경제학상 수상자가 설립한[107] 이 회사는 자동화된 채권 매매로 큰돈을 벌기 위해 초창기에 많은 양의 레버리지를 사용했다. 그러나 회사는 1998년 러시아의 채무 불이행 직후 발생한 시장 붕괴로 인해 거의 파산 직전까지 이르렀으며, 이 때문에 미국 연방준비제도가 구제 금융을 조직하기까지 했다.[108]

이러한 비판들에도 불구하고, 정량적 투자 혁명이 크게 반전될 가능성은 적다. 실제로, 로켓 과학자들에게 가장 큰 위협은 전통적인 주식 선별가나 규제 기관이 아닌 인공지능의 발전에서 올 것이라고 당신은 주장할 것이다. 일부 헤지펀드(예컨대 센티언트 테크놀로지스 Sentient Technologies)는 이미 자사의 투자 전략을 담당하는 프로그램을 개발하고 있으며, 이는 퀀트들을 쓸모없는 존재로 만들 것이다. 이러한 발전에 중요한 역할을 한 인물은 여럿 있었지만, 정량적 전략을 체계적으로 사용한 최초의 투자자 중 한 명이 바로 에드워드 O. 소프다.

....
107 채권 트레이더는 존 메리웨더이고 경제학자는 로버트 머튼과 마이런 숄스다.
108 LTCM은 구제 금융 변제 압박으로 결국 2000년에 파산했다.

── 블랙잭에서 주식 시장으로

에드워드 소프는 1932년 시카고에서 태어났지만 가족과 함께 나중에 캘리포니아의 로미타^{Lomita}로 이주했다. 화학과 물리학에서 높은 성적을 받아 버클리 캘리포니아대학교의 장학생이었지만, UCLA로 전학하여 학부 과정을 마쳤다. 그는 화학 학위를 받은 후, 전공을 수학으로 바꿔 대학원에 진학했고 1958년 박사 학위를 취득했다. 그러던 중 그는 라스베이거스를 한번 방문한 계기로 블랙잭 (또는 21이라고 알려진) 게임[109]에 흥미를 갖게 되었다. 당시 소프는 MIT에서 박사 후 과정 연구 중이었는데, 이미 나온 카드를 계산해서 전략을 조정한다면 카지노에서 작은 우위를 얻을 수 있다는 것을 깨달았다.

1961년 소프는 그의 연구 결과를 발표하고 큰 호평과 주목을 받았다. 업계의 많은 사람들이 카지노를 일관되게 이길 수 있는지에 대해 회의적인 의견을 표명하는 가운데, 몇몇 투자자들이 그의 아이디어를 지원하기 위해 후원금을 냈다. 뒤이은 라스베이거스 여행으로 소프와 그의 협력자들은 많은 돈을 벌긴 했지만 대부분의 카지노에서 신속하게 입장을 금지당했다. (소프는 한 카지노가 그가 게임을 하는 동안 음료에 약물을 넣으려고 시도했으며, 심지어 그의 자동차 가속페달을 조작했다고 주장했다).

소프는 1962년 말에 출간된 베스트셀러인『딜러를 이겨라^{Beat}

....
109 딜러에게 카드를 한 장씩 받아 딜러보다 먼저 카드에 적힌 숫자의 합이 21에 가까운 수가 되면 이기는 게임이다. 단 21을 초과하면 진다.

the Dealer: A Winning Strategy for the Game of Twenty-One 』에서 그의 전략을 상세히 설명했다. 많은 도박가들이 이 책을 읽고 그의 발자취를 따라가려고 시도했다. 비록 카드 카운팅은 여전히 합법적이지만, 카지노는 이를 시도하는 사람들에 대해 여러 대응 조치를 취할 수 있다. 예를 들어 게임 규칙을 바꿔 배당률을 자신들에게 유리하게 변경하는 것(일부 내기의 지불액payout을 낮추기 등)에서부터 의심되는 카드 카운터들의 카지노 입장을 단순 금지하는 것까지 여러 방법이 있다.

소프가 도전한 게임은 블랙잭만이 아니었다. MIT에 있을 때, 그는 룰렛[110] 휠에 구슬이 떨어질 때 구슬이 안착할 가능성이 높은 곳을 예측할 수 있는 기계를 고안했다. 그러나 초기의 라스베이거스 시험에서는 일관된 수익을 창출하기에 충분히 잘 작동하는 것으로 나타났지만, 문제는 이 장치가 너무 취약해서 파손되기 쉽다는 것이었다. 결국 그는 이 장치를 더 개선하려고 하면 시간이 너무 많이 걸릴 것이라고 생각했다. 결과적으로 그는 많은 컴퓨터 과학자들이 최초의 웨어러블 컴퓨터로 여기는 것을 개발했음에도 불구하고 이 프로젝트를 포기해버렸다.

1960년대 중반에 소프는 주식 시장에 주목했다. 처음에는 벤저민 그레이엄의 책 『증권 분석』과 기술적 분석 및 차트에 관한 여러 저작물을 읽으며 기존의 투자 전략을 따라해 보려고 했다. 그러나 막상 주식 투자를 시작해보니 그는 더 과학적이고 체계적인 접근 방식

....
110 돌아가는 휠에 구슬을 떨어뜨려 구슬이 안착하는 칸의 숫자에 따라 승패와 배당이 정해지는 게임.

이 필요하다고 확신했다. 특히 옵션 시장이 그를 매료시켰고, 그는 관심사를 옵션 매매로 돌려 이를 통해 지속적으로 수익을 창출하는 방법을 연구했다. 1966년에 그는 캘리포니아대학교 어바인 캠퍼스의 수학 교수로 재직하면서 그의 전략을 『시장을 이겨라: 과학적 주식 시장 시스템Beat the Market: A Scientific Stock Market System』이라는 또 다른 베스트셀러에 상세히 기술했다.

처음에 소프는 친구들과 동료 교수들, 그리고 그에게 흥미를 가진 투자자들의 자금을 관리했다. 그러나 자신의 펀드를 청산하고 있던 워런 버핏과의 만남을 통해, 소프는 자신의 다양한 계좌를 공식적으로 헤지펀드로 전환해야 한다는 것을 확신하게 되었다. 그래서 그는 부처 앤 쉐러드Butcher & Sherrerd의 주식 중개인 제이 리건Jay Regan과 함께 컨버터블 헤지 어소시에이츠Convertible Hedge Associates를 설립했다. (나중에 이 회사는 프린스턴/뉴포트 파트너스Princeton/Newport Partners로 알려졌다). 1969년부터 1989년까지 운영된 프린스턴/뉴포트 파트너스는 최초의 퀀트quantitative 헤지펀드 중 하나가 되었다.

프린스턴/뉴포트 파트너스는 프린스턴 사무소의 두 명의 고참 매니저가 논란이 많은 정크본드 투자자이자 내부 거래자인 마이클 밀켄Michael Milken이 소유한 주식을 숨기는 데 도움을 준 혐의로 조사를 받은 결과, 결국 문을 닫을 예정이었다. 그들에 대한 유죄 판결은 결국 뒤집혔고 소프의 사업 부문은 연루되지 않았으나, 소프는 리건과 결별하기로 마음먹었다. 이전의 투자자들은 소프를 설득하여 두 번째 펀드인 리지라인 파트너스Ridgeline Partners를 설립하도록 했는데, 이는 1994년부터 8년간 운영되었다. 또한 소프는 1992년부터

2002년까지 10년 동안 주요 기업을 위한 관리 계정을 운영했다.

1990년대 내내 소프는 프리랜서 투자 컨설턴트로 활동하는 등 다양한 프로젝트를 추구했다. 이 글을 쓰는 지금 그는 여러 생명공학 프로젝트를 추진 중이다. 그중 하나는 각막이 이식되기 전에 더 오래 보관될 수 있게 하는 것이다.

── 체계적이고 과학적인 투자

맨 처음 소프는 정해진 가격에 주식을 매수할 수 있는 장기 콜 옵션인 워런트warrant에 집중했다. 그는 워런트의 가격을 정확하게 매길 수 있는 공식을 개발했다. 추가적인 연구를 통해 소프는 시장에서 그것들이 자주 고평가된다는 사실을 알게 되었다. 이를 이용해 그는 가장 터무니없이 고평가된 워런트를 매도하여 일정한 이익을 올릴 수 있었다. 동시에 워런트의 기초 자산이 되는 주식을 매수하여 하방 위험을 제한했다. 워런트가 저평가되는 경우는 거의 없었지만, 그럴 때는 반대로 워런트를 매수하고 주식을 공매도했다.

다음 20년 동안, 프린스턴/뉴포트 파트너스는 전환 사채(특정 가격에 도달하면 주식으로 전환될 수 있는 채권)를 다루기 시작하면서 다른 시장에서도 유사한 기회를 찾기 위해 노력했다. 또한 페어 트레이딩도 했는데, 이는 일반적으로 서로 밀접하게 거래되는 같은 섹터의 주식들 중에 일시적으로 가격대를 이탈한 주식을 찾는 것이다. 그런 후 이러한 주식들의 가격이 다시 일정하게 수렴할 것이라는 데 베팅하여, 하락한 주식을 매수하고 급등한 주식을 매도하는 것이었다. 또한

1980년대 초 변동성이 높은 상품[원자재] 시장에서 인기를 끌었던 세 번째 전략은, 서로 다른 날짜에 인도되는 금 선물 가격의 차이를 이용하는 것이었다.

또 다른 주요 아이디어는 소프가 "통계적 차익 거래statistical arbitrage"라고 부른 것이었다. 소프는 다양한 지표(예를 들어 가격 모멘텀[111] 및 주가수익비율)가 미래 수익에 미치는 영향을 연구했다. 그는 이러한 연구 결과를 활용하여, 주식을 매력적인 순서대로 순위를 매길 뿐만 아니라 주가가 잘나갈 것으로 예상되는 주식을 자동으로 매수하고 부진할 것으로 예상되는 주식을 자동으로 매도하는 컴퓨터 프로그램을 만들었다. 이러한 헤지 방식은 수익이 전체 시장의 방향성에 의존하지 않도록 보장해주었다.

이러한 전략들 중 어느 것도 새롭거나 독창적이지 않았다. 전환 사채를 이용한 차익 거래는 수십 년 동안 이미 존재했고, 데이비드 리카도는 19세기 초에 매우 원시적인 형태의 페어 트레이딩을 했었다. 주식을 이익과 장부 가치 대비 싼 가격에 매수하는 아이디어도 특히 1948년에 『현명한 투자자』가 출간된 이후로는 이미 확립된 전략이었다. 그러나 소프가 기회를 찾고 많은 거래를 자동으로 수행하는 데 컴퓨터를 이용한 것은, 프린스턴/뉴포트 파트너스의 투자가 다른 펀드들과 비교했을 때 훨씬 더 체계적이었음을 의미했다.

물론 프린스턴/뉴포트 파트너스는 인간의 재량 요소를 유지했

....
111 일정 시점 이전 과거 주가와 현재 주가의 차이를 말한다. 가격 모멘텀 전략price momentum은 추세 추종 전략이다.

다. 그들은 투자은행인 샐러먼 브라더스에서 전문적인 채권 트레이더를 고용하고 특히 잘 운영되는 것으로 생각되는 다른 헤지펀드에 투자했다. 이렇게 돈을 벌기 위해 더 전통적인 방법으로 우회하는 것은 일반적으로 성공적이었지만, 소프는 궁극적으로 객관적인 데이터 기반의 투자가 우월한 결과를 낳고 개인마다 시장에 대해 매우 다른 견해를 가질 수 있는 다수의 인원을 관리하는 것과 관련된 스트레스를 피할 수 있다고 믿었다. 결과적으로 소프의 후계 펀드인 리지라인 파트너스와 그 운용 계좌는 거의 완전히 컴퓨터가 생성하는 투자 결정에 의존하게 되었다.

── 로우 리스크, 하이 리턴

프린스턴/뉴포트 파트너스는 20년의 운영 기간 동안 대단한 성공을 거뒀다. 정부 조사 — 이 조사로 펀드는 결국 청산되었다 — 로 인한 법률 비용과 청산 과정에서 들어간 비용에도 불구하고, 펀드는 운영 기간 내내 막대한 수익을 가져다 주었다. 1969년 11월에 설립된 프린스턴/뉴포트 파트너스에 투자한 1,000달러는, 투자를 중단하고 자산을 청산하기 시작한 시점인 1988년 12월에 13,920달러의 가치로 증가했다. 이는 연평균 순수익률로 계산하면 15.1%에 해당하며, S&P 500의 연평균 수익률 10.2%와 비교할 때도 놀라운 성과다. 수익률 그 자체로도 인상적이지만, 더 중요하게는 시장보다 변동성이 훨씬 덜했다는 점이다. 펀드의 실적이 마이너스가 된 해는 한 번도 없었으며, 심지어 시장이 26.5%나 하락한 1974년에도 마찬가지였다.

1992년부터 2002년까지 소프가 운영한 투자 계좌는 더 뛰어난 성과를 거두었다. 10년 동안 연평균 수익률이 18.2%에 달했는데, 같은 시기 시장 전체의 수익률은 7.8%였다. 이는 펀드에 투자한 10,000 달러가 마지막에는 54,800달러로 증가했음을 의미한다. 이러한 수치는 총 수익률이라 실제 투자자들은 수수료를 제하고 더 적은 수익을 받았겠지만, 훨씬 더 적은 변동성으로 이 정도의 이익을 만들어냈다는 것이 중요하다. 실제로 소프는 더 낮은 리스크를 계산에 넣는다면, 그의 계좌가 전체 시장보다 5배 이상 우수한 성과를 거뒀다고 주장한다.

—— 다른 좋은 투자 사례들

프린스턴/뉴포트 파트너스의 체계적인systematic 투자 스타일에서는 특별히 수익성이 좋은 개별적인 매매를 찾는 것이 불가능하다. 그러나 소프는 여러 차례 괜찮은 투자를 했다. 1982년부터 그는 자기 재산 중 상당 부분을 워런 버핏의 버크셔 해서웨이에 투자했고 이 주식을 친구들에게도 추천했다. 또 소프는 저축대부조합mutual savings and loans association의 예금주들이 유리한 가격으로 대량의 주식을 배당받을 것이라는 것을 깨닫고 공개 회사로 전환을 고려하는 저축대부조합들에 그의 아들과 함께 상당한 금액을 예치했다. 일단 회사가 상장하고 주식을 받자 그들은 자금을 회수함으로써 많은 돈을 벌었다.

투자 컨설턴트로서, 소프는 버나드 메이도프Bernard Madoff의 헤지펀드에 투자한 투자자의 기록을 감사하도록 요청받았다. 당시 메이도프의 펀드는 거의 또는 아무 리스크 없이 강력한 수익을 창출하는 것으로 보였다. 소프는 메이도프에 대해 의심을 키우면서 더 깊게 살펴보았고, 메이도프가 주장하는 옵션 매매 횟수와 공개 기록에 명시된 거래량 사이의 광범위한 불일치를 확인했다. 메이도프가 폰지 사기를 벌이고 있다는 그의 결론은 옳았지만, 다른 사람들이 소프의 경고를 무시했고 이로 인해 그의 고객이 펀드를 떠나는 결과를 가져왔다. 18년이나 지난 2008년 12월에서야 메이도프는 당국에 자수하고 모든 것이 사기였다고 자백했다.

—— 소프의 발자취를 어떻게 따를 것인가?

당신이 소프를 직접 모방하고 싶다면, 수학과 컴퓨터 프로그래밍을 다시 배워야 할 것이다. 그러나 수학적 재능이 부족한 사람들도 스마트 베타 ETF[112]에 투자함으로써 소프의 선례를 따를 수 있다. 이러한 펀드는 예컨대 가치 투자와 같은 특정한 투자 전략을 따라 시장을 이기려고 한다. 그러나 전통적인 펀드와 달리, 인간 관리자에 의존하는 대신 체계적인 방식으로 그렇게 한다. 이들 ETF는 덜 전문화된 ETF 보다는 비싸지만, 액티브 펀드보다는 저렴하다.

투자에 대해 정량적 접근보다는 정성적qualitative 접근을 선호하

··········
112 스마트 베타smart beta ETF는 단순히 전체 시장의 지수를 추종하는 것이 아니라, 높은 성과를 거둘 가능성이 높은 특정 요인들(가치, 고배당, 저변동성, 시가총액, 모멘텀 등)에 초점을 맞추거나 몇 가지를 결합하여 구성한 ETF이다.

는 사람이라 할지라도, 리스크 관리에 대한 소프의 태도로부터 많은 것을 배울 수 있다. 그는 하방 위험을 제한하는 것을 확실히 했고, 너무 많은 레버리지를 떠안지 않는 것을 중요하게 여겼으며, 켈리의 기준Kelly Criterion의 열렬한 신봉자였다. 켈리의 기준은 각 개별 베팅(또는 투자)에 얼마의 자금을 걸어야 하는지 결정하는 시스템으로, 기본 아이디어는 투자의 인지된 위험성과 예상 수익에 따라 베팅하는 정도가 달라진다는 것이다. 간단히 말해서, 당신이 우위를 가진 것이 확실한 경우에만 큰 금액을 거는 것이 좋다. 사실상 이것은 가치 투자의 '안전 마진'의 조금 더 정교한 버전이라 할 수 있다.

에드워드 O. 소프 별점 매기기

투자 성과: 소프의 펀드와 그의 사적인 계좌 모두 시장을 상당한 정도로 이겼다. (★★★★★)

투자 기간: 소프는 1960년대 말 옵션 매매에 대한 그의 조사를 계기로 주식 시장에 관심을 갖기 시작했고, 30년 넘게 다양한 펀드에 관여했다. (★★★★★)

영향력: 소프는 투자에서 퀀트 혁명quantitative revolution의 시작을 촉발하는 데 큰 역할을 했다. 이는 은행과 펀드가 숙련된 수학자와 과학자를 고용하고 컴퓨터를 사용하여 시장의 이례 현상을 식별하고 그것에서 수익을 만들어내는 것이었다. (★★★★)

따라하기 난이도: 수익이 될 만한 이례 현상을 발견하는 것은 쉽지 않으며, 일정 수준의 수학적 능력과 시간이 필요하다. 많은 경우, 겉으로 이는 이례 현상은 (거래 비용 측면에서) 수익 대비 너무 비싸거나 단순한 통계적 신기루에 불과하다. 몇몇 스마트 베타 ETF는 일부 더 기본적인 특이성(예를 들어 장부 가치 대비 싼 주식[113]이 지속적으로 성과가 좋음)을 이용하기 위해 설정되었지만, 이러한 ETF들은 여전히 매우 논쟁적이다. (★★)

전체 별점: 별 20개 만점에 별 16개

---

113 저PBR 주식.

18장

존 메이너드 케인스

JOHN

MAYNARD

KEYNES

주식하는 경제학자

거시경제학의 거목

당신이 경제학자가 아니라 하더라도 존 메이너드 케인스가 누군지는 아마 어느 정도 알 것이다. 그의 경제 이론은 2차 세계 대전 직후에 엄청난 인기를 끌었다. 1970년대 후반부터는 유행이 지나갔지만, 최근에 다시 주목받고 있다. 금융 시장에 대한 케인스의 신랄한 태도는 유명하다. 그는 "한 나라의 자본 발전이 카지노 활동의 부산물이 되면, 그러한 발전은 제대로 이루어지지 않을 것이다"고 말했다. 그는 투기를 막기 위해 거래세를 지지했을 뿐만 아니라 심지어 정부가 "투자의 매수를 결혼처럼 영구적이고 불가분하게 만들어야 한다"고 반농담조로 제안하기도 했다.

케인스는 누구든지 시장을 일관되게 이기는 능력에 대해 회의적이었으며, "진정한 장기 예측에 근거한 투자는 오늘날 거의 실현 불가능할 정도로 어렵다"고 주장했다. 실제로 그는 "투자 펀드를 위원회나 이사회, 또는 은행, 그 누가 운영하든지 간에, 장기 투자자가 가장 많은 비판을 받게 될 것"이라고 지적했다. 펀드 운영의 세계에서 군중 심리를 따르지 않는 사람들은 성공했다면 "괴짜고, 관습에서 벗어나며, 무모하다"고 여겨졌으며, 만약 실패했다면 "자비를 기대할 수 없었다." 스퀘어 마일[114]과 월스트리트에서는 "관습적으로 실패하는 것이 관습에서 벗어나 성공하는 것보다 평판을 유지하는 데 더 나은 길"이라고 여겨진다.

....
114 스퀘어 마일Square Mile은 영국 런던의 금융 중심가인 씨티를 뜻한다.

케인스의 이런 말을 들으면, 그가 꼭 실제 금융에 대해서 비세속적인 태도를 가진 전형적인 학자인 것으로, 즉 주식, 채권, 기타 금융 상품과는 가능한 한 거리를 두려 한 사람으로 생각할 수 있다. 그런데 사실 그는 실제 자신의 경험을 토대로 말하고 있었던 것이다. 그는 장성한 후에는 대부분의 시간을 자신과 다른 사람, 그리고 기관을 위해 돈을 관리하는 데 보냈다. 더구나, 실패를 반복하다가 마지막에 가서 결국 성공하게 된 그의 스토리는 평범한 투자자가 많은 것을 배울 수 있는 이야기이기도 하다.

── 학문과 투자를 결합하다

1883년 케임브리지에서 태어난 케인스는 이튼칼리지Eton College[115]의 장학생이었으며, 이후 케임브리지대학교에서 수학을 전공했다. 1904년 졸업한 후에는 철학을 중심으로 여러 연구를 하면서 2년을 보냈다. 미래의 명성을 고려하면, 아이러니하게도 그는 공식적으로 경제학을 한 학기밖에 공부하지 않았다. 인도성Indian Civil Service ─ 영국 지휘부에서 인도를 운영하기 위해 설치한 기구 ─ 에서 2년간 일했지만 자신의 영향력 부족에 좌절감을 느껴 사임한 후, 그는 아버지의 지원하에 케임브리지로 돌아갔다. 처음에 케인스는 확률 이론을 중점적으로 연구할 계획이었지만, 1909년에 경제학에 관한 첫 논문을 발표하고 같은 해에 강사로 임명되었다.

....
115 영국의 유서 깊은 명문 사립 중고등학교.

1914년부터 1919년까지 케인스는 전비戰費 조달 문제에 관하여 영국 정부에 핵심적인 자문 역할을 했다. 이 역할로 인해 그는 영국 재무부를 대표하여 전후 정책을 다룬 파리 강화 회의Paris Peace Conference에 참석했는데, 여기서 독일의 전후 처리에 관한 다른 회의에도 참석했다. 케인스는 독일이 지불해야 할 배상의 수준에 대해 분노하여『평화의 경제적 결과The Economic Consequences of the Peace』를 썼는데, 이 책에서 그는 20년 내에 미래의 분쟁 위험이 높아질 것으로 정확하게 예측했다.[116] 이 책은 전반적인 정책에는 영향을 미치지 않았지만, 즉시 베스트셀러가 되어 케인스에게 확고한 유명세를 안겨다 주었으며 많은 돈을 벌어다 주었다.

케인스는 케임브리지로 돌아와, 인생의 다음 20년을 학계에서 보냈다. 1920년부터 1939년까지 그는 일련의 책을 출판했는데, 그 중 가장 유명한 것은『화폐개혁론A Tract on Monetary Reform』(1923년), 『화폐론A Treatise on Money』(1930년),『번영으로 가는 길The Means to Prosperity』(1933년), 그리고『고용, 이자, 화폐의 일반 이론The General Theory of Employment, Interest and Money』(1936년)이다. 그는 이 책들에서 기존의 지배적인 생각과는 반대로, 재정 정책(그리고 금리와 같은 통화 정책의 일부 측면)이 경제의 생산과 고용 수준에 실질적인 영향을 미친다고 주장했다. 따라서 그는 실업률이 높은 시기에는 경제를 자극함으로써 경기가 잘 돌도록 정부가 선제적으로 그러한 재정 및 통화 정

....
116 독일에 지나치게 가혹했던 1차 세계 대전의 배상 문제는 결국 히틀러와 나치의 집권으로 이어지고 2차 세계 대전의 원인이 되었다.

책을 써야 한다고 주장했다.

전간기에 케인스는 학문적인 삶을 병행하면서 다른 한편으로는 투자 관리에 적극적으로 관여했다. 그는 여러 연기금과 씨티의 투자 신탁들에 깊이 관여했다. 이들 중에는 1920년대에 그가 직접 설립한 세 개의 펀드, 즉 인디펜던트 투자 회사Independent Investment Company, A.D. 투자 신탁A.D. Investment Trust, P.R. 금융 회사P.R. Finance Company 도 있었다. 또한 전국 상호 생명보험 협회National Mutual Life Assurance Society와 프로빈셜 보험 회사Provincial Insurance Company에 투자 자문 역할을 하기도 했는데, 두 경우 모두 그의 결정은 위원회의 승인을 받아야 했다.

케인스는 자신과 친구들을 위해 시장에서 직접 매매하기도 했다. 실제로 1차 세계 대전 이전에도 그는 1905년의 첫 매수 기록과 함께 자신의 계좌를 위해 주식을 매매했다. 하지만 전후에 들어온 출판 인세 수입, 블룸스버리 서클[117]에서 들어온 돈, 심지어 은행가인 어니스트 카셀 경Sir Earnest Cassel에게 빌린 돈까지 더해지며 1920~1930년대 통화 시장에서는 더 공격적인 투기를 할 수 있었다.

케인스가 투자 자금 운영에 가장 오랫동안 지속적으로 관여한 것은 케임브리지 킹스칼리지King's College의 재무 관리자로서의 역할이었다. 1919년에 임명된 직후, 그는 이전에는 거의 부동산에만 투자되던 기금을 분할하도록 이사들을 설득하여, 자신이 원하는 곳에 투자할 수 있는 상대적으로 자유로운 재량권을 얻어냈다. 실질적으

....
117 20세기 초 런던의 블룸스버리Bloomsbury에 있던 지식인과 예술가들의 사교 및 토론 그룹.

로 이것은 그가 대부분 주식에 투자하는 것을 의미했고, 일부는 원자
재와 통화 선물에도 투자하는 걸 뜻했다. 그는 이 포트폴리오를 그가
사망한 1946년까지 25년 넘게 관리했다.

2차 세계 대전 동안 케인스는 1차 세계 대전에서 자신이 했던
역할, 즉 정부의 전비 조달 운영에 관한 자문 역할을 다시 수행했다.
또한 그는 1944년 브레턴우즈 회의Bretton Woods Conference에서 핵심
적인 역할을 수행하며, IMF 창설을 비롯한 전후 세계 금융 시스템의
전반적인 모습을 만들었다. 마침내 전쟁이 끝나자, 그는 미국이 영국
의 재건을 지원하도록 설득하는 일에 자기 삶의 마지막 몇 달을 보냈
는데, 전시 대부wartime loan를 다시 설정하여 상환 기간을 훨씬 길게
연장하고 유리한 금리로 새로운 자금을 증액하도록 했다.

── 자산 배분에서 주식 선별까지

케인스는 자신의 주요 기술이 거시경제학 지식에 있다고 믿었으므로
처음에는 원자재 및 통화 시장에 집중했다. 특히 자신의 개인 계좌에
서는 잠재적인 수익을 늘리기 위해 레버리지를 활용했다. 이러한 투
기적인 접근은 킹스칼리지의 기금 운용에 부적절했지만, 그는 오늘
날 자산 배분 전략이라고 부르는 접근 방식을 채용했다. 경제가 개선
될 것으로 예상될 때 주식에 투자하는 금액을 늘리고, 침체를 예상하
면 주식에 대한 노출을 줄이는 등의 전략을 사용했던 것이다. (당시 주
식을 너무 위험한 투자 대상으로 봤던 다른 비슷한 기금들에 비하면 주식에 대
한 그의 전반적인 노출 수준은 훨씬 더 높았다).

그러나 1932년쯤 되어서 그는 이러한 접근 방식에 환멸을 느끼게 되었다. 대신에, 그는 전반적인 경제 상황과는 무관하게 저평가된 개별 주식을 찾는 방향으로 전환했다. 대서양 반대편의 벤저민 그레이엄과 같이, 그는 자산 가치보다 저렴하게 거래되는 기업들에 특히 주목했다. 데이비드 챔버스David Chambers와 엘로이 딤슨Elroy Dimson은 그가 1930년대 초에 전략을 변경한 후에는 가격이 하락한 기업을 더 자주 매수하게 되었으며, 역발상 접근 방식을 취했다고 말한다.

── 보통 수준의 투기꾼, 그러나 뛰어난 주식 선별가

케인스의 투기는 어느 정도 성공과 실패를 오갔다. 1919~1920년의 초창기 투자에서 그는 레버리지를 써서 프랑과 리라, 라이히스마르크[118]에 대해 매도 베팅을 했다. 이는 그에게 많은 돈을 벌어다 주었고, 그의 친구들도 함께 투자하도록 만들었다. 그러나 1920년 초에 매매가 잠깐 동안 불리하게 돌아가자, 과도하게 썼던 레버리지 때문에 그는 자신의 자금을 전부 잃었다. 이 중에는 블룸스버리 친구들이 그의 이전 성공에 매료되어 집어넣은 자금도 있었다. 그는 이후 한 금융인으로부터 5,000파운드의 대출을 받아 비슷한 포지션을 취했는데, 결국 성공하여 빚을 청산하고 2015년 가치로 110만 파운드에 해당하는 부를 얻었다. 그러나 1929년 월스트리트 대폭락으로 케인스의 개인 계좌는 다시 깡통이 되었다.

....
118 순서대로 당시 프랑스, 이탈리아, 독일의 통화였다.

그의 투자 회사들도 그렇게 잘되지 않았다. A.D. 투자 신탁은 대공황 때문에 파산했다. 케인스가 적어도 회사의 지분을 2년 전에 팔아치울 정도의 감각은 있었고, 최소한 그에게는 성공적이었지만 말이다. 그는 1927년에 회사의 투자 결정과 관련된 일에서는 발을 뺐으므로 기술적으로는 그의 실패를 탓할 수 없다. P.R. 금융 회사도 심각한 타격을 입었지만, 대폭락 이후 배당주에 중점을 두는 전략으로 전환했고, 덕분에 투자자들이 결국 돈을 회수할 수 있을 정도로는 성장할 수 있었다. 나름대로 그 당시에 모든 투자 펀드들이 그렇게 할 수 있었다고 말할 수는 없는 그런 성과였다.

투기꾼이 되고자 한 케인스의 시도가 확실히 항상 좋은 결과만을 얻지는 못했다면, 그의 킹스칼리지 기금 운용 경력은 훨씬 뛰어났다. 일을 시작한 1921년부터 그가 사망한 1946년 초까지 25년 동안, 기금 중에 그가 자유재량으로 투자한 부분은 연평균 복리 수익률 14.41%를 기록했는데, 이는 전체 주식 시장의 수익률 8.96%에 비해 매우 뛰어난 성과였다. 이는 케인스가 운용한 10,000파운드가 289,283파운드로 불었다는 것으로, 시장 전체에 투자했다면 결과는 85,510파운드에 그쳤을 것이다. 자유재량 투자가 제한된 부분의 상대적으로 낮은 성과로 인해 (부동산을 제외한) 총 기금의 수익률은 주식 시장보다 약간 더 나은 결과를 보였지만, 대신 변동성은 훨씬 더 낮았다.

흥미로운 점은 케인스의 성과가 1921~1932년보다 1932~1946년에 훨씬 뛰어났다는 것이다. 처음 11년(자산 배분 전략을 채용한 시기) 동안 그가 자유재량으로 투자한 포트폴리오 수익률은 전체 시장이

8.3%인 데 비해 10.1%를 기록했다. 그러나 저렴한 주식을 매수하는 데 집중한 마지막 14년 동안에는 자유재량으로 투자한 포트폴리오와 전체 시장 간의 격차가 훨씬 커졌는데, 전자는 연평균 17.9% 증가했고 후자는 일반적으로 9.6%에 불과했다. 다시 말하면, 1920년대와 1930년대 초 시장 타이밍을 노리는 전략을 취하던 케인스는 11년 중 4년 동안 시장보다 뒤처졌으나, 저평가 주식을 고르는 것으로 방향을 전환한 뒤에는 14년 중 12년 동안 시장을 이겼다.

—— 광산주와 자동차 회사

케인스가 가장 크게 성공을 거둔 투자 중 하나는 금 광산업체인 유니언 코퍼레이션Union Corporation에 대한 투자였다. 원래 그는 남아프리카 금광업 투자의 일환으로 1933년에 이 회사를 샀다. 케인스는 이러한 기업들의 수입이 금 가격과 연관되어 있지만 그들의 비용(주로 임금)이 란드rand[119]와 관련되어 있기 때문에, 남아프리카공화국이 화폐 가치를 평가절하하면 이익이 증가하고 따라서 주식의 가치도 오를 것이라고 판단했다. 그의 생각은 현실이 되었고 유니언의 주가는 급등했다.

그러나 케인스는 매도하는 대신 1946년 사망할 때까지 수익을 내며 주식을 계속 보유했다. 유니언 주식이 여전히 저평가되어 있다고 믿었기 때문이다. 당시 유니언은 자산 가치의 3분의 1에 해당하

....
119 남아프리카공화국의 화폐.

는 엄청난 할인율로 거래되고 있었다. 더욱이, 이러한 자산의 많은 부분이 유동성 있는 증권 형태였으며, 기업이 분할되면 쉽게 매각될 수 있었다. 그는 친구들에게 보낸 편지에서 유니언 경영진의 자질에 대해서도 매우 긍정적으로 평가했다.

1930년대 내내 케인스에게 많은 수익을 올려준 다른 인기 있는 주식은 영국의 자동차 제조업체인 오스틴 모터스^Austin Motors 였다. 유니언 코퍼레이션과 마찬가지로 그는 오스틴 사가 비교적 저평가되었다고 느껴 이 기업을 골랐다. 그는 특히 다른 자동차 회사와 비교했을 때 이익률이 높다는 점(즉 낮은 주가수익비율)에 끌렸다. 실제로 그는 오스틴 사가 판매한 자동차 수를 시가총액과 비교했을 때, 이 기업이 미국의 경쟁사인 제너럴 모터스^General Motors 의 약 3분의 2에 해당하는 가격으로 거래되고 있다고 추산했다.

─── 유연성의 중요성

투기꾼으로서 케인스가 겪은 처참한 경험은, 단기적인 가격 변동을 가지고 시장에서 돈을 벌기란 매우 어렵다는 것을 또 한 번 입증한다. 경제학에 대한 그의 지식과 전반적인 시장 방향에 대한 그의 판단이 궁극적으로는 옳았음에도 불구하고, 레버리지 수준이 너무 높았기 때문에 시장 방향성의 단기적인 변화에 취약했던 것이다. 이것은 시장에 대한 판단이 옳다는 것만으로는 충분하지 않으며, 갑작스러운 시장 후퇴로 인해 파산하지 않도록 자금을 올바르게 관리하는 방법도 알아야 한다는 진실을 보여주는 또 다른 사례이다.

신화와는 달리, 케인스는 거의 확실히 "시장은 당신이 유동성을 유지할 수 있는 기간보다 오랫동안 비이성적일 수 있다"고 말한 것 같지는 않다. 그러나 그가 "비합리적인 세계에서 합리적인 투자 방침보다 더 위험한suicidal 것은 없다"고 말했다는 더 강력한 증거가 있다. (비록 그러한 방침을 그가 1930년대 초 전략을 변경한 후에 추구하게 되었지만 말이다). 어쨌든, 그의 『일반 이론』에서 언급한 것처럼 "단기적인 시장 변동을 무시하려는 투자자는 안전을 위해 보다 더 큰 자원이 필요하며, 빌린 돈을 갖고 투자해서는 안 되며, 꼭 그렇게 한다 하더라도 절대로 큰 규모로 운영해서는 안 된다."

케인스는 킹스칼리지 기금의 포트폴리오 매니저로 일한 첫 10년 동안 하향식[탑다운] 자산 배분 전략을 시도했지만, 그러한 방식은 그저 그런 수익밖에 내지 못했다. 타이밍에 맞춰 시장에 자금을 넣거나 빼는 문제는, 주식이 채권이나 원자재 같은 덜 위험한 자산보다 보통은 중장기적으로 더 나은 수익을 내는 경향이 있기 때문에, 그러한 전략이 극도로 잘 작동해야 한다는 것이다. 케인스가 최고의 가치와 기회를 제공하는 주식을 찾는 데 모든 노력을 기울이는 훨씬 간단한 전략으로 전환한 후에 그의 수익은 훨씬 커졌다.

이는 유연성의 중요성에 대한 훨씬 더 광범위한 교훈을 드러낸다. 전략이 바로 통하지 않는다고 해서 또는 잠시 동안 상황이 나빠진다고 해서 전략을 포기하는 것은 결코 좋은 생각이 아니지만, 실패한 전략을 무한정 계속해서 고집하는 것도 바람직하지 않다. 결국 어떤 사람들은 한 유형보다 다른 유형에 더 적합한 기질이나 능력을 가지고 있다. 그런 의미에서 케인스가 자신이 좋은 트레이더가 아니라는 사실을 인정하고, 대신 저렴한 주식을 찾는 데 집중하기로 결정한 것은 그의 전체 투자 경력 중에서도 가장 훌륭한 결정이었다.

존 메이너드 케인스 별점 매기기

투자 성과: 케임브리지 킹스칼리지의 재무 관리자로서 케인스의 주식 투자는 특히 1932년 이후 시장을 상당한 정도로 이겼다. 그러나 더 투기적인 성격의 투자는 실적이 들쭉날쭉했다. (★★★★)

투자 기간: 케인스는 킹스칼리지 기금 운영을 27년 동안 했다. 또한 그는 다른 투자 관련 사업에도 관여했다. (★★★★★)

영향력: 경제학에 대한 케인스의 저작들은 경제학과 공공 정책 모두에서 엄청나게 큰 영향을 미쳤지만, 투자의 세계에서 그의 영향력은 훨씬 작다. 가치 투자자로서 가장 큰 성공을 거두었지만, 아이러니하게도 그는 주식 시장을 미인대회에 비유한 말[120]로 가장 잘 알려져 있다. (★★)

따라하기 난이도: 케인스가 높은 레버리지를 써서 통화 시장에 뛰어들었지만 그것이 무척 어렵고 고통스러운 방식이라는 것을 깨달았던 것처럼 개인 투자자에게도 이런 방식은 적합하지 않다. 그러나 저평가된 주식을 매수하는 합리적인 전략은 투자자들이 훨씬 쉽게 모방할 수 있다. (★★★)

전체 별점: 별 20개 만점에 별 14개

---

[120] 미인대회는 자신이 볼 때 가장 아름다운 사람을 고르는 것이 아니라 다른 사람들이 아름답다고 생각할 만한 사람을 고르는 것이며, 주식 시장의 속성 또한 이와 거의 유사하다는 의미이다. 이는 대중과 시장의 분위기에 편승하고 추종하는 관점으로 가치 투자와 정반대되는 견해이다.

19장

존 '잭' 보글

JOHN

'JACK'

BOGLE

인덱스 투자의 아버지

패시브 투자의 시대가 오다

지금까지 다룬 투자자들 중 대부분은 (경우에 따라서 많은 돈을 잃기도 했지만) 장기간에 걸쳐 큰 수익을 창출했다. 그러나 사실 그러한 펀드 매니저들은 소수에 불과하다. 실제로, 뱅크 오브 아메리카 메릴린치Bank of America Merrill Lynch[121]가 편성한 데이터에 따르면 2016년에 미국 대형주 펀드 매니저 중 지수를 능가하는 성과를 거둔 사람은 전체의 5분의 1에 불과했다. 장기간으로 보면 상황이 더욱 나쁘다. 스탠더드 앤 푸어스Standard & Poor's의 한 연구에 따르면, 2006년부터 2016년까지의 10년 동안 미국에서 운용되는 액티브 펀드의 최대 99%가 지수를 이기지 못했다.

이러한 실패로 인해 뮤추얼 펀드가 부과하는 수수료에 대한 규제 당국의 조사가 증가하고 있다. (최근에는 영국의 금융 감독 당국도 마찬가지 추세). 그러나 지난 15년 동안 지수를 단순 추종하는 패시브 펀드 자금이 폭발적으로 증가한 것에서 보듯이 시장은 이미 이 문제에 대해 스스로 대처하고 있는 것으로 보인다. 모닝스타Morningstar[122]에 따르면 미국의 뮤추얼 펀드 자금의 3분의 1이 이 방식으로 운영되고 있으며, 전문가들은 이 비율이 계속 증가할 것으로 본다. 이 산업을 만들어 냈다고 평가받아 마땅한 사람이 바로 존 '잭' 보글이다.

....
121 2008년 글로벌 금융위기 당시 부실 위험에 빠진 세계적인 투자은행 메릴린치가 뱅크 오브 아메리카에 인수된 이후 사용한 이름이다.
122 미국의 펀드 평가 회사.

사냥터 관리인으로 변한 밀렵꾼

'잭' 보글은 뉴저지New Jersey주 베로나Verona에서 월스트리트 대붕괴
가 발생한 지 몇 달 후에 태어났다. 이 사건으로 그의 가족이 대대로
물려받은 재산이 모두 날아가 버렸다. 그는 프린스턴대학교에 입학
하여 경제학 학위를 받았다. 최초의 뮤추얼 펀드 중 하나인 매사추세
츠 투자 신탁Massachusetts Investors Trust에 관한 기사를 읽은 후에 그
는 이 산업에 매우 흥미를 느끼게 되었고, 관련 논문을 쓰기도 했다.
나중에 계속 반복해서 주장하겠지만, 그는 뮤추얼 펀드 산업에 대해
대단히 비판적이었는데, 수수료가 너무 많이 부과되고 있고, 마케팅
에 너무 집중되어 있으며, 장기적으로는 시장을 이기기 어렵다고 주
장했다.

아이러니하게도 이러한 주장 덕분에 보글은 당시 현존하던 최
대의 뮤추얼 펀드 중 하나인 웰링턴 펀드Wellington Fund를 운용하는
웰링턴 매니지먼트 컴퍼니Wellington Management Company에 들어가게
되었다. 1951년 입사한 보글은 처음에는 보고서 작성 및 다양한 행
정, 홍보 및 마케팅 관련 업무를 시작했다. 그러나 1955년에는 웰링
턴 사의 소유자인 월터 모건Walter Morgan의 보조로 임명되었다. 덕분
에 보글은 웰링턴 사의 모든 사업적인 측면에 관여할 기회를 얻었으
며, 여러 자산 유형에 분산 투자된 웰링턴의 주요 펀드와는 달리 주
식에 특화된 펀드를 만들라고 모건을 설득할 수 있는 최상의 위치에
있었다.

웰링턴 주식형 펀드(1958년에 출시)는 성공적이었다. 이 펀드의

두 번째 포트폴리오 매니저인 존 네프John Neff는 전설적 인물이 되었다. 그러나 회사는 경쟁사들을 따라가지 못하고 있었다. 보글이 생각한 최상의 전략은 웰링턴을 다른 투자 운용사인 손다이크 도런 페인 앤 루이스Thorndike, Doran, Paine & Lawis 와 합병시키는 것이었다. 수익성이 좋은 연기금 시장에 진입하는 것도 목표이지만, 합병의 주된 이유는 손다이크 사의 명성, 즉 당시 유행하던 성장주에 대한 공격적인 투자자로서의 명성을 활용하기 위해서였다.

처음에는 이것이 잘 먹혔고, 웰링턴 사는 더 많은 펀드를 추가했다. 모건이 은퇴하자 결과적으로 보글은 웰링턴의 대표이사가 되었다. 그러나 1970년대 초 시장 붕괴로 회사는 심각한 타격을 입었으며, 특히 성장주들의 피해가 극심했다. 동시에 다양한 파트너들과의 관계가 악화되어 보글은 회사를 완전히 떠나든지 아니면 행정직만 맡든지 둘 중 하나를 택해야 하는 지경에 이르렀다.

여러 차례의 이사회 회의 끝에 그들은 타협안을 마련했다. 보글은 웰링턴 매니지먼트 컴퍼니 대표이사에서 물러나고, 웰링턴은 펀드들에 투자 자문을 계속 제공할 것이었다. (일부 펀드에는 현재까지도 계속하고 있다). 그러나 다른 모든 면에서 펀드들은 웰링턴과 분리되었고, 보글에게는 자신의 부서를 설립하는 것이 허용되었다. 그는 이를 '뱅가드Vanguard'라고 명명하였으며, 이 조직은 처음에는 행정 지원을 제공하기 위한 것이었다. 보글은 1975년 뱅가드 설립 시부터 1999년에 은퇴할 때까지 뱅가드의 대표이사로 일했다.

── 다트판을 통째로 사다

전문가를 고용해서 성장에 박차를 가하려는 보글의 시도는 그 결과가 좋지 않았으므로, 그의 프린스턴대학교 시절 초창기 연구 결론과 마찬가지로, 그는 펀드 매니저가 시장을 이길 수 있다는 생각에 반감을 가지게 되었다. 동시에, 학계에서는 점점 더 많은 학자들이 '효율적 시장 가설'을 옹호하고 있었다. 이 가설은 가격이 모든 가능한 정보를 완벽하게 반영하며, 개인이 가격의 과거 움직임을 살펴보거나 미래를 예측하여 시장을 일관되게 이기는 것은 불가능하다고 주장했다. 유일한 예외는 내부자 정보를 가지고 있는 경우뿐이지만, 물론 그것은 불법이다.

MIT의 폴 새뮤얼슨은 한술 더 떴다. 1974년에 그는『저널 오브 포트폴리오 매니지먼트Journal of Portfolio Management』에 발표한 '판단에 대한 도전Challenge to Judgement'이라는 제목의 유명한 논문에서 펀드 매니저들의 형편없는 실적 때문에 "일부 대형 재단이 S&P 500 지수를 추종하는 내부 포트폴리오를 설정해야 한다"고 주장했다. 새뮤얼슨은 심지어 미국경제학회American Economic Association(경제학자들의 학술 단체)에도 이를 요구하기도 했다. 비록 그가 "2만 명의 경제학자들 사이에서는 2만 명의 척추 지압사들보다 적은 초과분의 부富를 찾을 수 있을 뿐"이라고 말하기는 했지만 말이다.

새뮤얼슨만이 이 아이디어를 고안한 사람은 아니었다. 프린스턴대학교의 버턴 말킬Burton Malkiel도 자신의 베스트셀러인『랜덤워크 투자수업A Random Walk Down Wall Street』(1973년 초판 출판)에서 대부분의 주식 선별가들이 신문의 금융 섹션 면에 다트를 던져서 주식을 선택하는 눈을 가린 원숭이만도 못하다고 주장했고, 그러므로 차라리 다트판을 통째로 사는 편이 나을 것이라고 말했다. 보글은 이 책을 뱅가드 펀드가 설립된 지 오랜 시간이 지난 후에야 읽게 되었지만, 말킬은 나중에 뱅가드의 이사로 활동하게 된다.

어쨌든 보글은 새뮤얼슨의 논문에 대해 확신했고, 이 논문을 가지고 뱅가드의 이사들을 설득하여 S&P 500을 추종하는 인덱스 펀드[지수 펀드]를 출시했다. 이 펀드는 퍼스트 인덱스 투자 신탁First Index Investment Trust으로 알려져 있다. (현재는 뱅가드 500 인덱스 펀드Vanguard 500 Index Fund이다). 펀드가 액티브하게 운영되지 않았기 때문에, 보글은 뱅가드가 행정 업무에만 충실하고 투자 자문 업무에는 관여하지 않겠다는 합의를 위반하지 않는다고 성공적으로 주장할 수 있었다.

—— 그들은 처음엔 비웃었지만 나중엔 따라했다

퍼스트 인덱스 투자 신탁은 펀드 산업 내에서 많은 저항에 부딪혔다. 펀드 산업에 대한 내재적 비판을 싫어한 많은 월스트리트 인사들은 이 펀드를 "보글의 어리석음Bogle's Folly"이라고 불렀다. 당시 피델리티 회장인 에드워드 C. 존슨Edward C. Johnson의 반응이 대표적이었는데, 그는 "대다수의 투자자들이 그저 평균적인 수익만을 추구하는 것에 만족한다고는 믿을 수 없다"고 밝혔다. 또 다른 펀드 매니저는 인덱스 투자를 "그저 그런 평범함을 추구하는 길"이라고 표현했다. 아마도 가장 극단적인 반응은 익명의 중개인들이 "인덱스 펀드는 미국적이지 않다"고 쓰인 포스터 하나를 돌린 것이었는데, 또 여기에는 "평균적인 뇌 외과 의사에 만족하시겠습니까?"라는 수사적인 질문이 적혀 있었다.

이러한 분위기를 감안하면 1976년 8월의 펀드 공모가 처참한 실패로 끝난 것은 놀랍지 않다. 선두 투자은행과 주관사^{brokerage}의 지원을 받은 상태에서, 보글과 그의 동료 이사들은 1억5,000만 달러(2015년 기준 6억2,400만 달러)를 모으기를 기대했다. 그러나 실제로 그들이 모은 투자금은 1,140만 달러에 불과했다. 이에 공모를 추진한 사람들은 보글에게 이 아이디어를 포기하라고 제안했다. 그러나 보글은 거부했다. 1,140만 달러는 막대한 거래 비용을 부담하지 않고는 S&P 500 전체를 커버하기에 충분하지 않았기 때문에, 펀드는 대표적인 주식 샘플을 매수하기로 결정하여 지수를 매우 근접하게 따라갈 수 있었다. (나중에 펀드가 충분히 커져서 지수를 전부 매수할 수 있게 되었다).

이러한 불안한 시작은 계속되었다. 자산 운용액이 1억 달러에 이르기까지는 6년 이상이 걸렸으며 액티브하게 운용되는 펀드와의 합병도 한 번 있었다. 그러나 1987년 즈음에는 지수에 투자된 자금이 10억 달러에 달했다. 한편 다른 회사들도 슬슬 뱅가드를 따라 인덱스 펀드를 출시하기 시작했다, 웰스 파고^{Wells Fargo}가 1984년에 첫 경쟁 펀드를 출시했고 피델리티도 1991년에 인덱스 펀드를 내놨다. 현재 뱅가드 500은 단독으로 264억 달러가 투자되어 있으며, 그룹 전체로 거의 10조 달러의 자산이 패시브하게 운용되고 있다고 추정된다.

—— 패시브 투자는 정말 작동되는가?

스탠더드 앤 푸어스의 연구에 따르면, 지난 10년 동안 단순한 인덱스 펀드가 대부분의 액티브하게 운용되는 펀드를 성과 면에서 앞서 나갔다. 그러나 액티브 펀드의 옹호자들은 이러한 상황이 항상 그랬던 것은 아니라고 주장하며, 심지어 뱅가드 사 자체도 액티브한 운용이 패시브를 이긴 시기가 있었다고 인정한다. 예를 들어, 2014년에 발표된 뱅가드의 논문에 따르면, 1990년부터 2000년까지 시장 평균을 능가한 미국 펀드 매니저는 전체의 29%에 불과했지만, 이 수치는 1999년부터 2009년까지의 10년 동안에는 63%로 상승했다. 이는 인덱스가 강세장에서는 가장 좋은 해결책이지만, 시장이 정체되거나 하락할 때에는 액티브한 운용이 가치를 더한다는 것을 시사한다.

그러나 여전히 장기적인 관점에서는 패시브 펀드가 일반적으로 더 낫다는 것이 입증되었다. 『월스트리트 저널』이 와튼 리서치 데이터 서비스Wharton Research Data Services의 자료를 사용하여 조사한 내용에 따르면, 지난 25년 동안 대기업 액티브 펀드 중 S&P 500을 능가한 것은 단 20%에 불과했다. 마찬가지로, 뱅가드의 자체 자료도 장기간에 걸쳐 지수를 능가한 액티브 펀드는 고작 20~25% 정도임을 보여준다. 모닝스타의 패시브 펀드 연구 책임자인 벤 존슨Ben Johnson이 제공한 데이터에 따르면, 지난 40년 동안 뱅가드 500은 수수료를 고려했을 때 평균적으로 미국 대기업 액티브 펀드를 약 0.5% 정도 능가했다. 연간 50 베이시스 포인트[123]는 많지 않아 보일 수 있지만, 이는 1976년 8월에 액티브 펀드에 투자한 10,000달러가 549,000날

러가 된 것에 대비하여, 뱅가드에 투자한 10,000달러는 652,000달러
가 되는 것을 의미한다.

——— 침체인가, 해방인가?

일차적으로 대부분의 펀드 매니저가 시장을 이기지 못한다는 사실은
우울한 일이다. 결국, 전문가들도 할 수 없다면, 일반적인 투자자들이
어떤 희망을 가질 수 있을까? 하지만 이것을 다른 관점으로 볼 수도
있다. 대부분의 전문가들보다 더 잘하기 위해서 꼭 거대한 수익을 창
출할 필요는 없다는 것이다. 실제로, 주식을 연구하거나 실적이 월등
한 펀드를 찾아내고 추려내기 위해 시간을 들이기 싫다면, 수수료가
저렴한 인덱스 펀드에 투자하는 것만으로도 상당히 괜찮은 수익을
얻을 수 있다. 심지어 ETF를 이용하면 패시브 투자와 액티브 투자를
결합할 수도 있다. ETF는 마치 주식처럼 주식 시장에서 거래되는 전
문화된 인덱스 펀드로, 이는 당신이 인덱스 펀드를 사용하여 특정 국
가나 섹터에 대해 베팅할 수 있다는 것을 뜻한다. (그러나 보글 자신은
ETF가 투기를 조장한다며 그다지 좋아하지 않았다).

비록 당신이 액티브한 자금 운용을 포기하고 싶지 않더라도, 보
글이 웰링턴 사에 있을 때 스스로 무너진 사례는 유행하는 섹터를 따
라가는 것이 위험하다는 것을 보여준다. 특히 주식 시장이 장기적으
로는 평균값으로 회귀하는 경향을 감안한다면 말이다. 보글의 책 『뮤

....
123 베이시스 포인트basis point는 100분의 1%로, 금리나 수익률을 나타내는 기본 단위이다.

추얼 펀드에 관한 보글의 견해: 현명한 투자자를 위한 새로운 시각
Bogle on Mutual Funds: New Perspectives for the Intelligent Investor』(1993년)
에서 보글은 과거에 최고의 성과를 낸 펀드는 수익이 감소할 것이라
고 언급한다. 구체적으로, 『포브스』지의 '명예의 전당'(과거 실적 기
반 리스트)에 오른 펀드는 1974년부터 1992년까지 평균적으로 연간
11.2%의 수익률을 보여주었는데, 이는 액티브 펀드 전체가 보여준
연간 12.5%의 수익률과 (적은 거래 수수료를 감안하면) 주식 시장 전체
의 수익률 13.1%보다 낮다.

　　또 다른 속임수는 최저 비용의 액티브 펀드에 집중하는 것이다.
액티브 펀드 운용을 왜 그토록 오랫동안 고집했는지 설명해 달라는
질문을 받을 때면 언제나 보글은, 1950년대에는 뮤추얼 펀드 산업이
비용을 합리적인 수준으로 유지했지만 스타 펀드 매니저들의 등장과
너무 비싼 수수료 때문에 인덱스 펀드에 대한 기회가 만들어졌다고
주장했다. 뱅가드 그룹 스스로도 비용이 가장 저렴한 펀드라면 시장
을 이길 가능성이 40%로 늘어난다고 지적하면서 액티브 펀드를 운
영하는 것을 정당화한다. 다음 장에서는 아이러니하게도 보글로 하
여금 최초의 인덱스 펀드를 출시하도록 영감을 준 폴 새뮤얼슨조차
도 '시장을 이길 수 없다'는 명제를 진정으로 믿지는 않았다는 걸 보
여줄 것이다.

잭 보글 별점 매기기

투자 성과: 정의상, 인덱스 펀드는 전체 시장과 동일한 수익을 달성하는 것을 목표로 한다. 실제로는 인덱스 펀드조차도 거래 비용과 운용 수수료가 발생하므로 기술적으로는 약간의 차이로 시장에 뒤처지게 된다. 그러나 뱅가드 펀드가 장기간에 걸쳐 대부분의 액티브 주식 펀드들보다 우수한 성과를 보였다는 것이 입증되었다. (★★★)

투자 기간: 1951년 웰링턴에서 일하기 시작한 때부터 1999년에 은퇴할 때까지, 보글은 44년 동안 펀드 산업에 관여했고 그중 절반 이상의 기간 동안 뱅가드를 운영했다. 오늘날에도 그는 투자와 시장에 대해 글을 쓰고 의견을 제시하고 있다.[124] (★★★★★)

영향력: 강한 불신과 적대에도 불구하고, 보글은 개인 투자자들에게 패시브 투자를 소개했다. 그의 끈질긴 노력 덕분에 수조 달러가 이 방식으로 투자되고 있으며, 많은 전문가들이 액티브 투자가 한 세대 안에 틈새 분야로 전락할 것이라고 예측하고 있다. (★★★★★)

따라하기 난이도: 인덱스 펀드에 투자하는 것은 할 수 있는 가장 간단한 형태의 주식 투자다. 실제로, 이제는 상상할 수 있는 모든 시장이나 섹터를 다루는 저비용의 패시브 펀드가 아주 다양하게 존재한다. (★★★★★)

전체 별점: 별 20개 만점에 별 18개

---

124 보글은 2019년 89세의 나이로 사망했다.

20장

폴 새뮤얼슨

P A U L

S A M U E L S O N

노벨상을 탄 비밀 투자자

노벨상 수상 경제학자

1915년에 태어난 폴 새뮤얼슨은 1935년에 시카고대학교에서 경제학 학위를 받았으며, 이어 1935년과 1941년에 하버드대학교에서 석사와 박사 학위를 받았다. 그는 박사 학위를 마치기도 전에 이미 1940년에 MIT에서 조교수로 임용되었으며, 1949년에는 정교수가 되었다. 1948년에 쓴 책 『새뮤얼슨의 경제학Economics: An Introductory Analysis』은 그의 삶에서 큰 돌파구였다. 이 책은 역대급 베스트셀러 중 하나로, 아직도 많은 대학의 교과과정에서 입문용 교재로 사용되고 있다.

2009년에 그가 사망할 때까지, 한평생 빛났던 학문적 경력을 통해 새뮤얼슨은 경제학과 금융, 그리고 금융사史의 모든 측면에 엄청난 기여를 했다. 여기에는 무역 정책, 거시경제학, 공공재정 경제학도 포함된다. 또한 그는 경제학자들로 하여금 고급 수학 공식을 이용해 그들의 이론이 어떻게 작동하는지를 보이라고 독려하는 데 핵심적인 역할을 했다. 이러한 경향은 경제학계 내에서 많은 사람들로부터 엇갈린 평가를 받았는데, 경제학을 현실 세계로부터 너무 동떨어진 학문으로 만든다는 비판을 받았다. 그러나 바로 이 점 때문에 그는 "경제 과학economic science에서 분석의 수준을 높였다"는 공로로 1970년에 노벨 경제학상을 받게 된다.

새뮤얼슨은 학문으로서의 경제학 발전에 극도로 중요한 역할을 했을 뿐만 아니라, 현실 세계에서 경제 정책을 만드는 데도 중요한 역할을 했다. 2차 세계 대전 중에 그는 미국 정부가 전시 생산과 민간 경제 양쪽 모두의 수요가 적절히 충족될 수 있도록 노동시장을 관리하는 데 있어 중요한 역할을 했다. 전쟁이 끝난 후 첫 7년 동안에는 정부의 예산 문제에 관해 조언했다. 1960년대 이후로는 재무부와 연방준비제도를 비롯한 다양한 미국 정부 기관에서 자문 역할을 했지만, 그의 중도파적인 재정 및 통화 정책 접근은 1980년대 밀턴 프리드먼Milton Friedman과 같은 통화주의 경제학자들의 부상으로 말미암아 인기를 잃었다.

── 랜덤 워크

새뮤얼슨이 투자 세계에 한 가장 큰 기여 중 하나는 '랜덤 워크random walk'라는 개념이다. 프랑스 수학자 루이 바슐리에Louis Bachelier는 주식 시장 가격이 분자들의 무작위 운동인 브라운 운동과 매우 유사하게 움직인다는 것을 알아챘다. 동료를 통해 바슐리에의 연구에 대해 알게 된 새뮤얼슨은, 정말 흥미로운 것은 주식 가격의 움직임과 분자의 운동 사이의 구체적인 유사성이 아니라 바로 그 무작위성randomness이라고 결론 내렸다. 주식 가격의 움직임을 예측할 수 있는 특정한 패턴을 포착할 수 없다면, 이는 대부분의 시장이 합리적이고 효율적으로 운영되어 모든 정보가 빠르게 전달되고 반영됨을 시사한다.

　이는 결국 투자자가 추가적인 위험을 무릅쓰지 않고 장기적으로 시장을 일관되게 이기는 것은 불가능하며, 그러려고 노력하는 것은 시간 낭비라는 것을 의미했다. 지난 챕터에서 언급한 바와 같이,

새뮤얼슨은 시장을 이기는 것은 불가능하므로 시장을 추종하는 펀드를 매수하는 것이 투자자들에게 합리적이라고 주장했다. 이 말은 존 보글이 인덱스 펀드를 창설하는 데 큰 영감을 주었다. 새뮤얼슨은 이 펀드를 설립하는 데 직접적인 역할은 하지 않았지만, 인덱스 펀드를 지지하는 큰 옹호자였다. 실제로 그는 뱅가드의 이사직을 여러 차례 거절했는데, 그가 그것을 믿지 않았기 때문이 아니라 직접적인 금전적 이해관계가 있으면 인덱스 투자에 대한 그의 지지가 다소 설득력 없게 보일 것이라고 믿었기 때문이다.

새뮤얼슨은 미국 교원퇴직연금기금TIAA-CREF[125]의 이사로 있을 때 인덱스 투자를 밀어붙이기도 했다. 전통적인 액티브 투자를 계속하길 원했던 다른 이사들의 반대 때문에, 그는 모든 자산을 인덱스 펀드에 투자하도록 하는 데는 실패했다. 그러나 그는 그들을 설득하여 일부 자산을 패시브 투자로 전환하도록 했다. 또한 새뮤얼슨은 그들이 가진 해외 주식의 보유량을 더 늘리도록 하여 실적을 더욱 향상시켰다.

—— 커머디티스 코퍼레이션

새뮤얼슨이 효율적인 시장과 패시브 투자의 열광적 지지자이긴 하지만, 그렇다고 해서 그가 더 액티브한 성격의 투자를 하지 않은 건 아

....
125 정식 명칭은 Teachers Insurance and Annuity Association–College Retirement Equities Fund 이다.

니다. 그중 가장 주목할 만한 것은 새뮤얼슨의 박사 과정 학생인 헬무트 웨이마Helmut Weymar가 1970년에 설립한 헤지펀드 커머디티스 코퍼레이션Commodities Corporation에 대한 투자다. 웨이마는 코코아 가격에 대한 연구를 통해 경제성장(수요 측면)과 기후 변수(공급 측면)를 고려하면 코코아 가격을 예측할 수 있다고 믿었다. 웨이마는 처음에는 다양한 초콜릿 비스킷과 사탕을 생산하는 나비스코Nabisco에서 일자리를 얻기 위해 그의 연구를 활용했다. 그러나 코코아 시장에서 몇 차례 투자가 성공하자 그는 전문 투기꾼이 되면 훨씬 더 많은 돈을 벌 수 있다는 사실을 금방 깨달았다.

새뮤얼슨은 웨이마의 헤지펀드인 커머디티스 코퍼레이션에 12만 5,000달러를 투자했으며(나중에 투자금을 더 늘렸다), 이는 창업 자본 250만 달러의 5%에 해당한다. 그는 또한 펀드의 이사회에 참여하고, 그의 사망 직전에 쓴 2009년의 글에서 말한 대로 "트레이더들의 감독자가 되기로" 합의했다. 새뮤얼슨은 "거시경제에 대한 나의 견해를 제공함으로써 성공적인 트레이더들에게 영향을 주는 일을 신중하게 자제했다"고 주장했다. 그러나 재정 및 행정 감독자였던 어윈 로젠블럼Irwin Rosenblum은 새뮤얼슨이 이사회 논의에서 대단히 적극적인 역할을 했으며, 운영부터 전략, 심지어 웨이마의 특정 시장에 대한 견해에 이르기까지 모든 논의에서 핵심적 역할을 했다고 말했다.

처음에 회사는 고군분투했다. 옥수수 가격이 마름병에 대한 우려로 상승하는 기간에 웨이마는 그 문제가 과장되었다고 믿는 한 전문가의 조언에 따라 옥수수 가격이 하락하는 데 크게 베팅했다. 그러나 가격이 더욱 상승하자 웨이마는 공황에 빠졌고 자신의 포지션을 청산해 큰 손실을 입었는데, 이후 그 전문가가 옳았다는 걸 증명이라도 하듯이 가격이 급락하는 것을 지켜만 봐야 했다. 부실한 리스크 관리와 결합된 이러한 잘못된 매매 결정으로 커머디티스 코퍼레이션의 자본은 250만 달러에서 90만 달러로 금방 쪼그라들어 버렸다. 실제로, 회사는 완전히 문을 닫기 직전 1971년의 어느 시점에 10만 달러밖에 남지 않았다.

이런 일이 일어났다면 나비스코(최대 투자자)가 잔여 자본에 대한 우선권을 가졌기 때문에 새뮤얼슨은 전체 투자금을 잃었을 것이다. 많은 논의 끝에 이사회는 리스크 통제를 단순화하고 강화하는 데 동의했으며, 특히 시장의 방향과 반대로 갈 경우, 포지션의 크기를 제한하기로 했다. 이는 오직 기본적[펀더멘털] 분석에만 근거한 매매에서 추세를 따르는 방식(즉 가격이 오르면 매수하고, 가격이 내리면 매도하는 방식)으로의 보다 광범위한 전환을 예고했다. 로젠블럼에 따르면, 새뮤얼슨은 처음에는 이러한 변화에 저항했지만, 생존의 유일한 방법이라는 것을 깨닫고 이를 따르기로 했다.

이러한 변화는 커머디티스 코퍼레이션을 구했을 뿐만 아니라 번창하게 했다. 이후 10년 동안 커머디티스 코퍼레이션은 몇몇 스타 트레이더들을 고용했는데, 마이클 마커스Michael Marcus 와 브루스 코브너Bruce Kovner 가 가장 유명했다. 인플레이션과 금리 인상이 시장을 좌지우지했던 1970년대는 추세 추종 전략에 적합한 시장이었으므로 그들은 큰 성공을 거뒀다. 실제로 1977년에는, 일관된 수익을 내기 시작한 지 단 4년 만에, 엄청난 돈을 벌고 많은 사람을 고용하여 전용 빌딩으로 회사를 옮겼다. 자본 규모도 10년도 채 되지 않은 기간에

12배 증가하여 약 3,000만 달러로 커졌다.

　　1980년대에 펀드는 비교적 덜 성공적이었다. 원자재 호황의 끝과 인플레이션의 하락으로 인해 그간 성공적으로 이용하던 가격 추세들이 많이 사라졌다. 일부 스타 트레이더들은 더 나은 기회를 찾아 떠나기 시작했고, 남아 있던 사람들도 더 높은 급여와 보너스를 요구하여 수익을 갉아먹었다. 그럼에도 불구하고, 1989년에 회사 지분의 30%를 8,000만 달러에 매각할 정도로 충분히 성공적이었고, 이를 통해 추정할 때 총 가치는 2억6,700만 달러에 달했다. 1997년 골드만삭스에 1억 달러에 매각될 때까지, 이 펀드는 10억 달러의 자산을 운용하고 있었으며, 이는 27년 동안 400배 증가한 것이었다.

——　개인적인 투자들

새뮤얼슨은 커머디티스 코퍼레이션과 미국 교원퇴직연금기금에서의 공식적인 역할 외에도 프린스턴대학교에서 받은 급여와 책의 인세, 그리고 그 밖의 다른 수입을 가지고 개인적인 투자도 많이 했다. 실제로 그의 아내가 1930년대 말에 투자금을 받았을 때, 그는 주가가 하락한 상황을 이용하여 이익 대비 멀티플이 매우 낮고 배당수익률이 높은 탄탄한 기업들의 주식을 매수했다. 그는 호텔들이 건축비의 일부에 불과한 금액에 팔리고 있다는 사실—리모델링 비용을 고려하더라도—을 알고는, 호텔 건물뿐만 아니라 초기의 주요 전국 호텔 체인에도 일부 성공적으로 투자했다.

　　새뮤얼슨의 또 다른 성공 투자 사례는 학술 출판사 애디슨 웨슬리Addison-Wesley에 대한 투자였다. MIT 학자들의 주요 저서를 출간한 출판사였으므로 [당시 MIT 교수였던] 새뮤얼슨도 자연히 그들과 알게 되었다. 그는 주식을 매입할 정도로 회사에 좋은 인상을 받았고 이사회에도 초청되었다. 비록 창업자와 주요 임원들 간의 분쟁을 비롯한 출판사의 내부 정치에 지루해져 결국 주식을 매도하기로 결정했지만, 그는 출판업계의 작은 회사가 주요 세력으로 성장하는 과정을 오랜 시간 동안 지켜보았다.

또한 새뮤얼슨은 1960년대 말 콘래드 태프Conrad Taff로부터 연락을 받은 후 버크셔 해서웨이에 투자를 많이 했다. 컬럼비아대학교의 벤저민 그레이엄 밑에서 수학했던 태프는, 버핏의 성공이야말로 효율적 시장 가설을 반박하는 사례라고 주장하며 새뮤얼슨에게 편지를 썼다. 새뮤얼슨은 이에 흥미를 느껴 직접 리서치를 진행했고, 그 결과가 마음에 들어 버크셔 해서웨이 주식을 매입하기 시작했다. 아이러니하게도, 이는 새뮤얼슨이 미국 의회에서 뮤추얼 펀드 산업은 대부분의 투자자에게 돈 낭비라고 증언한 때와 유사한 시기였다. 1970년부터 새뮤얼슨이 사망한 2009년까지 버크셔 해서웨이에 투자한 각 1,000달러는 212만 달러가 되었을 것이며, 이를 연평균 수익률로 계산하면 20%가 넘는다.

물론, 새뮤얼슨의 투자가 전부 성공한 것은 아니었다. 동료들의 웃음을 살 만큼, 그는 수백 달러(오늘날의 가치로는 대략 수천 달러에 해당)를 지불하며 옵션에서 돈 버는 방법에 대한 조언을 제공하는 예상표tip sheet를 구입했다. 놀랍지 않게도 이 중 대다수는 실패작이었다. 흥미로운 점은 보글이 인덱스 펀드를 출시한 후에는, 그가 인덱스 투자 덕분에 더 많은 시간을 본업에 집중할 수 있게 되었다며 특정 주식에 자금을 추가로 집어넣는 일은 대부분 포기했다고 넌지시 말했다는 것이다.

── 꽤 효율적인 시장

새뮤얼슨이 인덱스 투자와 효율적 시장 이론에 대해 공개적으로 지지한 것과 그가 수익성 좋은 투자 기회를 찾고 활용하는 데 성공한 것은 어쩌면 모순되어 보일 것이다. 실제로, 시장을 이기려고 노력하는 우리 같은 사람들에게는 효율적 시장 가설을 만들어낸 인물조차도 실제로는 그것을 진정으로 믿지 않았다는 이야기가 안심이 된다. 새뮤얼슨은 자신의 마지막 글에서 다음과 같이 말하며 그 이론에 결함이 있음을 인정한 것처럼 보인다. "매매에 뛰어드는 99%의 대중과 비교해서 극히 일부의 투기꾼들만이 그들 대부분의 능동적인 삶의 기간 동안에 리스크를 감안한 초과 수익이라는 말의 의미인 '적극적 알파positive alpha'를 누릴 수 있다."

하지만 비록 일부 사람들이 시장을 이길 수 있다 — 여기엔 물론 새뮤얼슨 자신도 포함된다 — 하더라도, 그는 여전히 "월스트리트에서 손쉬운 이익은 없다"고 주장했다. 그는 "그런 재능을 찾기란 어렵다. 그리고 그들은 저렴한 가격으로 서비스를 제공하지 않는다. 마지막으로, 그런 사람들의 '뜨거운' 손도 종종 차갑게 식어버린다"라고 경고했다. 이것은 투자자들이 배워야 할 중요한 교훈이다. 성공한 펀드 매니저들도 (피터 린치처럼) 은퇴하거나 (앤서니 볼턴과 심지어 워런 버핏처럼)

다른 회사로 이직하거나, 성공을 유지하는 데 문제가 생길 수 있다.

전체적으로, 새뮤얼슨의 경력에서 얻을 수 있는 큰 교훈은 장기적으로 시장을 이기는 것이 가능하긴 하지만, 이를 위해서는 '우위'가 있어야 한다는 것이다. 이것은 반드시 내부 정보에 접근하는 것을 의미하지는 않지만(어쨌든 대부분의 국가에서 이는 불법이다), 심지어 특정한 종류의 주식만을 산다 하더라도 일종의 정합적인 투자 전략이 있어야 한다는 것을 뜻한다. 이러한 우위가 없거나, 그러한 전략을 실행하는 데 너무 많은 시간과 노력이 필요하다면, 수익과 감정의 측면 모두에서 인덱스 펀드에 투자하는 편이 나을 것이다.

폴 새뮤얼슨 별점 매기기

투자 성과: 결산 기록은 없지만, 폴 새뮤얼슨은 확실히 커머디티스 코퍼레이션과 버크셔 해서웨이에 투자하여 많은 돈을 벌었다. 그러나 그가 뱅가드의 인덱스 펀드에 한 투자는 평균적인 수익만 얻었을 것이며, 그의 옵션 시장 투자는 그다지 성공적이지 않아 보인다. (★★★★)

투자 기간: 새뮤얼슨은 1930년대 후반부터 어떤 형태로든 투자에 관여해 온 것으로 보인다. 커머디티스 코퍼레이션은 30년 가까이 지속되었지만, 새뮤얼슨이 회사의 투자에 얼마나 오랫동안 직접 참여했는지는 명확하지 않다. (★★★★)

영향력: 새뮤얼슨은 효율적 시장 가설을 발전시키는 데 중요한 역할을 했다. 오늘날에도 많은 사람들이 효율적 시장 가설을 지지하지만, 분명하게도 월스트리트보다는 학계에서의 지지가 더 많다. 그의 이론은 결국 투자의 얼굴을 바꾼 인덱스 펀드 개발로 이어졌다. (★★★★★)

따라하기 난이도: 헤지펀드를 설립하는 것은 대부분의 개인 투자자들이 할 수 있는 범위를 넘어선다. 또한 새뮤얼슨은 기업 이사회 자리에 앉아 내부 정치를 하는 일이 너무 스트레스를 준다고 느낀 것 같다. 버크셔 해서웨이 같은 펀드에 투자하는 것은 비교적 간단한 일이지만, 워런 버핏 같은 지극히 뛰어난 펀드 매니저는 그 수가 적다. (★★★)

전체 별점: 별 20개 만점에 별 16개

슈퍼투자자들로부터 무엇을 배울 것인가?

우리는 지금까지 20명의 위대한 투자자들의 생애와 전략, 그리고 최고의 투자를 (또한 최악의 투자도) 살펴보았으며, 그들의 경험이 우리에게 가르쳐주는 바도 알아봤다. 필자가 볼 때 다른 평범한 투자자들이 그들로부터 배울 수 있으며 투자와 트레이딩에 적용할 수 있는 최고의 교훈 10가지를 선정해봤다.

1. 시장을 이기는 것은 가능하다

슈퍼투자자들의 경험은 장기간 시장을 일관되게 이길 수 있다는 것을 우리에게 가르쳐준다. (잭 보글은 제외). 물론 일부 학자들은 여전히 시장은 항상 완벽하게 효율적이며 시장을 이길 수는 없다고 믿는다. 그러나 학계와 퀀트 헤지펀드 매니저들이 수없이 찾아낸 명백한 이례적 현상들과 2000~2002년, 2007~2009년 동안에 경험한 시장의 회전gyration은, 학계의 상아탑에서조차도 행동경제학과 같은 다른 모델들이 강세를 띠게 되었다는 것을 의미한다. 심지어 학자들은 폴 새뮤얼슨이 그의 마지막 논문에서 제시한 타협적인 입장으로 선회했다. 즉 시장이 완벽하게 효율적이지 않으며, 시장을 이길 수는 있지만 실제로 그렇게 하기란 매우 어렵다는 것이다.

이 책에 소개된 많은 투자자들은 매우 지적인 사람들이었으며, 몇몇은 옥스퍼드, 케임브리지 출신이거나 아이비리그 출신(또는 그에 준하는 학력)이었다. 그러나 놀랍게도, 상당수는 더 평범한 교육을 받았다. 예컨대, 데이비드 리카도와 제시 리버모어는 어린 나이에 학교를 그만뒀다. (물론 그 당시에는 대학에 다니는 사람이 드물었다). 흥미로운 점은 이 명예의 전당에 속한 투자자들 중에서 겨우 절반 정도만이 공식적으로 경제학, 금융 또는 비즈니스를 전공했다는 것이다. 이는 인문학이나 자연과학을 잘 배워도 투자자에게 똑같이 유용할 수 있다는 것을 시사한다.

유명한 투자자들 중 대다수는 은퇴했거나 고인이 되었지만, 거의 4명 중 1명은 여전히 투자 분야에서 활발하게 활동 중이다. 워런 버핏, 닉 트레인, 앤서니 크로스는 아직도 큰 금액의 자금을 운용하고 있다. 최근 몇 년간 버핏의 성과는 기대에 못 미치고 있지만, 닉 트레인과 앤서니 크로스는 여전히 좋은 성과를 거두고 있다. 이는 정보가 눈 깜짝할 사이에 전 세계로 이동하는 오늘날의 유동적이고 전산화된 시장에서도, 옛 방식의 주식 선별가들을 비롯한 숙련된 투자자들에게 여전히 많은 기회가 있다는 것을 시사한다.

2. 투자 성공으로 이르는 길은 다양하다

일부 투자 전략이 다른 전략들보다 성공할 가능성이 높다는 것은 사실이다. 예컨대 장기적으로 보면, 주식을 싸게 사는 데 중점을 둔 펀드 매니저들이 빠르게 성장하는 기업에 투자하려는 펀드와 신탁보다

평균적으로 성과가 더 좋다는 연구 결과가 있다. 특정 유형의 벤처 캐피털 수익률이 전체 주식 시장보다 훨씬 높은 경향이 있으며, 단기 매매에 치중하는 트레이더들 중 상당수는 특히 자신의 개인 자금을 사용하여 거래하는 경우 돈을 거의 벌지 못했다. 그러나 이 책에 나온 20명의 투자자들이 성공적으로 사용한 다양한 접근 방식들은 시장을 이기는 다수의 방법이 존재한다는 것을 보여준다.

사실, 이 투자자들 중에 전반적으로 같은 접근법을 가진 사람들조차도 각자의 개별적인 시각을 가졌다. 성장주 투자자로 규정되는 네 사람, 즉 필립 피셔, T. 로우 프라이스, 피터 린치, 닉 트레인이 그 좋은 예다. 이들은 매우 다른 시기에 자금을 운용했을 뿐 아니라, 각기 다른 유형의 회사를 선호했다. 필립 피셔의 접근 방식은 주로 연구 및 개발에 큰 비용을 들이는 기술 기업에 중점을 두는 것이었다. T. 로우 프라이스는 빠르게 성장하는 산업 부문의 기업을 좋아했다. 피터 린치는 산업 섹터보다는 개별 기업을 선호하는 경향이 있었다. (실제로 그의 투자 대부분은 소수의 산업에 집중되었다). 그리고 닉 트레인은 브랜드에 초점을 맞춘다.

성공으로 가는 데는 여러 가지 길이 있기 때문에, 최고의 투자법은 완전히 부적절할 수도 있는 접근법을 채택하는 대신 자신의 능력과 자원에 적합한 전략을 찾는 것이다. 예를 들어 투자할 시간이 많지 않거나 리스크를 감내할 여지가 없다면, 아무리 제시 리버모어의 경력에 영감을 받았다 한들 단기 매매는 당신에게 적합하지 않은 방식이다. 마찬가지로, 싸게 매수할 수 있다는 기대로 인기 없고 부실하게 운영되는 수많은 기업들을 조사하느니 다음번 구글이나 애플이 될 기업을 찾아보는 게 낫다고 생각한다면, 벤저민 그레이엄을 모방하려고 애쓰기보다는 차라리 위대한 벤처 캐피털 투자자들의 방식에 집중하는 편이 더 나을 수 있다.

3. 유연해야 한다

이 책에 소개된 위대한 투자자들 중 놀랍게도 상당수가 투자 경력이 발전함에 따라 그들의 접근 방식을 변경하거나 적어도 수정했다. 이중 가장 명백한 예는 존 메이너드 케인스다. 그는 자산 배분 전략[시장 타이밍 맞추기]과 레버리지를 이용한 통화 거래를 모두 포기하고 극도로 성공한 가치 투자자가 되었다. 로버트 윌슨은 처음에 그의 초창기 주식 포트폴리오가 시장 하락으로 박살나자 리스크를 줄이는 한 방편으로 공매도를 시작했는데, 나중에는 공매도 자체로 수익을 창출하는 전략으로 빠르게 발전시켰다.

투자 경력 내내 자신의 전반적인 접근 방식을 유지한 사람들조차도 기회가 충분히 좋다면 기꺼이 예외적인 투자를 했다. 이에 대한 고전적인 예로는 벤저민 그레이엄이 가이코가 더 이상 가치주가 아니게 된 이후에도 이를 계속 보유하기로 한 결정이다. 성장주 투자자인 닉 트레인은 주식의 가격이 아닌 기업의 기본적인 품질에 집중한다. 하지만 그렇다고 금융위기 이후 주가가 급락한 기회를 잡아 싼값으로 버버리 주식을 쓸어 담는 기회를 포기하지는 않았으며, 주가가 폭등한 이후에도 여전히 버버리를 보유했다.

자신의 견해 때문에 투자 행동을 제한하지 않은 사람의 가장 좋은 예는 폴 새뮤얼슨일 것이다. 효율적 시장 가설을 도출하게 된 연구 과정을 시작할 때조차도 그는 여전히 자신의 돈을 적극적으로 투자했다. 또한 새뮤얼슨은 패시브 투자의 강력한 옹호자였지만, 커머디티스 코퍼레이션의 경영에 매우 활발히 참여했다. 버핏의 팬으로부터 한 통의 편지를 받고 (그 편지를 단순히 무시해버리기보다는) 그에 대해 조사하여 버크셔 해서웨이 주식을 매수하게 된 그의 결정은, 개방적인 태도가 돈을 버는 데 얼마나 도움이 되는가를 잘 보여준다.

4. 그러나 너무 유연해서도 안 된다

유연성은 유용할 수 있지만 너무 지나치면 위험할 수 있다. 명백히 잘 통하지 않는 전략을 버리는 것도 한 방법이겠지만, 기분 내키는 대로 전략을 바꾸면 엉성한 결정으로 이어져 문제에 빠질 수 있다. 큰 문제 중 하나는 한 유형의 투자에 필요한 기술이 다른 상황에서도 항상 통하는 것은 아니라는 점이다. 예를 들어, 성공적인 트레이더는 실패한 포지션을 끝냄에 있어 빠르고 가차 없어야 한다. 반면에, 벤처 투자자는 기업이 이익을 내기 시작하는 데 몇 년이 걸릴 수 있으므로 막대한 인내심이 필요하다.

　결과적으로, 트레이더가 장기 투자에 개입하거나 벤처 투자자가 단기 매매에 개입할 때 일반적으로 결과는 좋지 않다. 투자에 감정적으로 개입하는 것 또한 상황을 악화시킬 수 있다. 경제적 이유보다는 인류애적 이유로 비상장된 (따라서 유동성이 없는) 러시아 기업에 대규모 자금을 투입하기로 한 조지 소로스의 결정은 그에게 막대한 손실을 안겨주었다. 마찬가지로, 제시 리버모어는 친구와 지인들이 제안한 다양한 개인적인 사업들에 투자하다가 그가 신중하게 매매하여 모은 재산을 꽤나 날려먹었다고 인정했다.

투자할 펀드를 선별할 때도 동일한 원칙이 적용될 수 있다. 앤서니 볼턴이 운용했을 때 피델리티 특수상황펀드에 투자했다면 많은 돈을 벌었을 것이다. 그러나 그가 중국으로 진출했을 때 따라간 사람들은, 비록 조금 일찍 끝나긴 했지만, 엄청난 난기류를 경험했을 것이다. 실제로 처음 몇 달 동안 좋았던 성과를 보고 들어간 사람들은 투자 가치가 급락하는 것을 목도했다. 볼턴은 영국 기업 투자에서 통했던 방법과 전제가 신흥시장—속임수가 만연하고 주주들의 요구가 경영진의 변덕보다 중요성이 한참 떨어지는 2순위인 곳—에서는 작동하지 않았다고 인정했다.

이 법칙의 예외라 할 만한 사람은 앤서니 크로스였다. 그는 소형주뿐만 아니라 대형주에서도 성공을 거뒀다.

5. 투자의 성공에는 우위가 필요하다

성공적인 전략을 발견하고 그것을 고수한 사람들이건, 아니면 일관되게 작동하는 전략을 찾을 때까지 계속 실험한 사람들이건 간에, 앞서 살펴본 투자자들은 모두 시장을 이길 수 있도록 해준 '우위'를 갖고 있었다.[126] 이는 과거 가격의 패턴을 이용하여 미래의 가격 변동을 예측

....
126 우위edge는 이익을 볼 수 있는 확실한 요인을 의미한다.

한 제시 리버모어의 능력에서부터, 미국 시장과 비교해서 저평가된 기업들이 다른 나라 시장에 훨씬 많이 있다는 걸 깨달은 존 템플턴의 인식까지 다양하다. 우위를 갖는 것은 중요하다. 이는 단순히 이론가들이 주식 시장을 '제로섬zero-sum 게임'이라고 부르기 좋아해서 그렇기도 하다. 폴 새뮤얼슨이 지적한 대로, 누군가가 평균을 뛰어넘기 위해서는 다른 누군가는 반드시 그 이하의 수익률을 보여야 한다.

실제로, 주식을 매수하고 매도하는 데는 거래 비용이 들기 때문에, 액티브 투자는 네거티브섬negative-sum 게임으로 볼 수 있다. (즉 주식 거래의 두 당사자는 아무것도 하지 않았을 때보다 전체적으로 더 나빠졌다). 그렇다고 해서 이것이 액티브 투자가 반드시 나쁜 아이디어라는 것을 의미하지는 않는다. 블랙잭에서 하우스의 우위를 극복하여 돈을 벌 수 있었던 에드워드 소프처럼, 기민한 투자자는 거래 비용 이상을 보상받을 수 있다. 그러나 만약 당신이 우위를 갖고 있지 않다면 (그리고 그 우위가 거래 비용을 상쇄할 만큼 충분히 좋지 않다면), 저비용 인덱스 펀드에 돈을 투자함으로써 '딜러의 수입'을 최소화하는 것이 더 나은 선택일 것이다.

작은 우위는 종종 돈을 벌기에 충분하지 않을 때가 많다. 벤저민 그레이엄이 지적한 대로, 일부 자산은 객관적으로 측정할 수 없으며 인간의 판단은 언제나 틀릴 수 있기 때문에 가치 평가는 항상 부정확한 과학이다. 만약 어떤 것이 약간 저평가되었다고 생각한다면, 시장이 아니라 당신이 틀렸을 가능성이 높다. 그러나 만약 어떤 것이 극도로 저평가되었다고 생각된다면, 비록 당신이 약간의 오류를 범한다 하더라도 여전히 돈을 벌 가능성은 꽤 있다.

6. 우위를 갖고 있을 때 크게 베팅하라

우위가 없거나 잠재적인 보상이 상대적으로 적을 때 매매하는 것은 좋지 않은 생각이다. 하지만 많은 돈을 벌 확실한 기회가 생기면 포트폴리오의 큰 부분을 그 기회에 투자해야 한다. 대부분의 슈퍼투자자들은 훌륭한 기회가 매우 드물다고 생각했기 때문에 그들의 동료들보다 훨씬 더 집중된 포트폴리오를 보유하는 경향이 있었다. 물론 피터 린치와 같은 예외도 있다. 린치는 많은 수의 다양한 기업에 투자했지만, 그때에도 그가 투자한 기업들은 동일한 산업군에 속하는 경우가 많았다.

심지어 작은 이익을 꾸준히 내는 것으로 부를 쌓은 데이비드 리카도와 제시 리버모어 같은 트레이더들도 투자 경력의 특정 시점에서는 훨씬 더 공격적으로 나서기도 했다. 예를 들어, 리카도는 워털루 전투의 결과에 그의 전 재산을 걸었다. 리버모어 역시 몇 차례 큰 베팅을 했는데, 그중 가장 유명한 것은 월스트리트 대폭락 직전에 주식 시장을 공매도하기로 한 결정이었다. 물론 리카도와 리버모어 모두 이러한 일생일대의 투자를 할 때는 성공을 절대적으로 확신했을 때에만 그렇게 했다.

워런 버핏은 이를 그 유명한 야구 경기 비유로 설명했다. 평범한 야구 선수들은 투수가 던진 모든 공에 방망이를 휘두르지만, 최고의 선수들은 홈런을 칠 수 있는 이상적인 공이 올 때까지 기다린다. 물론, 투자자들은 아무리 많은 공을 흘려보내도 삼진 아웃당할 가능성이 없기 때문에 야구 선수들보다 더 유리한 위치에 있다. 이와 유사하게, 에드워드 소프는 그의 블랙잭 카드 카운팅 시스템에서 이길 확률이 크다고 판단될 때에는 큰 베팅을 했고, 그렇지 않을 때는 베팅을 최소한으로 줄였다.

7. 출구 전략이 있어야 한다

언제 매수하거나 매도 포지션을 열지 결정하는 것은 분명히 중요하다. 그러나 어떤 경우에는 언제 매도하거나 공매도를 청산할지 올바른 시점을 선택하는 것이 매매에서 얼마나 많은 돈을 벌 수 있는지를 결정하는 데 큰 역할을 할 수 있다. 승리한 포지션을 너무 일찍 매도하면 1950년대 워런 버핏이 가이코에 초기 투자했을 때처럼 큰 수익의 기회를 놓칠 수 있다. 반대로, 손실 포지션을 너무 오래 유지하면 작은 손실이 재앙으로 변할 수 있는데, 이는 로버트 윌슨과 리조트 인터내셔널의 사례에서 기억할 만한 일이었다.

하지만 많은 트레이더들이 '패자는 팔고 승자는 달리게 하라'는 격언을 따르지만, 이 전략에도 위험이 따른다. 실제로, 손실 포지션에서 너무 일찍 빠져나오면 그 후에 해당 포지션이 상승할 때(또는 공매도했다면 하락할 때) 좌절감 속에서 구경만 하게 될 수 있다. 반대로, 워런 버핏과 로버트 윌슨은 단기적인 반전을 받아들이고 장기적인 성과를 추구함으로써 장기적으로 성공을 거둔 것으로 보인다. 실제로 버핏은 소비자들이 제품 가격 하락을 좋아하는 것처럼 투자자들이 자신이 보유한 주식의 가격 하락을 기뻐해야 한다고 말한 것으로 유명한데, 이는 주가 하락이 추가로 매수할 기회를 주기 때문이다.

전반적인 교훈은, 그 어떤 출구 전략을 채택하더라도 일종의 계획을 갖고 있는 것이 결정적으로 중요하다는 것이다. 이러한 계획은 당신이 얼마나 오래 투자할 것인지, 감내할 수 있는 리스크는 어느 정도인지, 투자 실적이 좋지 않은 기간을 당신이 얼마나 잘 버티는지 등에 맞춰야 한다.

8. 평범한 투자자들도 약간의 장점이 있다

제시 리버모어를 제외한 다른 슈퍼투자자들은 대부분 다른 사람들의 돈을 관리하는 헤지펀드, 투자 신탁 또는 다른 유형의 투자 수단들에 관여했다. 이는 이론상으로 그들이 직위에서 해임될 수도 있고, 투자 자들이 자금을 인출하고자 하는 위협을 받을 수 있었다는 것을 의미 한다. 이는 또한 그들이 자신의 자금을 어떻게 투자할지에 대해 다양 한 제약을 받았음을 의미한다. 그들 모두는 결국 잘해냈지만 이러한 제약들은 분명히 그들이 돈을 버는 데 부정적인 영향을 미쳤다.

앤서니 크로스는 펀드 매니저들, 특히 투자 경력이 얼마 되지 않은 사람들이 일정한 기간 동안 부진한 실적을 올리고 나면 "상당히 초조"해질 수 있으며, 장기적으로는 자신이 설정한 전략을 유지하는 것이 더 현명한 경우에도 너무 빨리 그 전략을 버릴 수 있다고 말한 다. 케인스는 그가 속한 투자 위원회가 집단 사고를 장려하고 독창적 인 사고를 억제하는 것에 대해 몹시 불쾌해했다. 로버트 윌슨은 헤지 펀드를 운용하는 것을 너무 싫어하여 펀드를 청산하고 투자자들에게 돈을 반환했다.

전문적인 펀드 매니저들을 방해할 수 있는 것은 해고의 위협이나 투자 아이디어를 승인받기 전에 위원회를 통과해야 하는 것만이 아니다. 뮤추얼 펀드들과 폐쇄형 투자 회사들(영국에서는 유닛 트러스트 unit trust와 투자 신탁)은 특정 규정을 준수해야 하며, 이는 그들이 포트폴리오를 집중시키는 능력을 제약한다. 예를 들어, 피터 린치는 만약 마젤란 펀드의 포트폴리오 중 한 회사에 10% 이상 투자하는 것을 효과적으로 막는 규칙이 없었다면 개별 포지션을 훨씬 적은 수로 (그러나 투자금은 더 크게) 구성했을 것이라고 말했다. 또한 그는 기업 고객을 위한 펀드의 경우에는 그러한 제약이 그렇게 강하지 않았기 때문에 더 좋은 성과를 냈다고 말했다.

물론 전문가들은 일반 투자자들에 비해 몇 가지 이점을 가지고 있다. 그들은 언제든지 분석팀을 호출할 수 있고, 해당 기업의 임원들에게 쉽게 접근할 수 있다. 또한 그들은 자투리 시간에 투자 결정을 내리려 애쓰기보다는, 투자에 대해 생각할 시간을 온종일 넉넉하게 갖고 있어 훨씬 여유롭다. 또한 개인 투자자들은 상장되지 않은 기업에 투자하는 것이 매우 어렵고, 특히 설립 단계에 있는 초창기 기업에 투자하기는 더욱 어려운데 반해, 전문가들은 접근이 가능하다. 그럼에도 불구하고, 개인 투자자들은 훨씬 더 큰 자유를 갖고 있다. 즉 개인 투자자들은 시장의 컨센서스에 반하는 포지션을 취할 수 있고, 큰 베팅을 할 수 있고, 코앞에서 감시하는 누군가가 없다. 개인 투자자가 이 이점들을 활용하기만 한다면, 펀드 매니저와 개인 투자자 간의 게임은 좀 더 공정해질 수 있다.

9. 큰 것이 항상 아름다운 것은 아니다

일부 측면에서 전문가들은 자신의 통제 아래에 대규모 자금을 가지고 있다는 사실에서 이점을 얻는다. 연구 및 관리와 같은 고정비용의 부담은 더 큰 자산 기반에 분산될 수 있어 각 개별 투자자가 지불해야 하는 금액을 줄여준다. 또한 전문가들은 큰 자산을 보유함으로써 이사회 수준에서 회사 정책에 영향을 미칠 수도 있다. 그러나 단점도 있다. 펀드 매니저가 투자를 더 넓은 범위의 기업들에 분산시키려 하지 않는 한—이는 가능한 수익에 부정적인 결과를 가져올 수 있다—큰 자산 기반을 갖는다는 것은 사실상 특정 규모 이하의 기업에는 투자할 수 없다는 것을 뜻한다.

자산이 100억 파운드인 펀드를 예로 들어보자. 이 펀드 매니저가 최대 40개의 기업에 투자하고자 한다고 가정하면, 각 기업에 평균 2억 5,000만 파운드씩 투자해야 함을 뜻한다. 어떤 펀드 매니저도 한 기업의 전체 지분에서 10% 이상을 사고 싶어 하지는 않으므로(주가를 움직이지 않고 주식을 사고팔기가 어려워지기 때문이다), 투자할 수 있는 기업은 최소 시가총액이 25억 파운드여야 한다는 것을 의미한다. 이는 영국 FTSE 100에서 가장 작은 기업의 바로 아래 사이즈다. 이것은 펀드 매니저가 대형주blue-chip에만 투자할 수 있다는 것을 의미하며, 커다란 수익을 줄 수 있는 역발상 투자를 하기 어렵게 만든다. 결국, 만약 당신이 시장 자체가 된다면 시장을 이길 수는 없는 노릇이다.

성공하기에는 너무 커져버린 펀드 매니저의 전형적인 사례는 워런 버핏이다. 버크셔 해서웨이의 시가총액이 수천억 달러에 이르게 되면서 동시에 버핏이 시장을 이기는 데 어려움을 겪고 있다는 것은 결코 우연한 일이 아니다. 실제로 그는 자신이 수백만 달러를 운영하던 때로 다시 돌아간다면, 1950년대와 1960년대에 BPL(버핏 파트너십 유한회사)을 운영할 때 그에게 엄청난 수익을 안겨줬던 무명無名 기업에 심층 가치 투자deep-value investment를 할 수 있을 것이라고 거듭 말해왔다. 물론, 더 작은 투자자는 작디작은 신생 기업을 포함한 폭넓은 범주의 기업들에 투자할 수 있다.

10. 대중과 어느 정도 거리를 두는 것이 좋다

놀라움을 자아낼 수 있는 한 가지 사실은 대부분의 슈퍼투자자들이 런던과 뉴욕이라는 두 대형 글로벌 금융 중심지 바깥에 자신들의 펀드 또는 투자 사무실을 마련했다는 것이다. 조르주 도리오, 유진 클라이너와 톰 퍼킨스의 경우에는 그들이 투자한 산업에 가까이 있기를 원했기 때문에 이를 설명할 수 있다. 마찬가지로, 피터 린치는 보스턴에서 일했는데 피델리티의 사무실이 거기 있었기 때문이었다. 그러나 워런 버핏이 왜 오마하를 선택했는지, 존 템플턴이 왜 바하마를 선택했는지, 또는 에드워드 소프가 왜 캘리포니아의 뉴포트를 선택했는지에 관해서는 그 이유들이 덜 명확하다.

부분적으로는 그들이 월스트리트(또는 런던 씨티)의 컨센서스로부터 물리적으로 그리고 감정적으로 거리를 두고자 했기 때문임이 틀림없다. 이러한 거리두기는 투자자가 새로운 시각으로 사태를 볼 수 있게 해주어, 다른 모두가 하고 있는 똑같은 투자를 피할 수 있게 해준다. 당연히, 이는 평범한 투자자들에게도 적용할 수 있다. 한편, 24시간 금융 TV 채널과 금융 웹사이트의 등장은 전문가와 동일한 정보에 접근할 수 있게 해주었다. 그러나 조심하지 않으면 월스트리트(또는 씨티)의 집단적 사고에 쉽게 빠질 수 있다.

그러므로 가끔 걸음을 멈추고 조금 물러나보는 것은 합리적인 생각이다. 중요한 것은 단순히 일상적인 시장의 잡담이 아닌 다른 의견들과 정보를 당신이 확실히 접할 수 있도록 하는 것이다.

최고의 슈퍼투자자는 누구인가?

20명의 뛰어난 투자자들의 경력을 상세히 설명하고 그들로부터 배울 수 있는 교훈을 찾는 것 외에도 이 책의 또 다른 목표는 그들 중 누가 역사상 최고의 투자자인지 알아내는 것이었다. 그들 모두가 분명히 탁월하지만, 특히 네 명이 두드러지게 돋보인다. 바로 필립 피셔, 워런 버핏, 잭 보글, 벤저민 그레이엄이다. 필립 피셔와 워런 버핏은 이 책의 별점 시스템에서 20점 만점에 17점을 받았으며, 보글과 그레이엄은 각각 18점을 받았다.

피셔는 성장주 투자에 관한 글로 투자에 큰 기여를 했다. 그는 또한 다른 사람들의 돈을 오랜 시간 동안 관리하고 그들에게 투자에 관한 조언을 했다. 빠르게 성장할 수 있는 잠재력을 가진 소수의 기업을 찾아 장기간 보유하는 그의 아이디어는 시간에 쪼들리는 투자자들에게 분명히 매력적인 방법이다. 그러나 극소수의 기업만이 그러한 기준을 충족하며, 그의 초점은 기술 집약적인 테크 기업에 맞춰져 있는데, 이는 이해하기 가장 쉽지 않은 분야 중 하나다. 뿐만 아니라, 비록 그가 선별한 주식들이 시장 평균을 훨씬 상회한 성과를 보인 것은 분명하지만 그의 수익에 대한 자세한 정보가 없다.

버핏은 지난 60년의 투자 기간 중 적어도 50년 이상 뛰어난 수익을 내었다. (최근 결과는 비교적 실망스럽다고 하더라도). 그러나 수많은 펀드 매니저들이 버핏의 영향을 받았다고 말하지만, 그의 스타일이 정확히 무엇인지 파악하는 것은 어렵다. 그의 투자 스타일은 1950~1960년대의 심층 가치 투자에서 오늘날 버크셔의 자금을 블루칩 주식과 비공개 기업에 투자하는 것으로 바뀌었다. 후자의 전략, 즉 비상장 기업에 투자하는 것(또는 상장 기업을 인수하여 비상장화하는 것)은 분명 일반 투자자가 따라할 수 있는 일이 아니다.

보글이 개발한 인덱스 펀드는 그 시작이 매우 더뎠지만 그것이 만들어진 이후 40년 동안 투자 산업 전반에 큰 영향을 미쳤다. 실제로 그것은 투자의 미래가 될 수도 있다. 만약 투자에 관한 리서치를 수행할 시간이 없다면, 인덱스 펀드는 당신에게 가장 좋은 해결책이 될 수 있다. 그러나 패시브 투자의 큰 문제는 평균 이상의 수익을 낼 수 있는 그 어떤 기회도 날려버린다는 것이다. (비록 액티브한 운용의 혜택을 훨씬 낮은 비용으로 제공하는 '스마트 베타' 펀드가 나오고 있지만 말이다). 굳이 현학적으로 말하자면, 인덱스 투자는 거래 비용 때문에 언제나 시장에 뒤처질 것이다.

내 견해로는, 역사상 최고의 투자자는 벤저민 그레이엄이다. 완벽한 점수를 받지는 못하나, 그의 투자 실적은 월스트리트 대붕괴로 훼손되었다가 가이코에 대한 투자(그의 규칙을 어긴 것이었다)로 다시 살아났다. 가치 투자는 인덱스 펀드를 사는 것만큼 간단하지는 않다. 그러나 그의 길고 다사다난한 투자 경력에 걸쳐 그레이엄은 시장을 크게 앞질렀으며, 워런 버핏에서 앤서니 볼턴까지 많은 사람들에게 지대한 영향을 끼쳤다. 순자산 가치보다 낮은 가격으로 거래되고 있는 기업의 주식을 사는 아이디어는 수많은 사례로 입증된 간단하지만 강력한 전략이다.

참고 문헌

출간된 책

Arnold, Glen, *The Great Investors: Lessons on Investing from Master Traders*, (Harlow, 2011)

Benello, Allen C. et al, *Concentrated Investing: Strategies of the World's Greatest Concentrated Value Investors*, (Hoboken, 2016)

Bogle, John C., *Bogle on Mutual Funds: New Perspectives for the Intelligent Investor*, (Hoboken, 2015)

Bogle, John C., *The Clash of the Cultures: Investment versus Speculation*, (Hoboken, 2012)

Bolton, Anthony, *Investing Against the Tide: Lessons from a Life Running Money*, (Harlow, 2009)

Bolton, Anthony, *Investing with Anthony Bolton: The Anatomy of a Stock Market Winner* (2nd ed), (Petersfield, 2006)

Braham, Lewis, *The House that Bogle Built: How John Bogle and Vanguard Reinvented the Mutual Fund Industry*, (New York, 2011)

Carlen, Joe, *The Einstein of Money: The Life and Timeless Financial Wisdom of Benjamin Graham*, (New York, 2012)

Cathcart, Brian, *The News From Waterloo: The Race to Tell Britain of Wellington's Victory*, (London, 2015)

Cunningham, Lawrence A. (ed), *The Essays of Warren Buffett: Lessons for Investors and Managers*, (Singapore, 2014)

Fisher, Ken (ed), *Common Stocks and Uncommon Profits and Other Writings by Philip A. Fisher*, (Hoboken, 2003)

Graham, Benjamin, *The Intelligent Investor: The Classic Text on Value Investing* [1949 ed], (New York, 2015)

Graham, Benjamin with Zewig, Jason, *The Intelligent Investor: The Definitive Book on Value Investing – A Book of Practical Counsel* [revised ed], (New York 2003)

Gosling, Lawrence with Wallace, Jane, *Intelligent Investors: How Top Fund Managers Think About Investing Our Money*, (Dagenham, 2015)

Greenwald, Bruce et al, *Value Investing: From Graham to Buffett and Beyond*, (Hoboken, 2001)

Gupta, Udayan (ed), *The First Venture Capitalist: Georges Doriot on Leadership, Capital & Business Organization*, (Calgary, 2004)

Hagstrom, Robert G., *The Warren Buffett Way: Investment Strategies of the World's Greatest Investor*, (New York, 1997)

Lefevre, Edwin, *Reminiscences of a Stock Operator*, (New York, 1994)

Livermore, Jesse with Smitten, Richard, *How to Trade in Stocks: The Classic Formula for Understanding Timing, Money Management, And Emotional Control*, (London, 2001)

Lowenstein, Roger, *Buffett: The Making of An American Capitalist*, (New York, 2001)

Lynch, Peter, *Beating the Street: The Bestselling Author of One Up on Wall Street Shows You How to Pick Winning Stocks and Develop a Strategy for Mutual Funds*, (New York, 1994)

Lynch, Peter with Rothchild, John, *One Up On Wall Street: How to Use What You Already Know to Make Money in The Market*, (New York, 2000)

Malkiel, Burton G., *A Random Walk Down Wall Street: The Time-Tested Strategy for Successful Investing* [11th ed], (New York, 2016)

Mallaby, Sebastian, *More Money than God: Hedge Funds and the Making of a New Elite*, (London, 2011)

McPhee, Roemer, *Killing the Market: Legendary Investor Robert W. Wilson*, (New York, 2016)

Miller, Jeremy, *Warren Buffett's Ground Rules: Words of Wisdom from the Partnership Letters of the World's Greatest Investor*, (London, 2016)

Morton, James, *Investing with the Grand Masters: Insights from Britain's Greatest Investment Minds*, (London, 1997)

Morris, Edward, *Wall Streeters: The Creators and Corruptors of American Finance*, (New York, 2015)

Patterson, Scott, *The Quants: The Maths Geniuses who Brought Down Wall Street*, (London, 2011)

Perkins, Tom, *Valley Boy: The Education of Tom Perkins*, (London, 2007)

Price Jr, T. Rowe, *Picking Growth Stocks*, (New York, 1939)

Rosenblum, Irwin, *Up, Down, Up, Down, Up: My Career at Commodities Corporation*, (Bloomington, 2003)

Ross, Nick, *Lessons from the Legends of Wall Street: How Warren Buffett, Benjamin Graham, Phil Fisher, T. Rowe Price and John Templeton Can Help You Grow Rich*, (New York, 2000)

Slater, Robert, *Soros: The World's Most Influential Investor*, (New York, 2009)

Smitten, Richard, *Jesse Livermore: World's Greatest Stock Trader*, (New York, 2001)

Schroeder, Alice, *The Snowball: Warren Buffett and the Business of Life*, (London, 2009)

Schwager, Jack D., *Hedge Fund Wizards: How Winning Traders Win*, (Hoboken, 2012)

Schwager, Jack D., *Market Wizards: Interviews with Top Traders*, (Hoboken, 2012)

Skidelsky, Robert, *John Maynard Keynes, Volume 1: Hopes Betrayed 1883-1920*, (London, 1992)

Skidelsky, Robert, *John Maynard Keynes, Volume 2: The Economist as Saviour, 1920-1937*, (London, 1994)

Steinhardt, Michael, *No Bull: My Life In And Out of Markets*, (New York, 2001)

Soros, George, *The Alchemy of Finance: Reading the Mind of the Market*, (Hoboken, 2003)

Sraffa, Piero (ed), *The Works and Correspondence of David Ricardo: Volume VI, Letters 1810–1815*, (Indianapolis, 2004)

Sraffa, Piero (ed), *The Works and Correspondence of David Ricardo: Volume X, Biographical Miscellany*, (Indianapolis, 2004)

Szenberg, Michael et al, *Paul Samuelson: On Being An Economist*, (New York, 2005)

Thorp, Edward O., *A Man for All Markets: Beating the Odds, from Las Vegas to Wall Street*, (London, 2017)

Train, John, *Money Masters of Our Time*, (New York, 2000)

Weatherall, D., *David Ricardo: A Biography* (The Hague, 1976)

학회지 기고문 및 조사 보고서

Bauer, Rob (et al), 'International Evidence on Ethical Fund Performance and Investment Style', *Limburg Institute of Financial Economics (LIFE) Working Paper* (2002)

Bogle, John C. 'Lightning Strikes: The Creation of Vanguard, the First Index Mutual Fund, and the Revolution It Spawned', *Journal of Portfolio Management* (2014)

Chambers, David (et al), 'Keynes the Stock Market Investor: A Quantitative Analysis', *Journal of Financial and Quantitative Analysis* (2015)

De Bondt, Werner and Thaler, Richard, 'Does the Stock Market Overreact?', *Journal of Finance* (1985)

Dobretz, Wolfgang (et al), 'Corporate Governance and Expected Stock Returns: Evidence from Germany', *European Financial Management* (2004)

Gompers, Paul (et al), 'Corporate Governance and Equity Prices', *Quarterly Journal of Economics* (2003)

Hughes, Sally, 'Early Bay Area Venture Capitalists: Shaping the Economic and Business Landscape: Interview with Thomas J Perkins', *University of California Berkley Working Paper* (2009)

Jegadeesh, Narasimham and Titman, Sheridan, 'Returns to Buying Winners and Selling Losers: Implications for Stock Market Efficiency', *Journal of Finance* (1993)

Kempf, Alexander and Osthoff, Peer, 'The Effect of Socially Responsible Investing on Portfolio Performance', *Centre for Financial Research Working Paper* (2007)

Menkhoff, Lukas, 'Currency Momentum Strategies', *Journal of Financial Economics* (2012)

Philips, Christopher B. [et al], 'The Active-Passive Debate: Market Cyclicality and Leadership Volatility', *Vanguard Research Working Paper* (2014)

Samuelson, Paul, 'An Enjoyable Life Pouring over Modern Finance Theory', *Annual Review of*

Financial Economics (2009)

Samuelson, Paul, 'Challenge to Judgement', *Journal of Portfolio Management* (1974)

Wallick, Daniel W. [et al], 'Keys to Improving the Odds of Active Management Success', *Vanguard Research Working Paper* (2015)

Wallick, Daniel W. [et al], 'The case for Vanguard active management: Solving the low-cost/top-talent paradox?', *Vanguard Research Working Paper* (2013)

언론 및 잡지 기사

Ahmed, Azam, "Soros to Close His Fund to Outsiders", *New York Times*, July 26, 2011

Authers, John, "Ed Thorp: the man who beat the casinos, then the markets", *Financial Times*, February 3, 2007

Caldwell, Kyle, "Nick Train: 'I have not bought or sold a share for four years'", *Daily Telegraph*, April 30, 2015

Cray, Douglas W., "Benjamin Graham: Securities Expert", *New York Times*, September 23, 1976

Crudele, John, "Expert Failed to Follow Instincts Before Crash", *Los Angeles Times*, December 6, 1987

Gerrard, Bradley, "Anthony Bolton: 'I was wrong about the market in China'", *Financial Times*, April 13, 2014

Harvey, Daniel Whittle, "David Ricardo", *Sunday Times*, September 14, 1823

Lavites, Stuart, "Philip A. Fisher, 96, Is Dead: Wrote Key Investment Book", *New York Times*, April 19, 2004

McFadden, Robert D., "John Templeton, Investor, Dies at 95", *New York Times*, July 9, 2008

Marriage, Madison, "Nick Train: Why I'm still holding Pearson", *Financial Times*, February 25, 2017

Newlands, Chris and Marriage, Madison "99% of actively managed US equity funds underperform", *Financial Times*, October 24, 2016

Noer, Michael, "Michael Steinhardt, Wall Street's Greatest Trader, Is Back – And He's Reinventing Investing Again", *Forbes*, February 12, 2014

Peltz, James, "Funds Legend Calls It Quits, Will Cash-In Huge Portfolio", *Los Angeles Times*, October 12, 1995

Schoenberger, Chana R. "Peter Lynch, 25 Years Later: It's Not Just 'Invest in What You Know'", *Wall Street Journal*, December 6, 2015

Strom, Stephanie, "Top Manager to Close Shop on Hedge Funds", *New York Times*, October 12, 1995

Tam, Pui-Wing, "Thomas J. Perkins, Pioneering Venture Capitalist in Silicon Valley, Dies at

84", *New York Times*, June 9, 2016

Train, Nick "Six Long-Term Stalwarts to Tuck Away, *MoneyWeek*, March 11, 2016

Various, "Cotton King A Bankrupt, *New York Times*, February 18, 1915

Various, "Fund Managers In a Merger", *New York Times*, November 2, 1992

Various, "Jesse Livermore Has Bodyguard, Wall Street Operator Hires Former Policeman After Threats", *New York Times*, December 21, 1929

Various, "Jesse Livermore not in Bear Pool", *New York Times*, October 22, 1929

Various, "Jesse Livermore Suspended", *New York Times*, March 8, 1934

Vartan, Vartanig G., "T. Rowe Price, 85, Growth Stock Strategist, Dead", *New York Times*, October 22, 1983

Vitello, Paul, "Robert W. Wilson, Frugal Philanthropist, Dies at 87", *New York Times*, December 27, 2013

Webb, Merryn Somerset, "Nick Train: Don't entrust your money to the clever-clogs", *MoneyWeek*, September 23, 2016

Webb, Merryn Somerset., "Why I'm not that into Warren Buffett", *Financial Times*, January 20, 2017

Weinstein, Michael M., "Paul A. Samuelson, Economist, Dies at 94", *New York Times*, December 13, 2009

기타 출처

아래 기관들의 연례 보고서:

Berkshire Hathaway

Invesco

Woodford Investment Management

Lindsell Train

Fidelity

Performance data provided by Bloomberg

찾아보기

ㄱ

가이코 89~92, 100, 105, 106, 296, 301, 307

가치 투자 83, 85, 89~91, 102, 106, 120, 139, 187, 253, 305, 308

가치 투자자 20, 21, 58, 87, 103, 107, 115, 179, 224, 296

검은 수요일 61, 229

검은 월요일(블랙 먼데이) 74, 75, 171

공매도 20, 34, 35, 73, 74, 212, 229~238, 248, 296, 300, 301

그레이엄-뉴먼 투자 회사 84, 87~89, 99, 105

기술주 거품(닷컴 버블) 13, 23, 118, 131, 145, 146, 151, 165, 199, 211, 219, 220

기술주 투자 182, 211

기업 가치 86

기업 경영진 13, 108, 114, 115, 119, 120, 130, 142~145, 169, 173, 199

기업 운영 14, 31, 73, 101, 141, 142, 159, 168, 207, 295

기업 전략 142, 207, 211

ㄴ

남다른 견해 71

내부자 거래 31, 274

뉴먼, 제롬 84, 88, 90, 99

ㄴ

니프티 피프티 72~74, 77

ㄷ

단기 트레이더 20, 23, 50, 51, 133, 295

담배꽁초식 투자 86, 99, 100

데니스 234, 235

데이터포인트 234

도리오, 조르주 20, 191~200, 203, 205, 305

드러켄밀러, 스탠리 57, 59, 64

디지털 이큅먼트 코퍼레이션(DEC) 196~199

ㄹ

랜덤 워크 284

러시아 62~64, 244, 297

레버리지 28, 29, 34, 58, 75, 76, 107, 230~232, 237, 244, 253, 261, 262, 265, 296

롱텀 캐피털 매니지먼트(LTCM) 63, 244

리버모어, 제시 20, 27~39, 108, 229, 294, 295, 298~300, 302

리스크 관리 20, 35, 46, 230, 237, 253, 287, 295, 302

리조트 인터내셔널 235~238

리지라인 파트너스 247, 250,

리카도, 데이비드 9, 10, 20, 22, 43~52, 249, 294, 300

린셀 트레인 178, 183
린셀 트레인 투자 신탁 178, 183, 184
린치, 피터 13, 20, 165~174, 181, 290, 295,
    300, 303, 305

ㅁ

마젤란 뮤추얼 펀드 166, 169, 170, 303
말킬, 버턴 274, 275
매우 빠르게 성장하는 기업 141, 154, 167,
    169, 232, 294, 295, 306
맨체스터 유나이티드 184
메이도프, 버나드 251, 252
모건, 월터 272, 273
모토롤라 145, 146
뮤추얼 펀드 153, 165, 217, 271, 272, 279,
    289, 303
미국 연구 개발 회사(ARDC) 192~200
미스터 마켓 86
미즈너 개발 회사 36

ㅂ

바슐리에, 루이 284
바이어스 브룩 204,
뱅가드 91, 139, 273~280, 285
뱅가드 500 인덱스 펀드 275~277
버버리 184, 185, 296
버크셔 해서웨이 22, 97, 100, 102~104,
    107, 251, 289, 297, 304, 307
버킷샵 28, 29, 33
버핏 파트너십 유한회사(BPL) 99~109, 305
버핏, 워런 10, 12, 20, 22, 55, 83, 84, 87,
    97~109, 113, 141, 179, 247, 251, 289,
    290, 294, 297, 300, 301, 304~308
벤처 캐피털 12, 18, 191~200, 203, 206,
    207, 295,

벤처 투자자 10, 20, 198, 210, 296, 297
보글, 존 '잭' 10, 18, 21~23, 271~280, 285,
    289, 306, 307
볼턴, 앤서니 20, 113~122, 125, 290, 298,
    308
브렉시트 64
블록딜 71, 77
비교 우위 142

ㅅ

상장지수펀드(ETF) 93, 121, 224, 252, 278
새뮤얼슨, 폴 10, 21, 47, 48, 274, 275, 279,
    283~292, 293, 297, 299
석유 회사 235
성장주 투자 72, 83, 85, 107, 139~148,
    151, 153, 157, 165, 173, 179, 306
성장주 투자자 20, 154, 178, 179, 295, 296
소로스, 조지 20, 23, 55~66, 97, 229, 297,
소프, 에드워드 O. 20, 243~254, 299, 301,
    305
슈퍼투자자 9, 19~23, 83, 293, 300, 302,
    305~308
스마트 베타 ETF 252, 307
스타인하트 파인 버코위츠 앤 컴퍼니(SFB)
    70
스타인하트, 마이클 20, 69~79
스프레드 베팅 18, 28, 37, 38
시장 조작 48
시큐리코 118

ㅇ

아마존 206, 211, 212
애디슨 웨슬리 288
액티브 투자 15, 48, 69, 168, 177, 275, 278,
    285, 299, 307

액티브 펀드 17, 168, 252, 271, 277~280
역발상 투자 69~79, 119, 262, 304
역발상 투자자 46, 69, 71, 78, 115, 118
오스틴 모터스 265
우위 11, 63, 89, 102, 106, 129, 130, 146, 154, 158, 173, 234, 245, 253, 291, 298~301
월스트리트 붕괴(1929년) 34~36, 88, 229, 262
웨이마, 헬무트 286,
웰링턴 매니지먼트 컴퍼니 272, 273, 278
웰링턴 주식형 펀드 272, 273
윌슨 앤 어소시에이츠 231
윌슨, 로버트 20, 229~239, 296, 301, 302
유니언 코퍼레이션 264, 265
유럽 기업 개발 회사(EED) 192, 196
유럽 환율 체제(ERM) 23, 59~61, 75
유연성 11, 92, 134, 159, 266, 296, 297
윤리적 투자 64
이례 현상 11, 14, 243, 293
인덱스 투자(지수 투자) 15, 18, 21, 271~280, 285, 290, 299, 307
인덱스 펀드 추종자 168, 177
인베스코 178
인터넷 11, 18, 23, 120, 199, 210, 224

ㅈ

자산 배분 전략 220, 261, 263, 266, 296
재귀성 23, 58, 60
전환 차익 거래 87, 88
정량적 투자 243~254
정부 채권(콘솔) 44~49
제넨텍 208, 209
주가수익비율(PER) 34, 73, 91, 115, 120, 129, 156, 168, 185, 219, 249, 265,
주가순자산비율(PBR) 91

주식 시장 가격 37, 58, 71, 284

ㅊ

채권 시장 63, 74, 76~78

ㅋ

카드 카운팅 245, 246, 301
카지노 235, 236, 245, 246, 257,
캐나다 기업 개발 회사(CED) 192, 196
커머디티스 코퍼레이션 285~288, 297
케인스, 존 메이너드 10, 20, 257~268, 296, 302
코필드, 프랭크 204
퀀텀 펀드 57, 59, 63, 64
퀀트 20, 243, 244, 247, 293
크라우드 펀딩 18, 20, 197, 210
크라이슬러 170~172
크로스, 앤서니 10, 20, 125~135, 294, 298, 302
클라이너 퍼킨스 코필드 앤 바이어스(KPCB) 203
클라이너 퍼킨스(KP) 203, 204, 206~209
클라이너, 유진 20, 203~213, 305
킹스칼리지 기금 263, 266

ㅌ

탠덤 컴퓨터 209
테이프 읽기 30
텍사스 인스트루먼트(TI) 143~146
템플턴 성장 펀드 219, 221, 222
템플턴, 존 20, 217~225, 299, 305,
통계적 차익 거래 249
통화 거래(통화 시장) 20, 50, 58~61, 260~262, 296
투자 자본 이익률 155

투자 전략 19~22, 30, 45, 50, 51, 71, 83,
    85, 92, 102, 107, 108, 127, 133, 156,
    167, 182, 186, 187, 193, 212, 221, 232,
    229, 237, 248, 249, 252, 262, 264, 266,
    291, 293~308
트레인, 닉 20, 177~188, 294~296

합병 차익 거래 87, 101
항공기 제조업 37, 157, 158
헤인즈 코퍼레이션 170, 172
헤지펀드 21, 27, 69, 70, 100, 244, 247,
    250, 251, 286, 293, 302
휴렛 패커드(HP) 205, 206

ㅍ

패시브 투자 10, 15, 17, 18, 48, 69, 207,
    271~280, 285, 297, 307
패시브 펀드 17, 168, 271, 277
퍼킨스, 톰 20, 203~213, 305
펀드 매니저 9, 17, 18, 64, 76, 84, 113, 125,
    133, 165, 169, 177, 217, 271, 274,
    275~279, 290, 302~304
페어 트레이딩 45, 49, 248, 249
페어차일드 반도체 205
평범한 투자자(일반 투자자/개인 투자자) 15,
    18~21, 77, 120, 133, 165, 197, 210,
    223, 237, 293, 302~307
프라이스 어소시에이츠 152, 153
프라이스, T. 로우 20, 151~161, 165, 295
프린스턴/뉴포트 파트너스 247~251
피델리티 116, 166, 173, 275, 276, 305
피델리티 유럽 펀드 117
피델리티 중국 특수상황펀드 114, 119
피델리티 특수상황펀드 114, 117, 118, 298
피셔, 필립 20, 23, 139~148, 151, 154~156,
    165, 295, 306
피어슨 186, 187
핀즈베리 성장 및 수익형 투자 신탁 178,
    183, 186

기타

A.D. 투자 신탁 260, 263,
CF 린셀 트레인 UK 주식 179
EMI 186
IBM 158, 230
ITV 공개유한회사 116, 117
P.R. 금융회사 260, 263
P2P 18,
T. 로우 프라이스 성장주 펀드 152

ㅎ

할인 9, 71, 83, 85~87, 100, 101, 120

지은이 **매슈 파트리지** Matthew Partridge

영국의 저명한 금융 저널리스트로, 영국의 대표적인 금융 투자 잡지이자 가장 많은 판매 부수를
자랑하는 『머니위크MoneyWeek』에서 주식 분야 편집자로 일하며 투자에 관한 칼럼을 기고
하고 있다. 그는 복잡한 투자 개념을 명확하고 실행 가능한 조언으로 바꾸는 능력을 갖고
있으며, 개인 금융 분야에서 존경받는 목소리로 자리 잡고 있다. 이 책 『시장을 이긴 투자의
전설들Superinvestors』(2017년) 외에도 『합리적인 투자 포트폴리오 만들기Investing Explained』
(2022년)를 저술했다.

옮긴이 **이지열**

부산에서 출생하여 서울대학교 철학과를 졸업했다. 미지북스 대표이며, 카페를 운영하는 아
내를 도와 커피 로스팅 일도 하고 있다. 옮긴 책으로는 『세속적 휴머니즘이란 무엇인가?』
(2012년)가 있다.

시장을 이긴
투자의
전설들

발행일	2025년 1월 20일(초판 1쇄)
지은이	매슈 파트리지
옮긴이	이지열
펴낸이	이지열
펴낸곳	미지biz
	서울시 마포구 잔다리로 111(서교동 468-3) 401호
	우편번호 04003
	전화 070-7533-1848 팩스 02-713-1848
	mizibooks@naver.com
	출판 등록 2008년 2월 13일 제313-2008-000029호
편집	서재왕
출력	상지출력센터
인쇄 제본	한영문화사

ISBN   979-11-964955-8-9 13320
값 19,800원

⁺ 블로그 http://mizibooks.tistory.com
⁺ 트위터 @mizibooks
⁺ 페이스북 http://facebook.com/pub.mizibooks